大学生心理健康教育

主　编　陈　航　骆　爽　姚　菡

副主编　黄媛媛　李梦婕　严诗瑶
王界美　刘彦超

参　编　易　珊　谢文东　杨　桐
黄天兴

西安电子科技大学出版社

内 容 简 介

本书以高职大学生的心理健康成长为主线，围绕高职大学生心理健康的特点，针对大学生容易发生的心理问题，阐述了大学生心理健康方面的基本理论和基础知识，围绕大学生的入学适应、自我意识、情绪管理、人格、恋爱等方面可能发生的心理问题进行分析并给出调适方法。

本书的创新之处在于根据事实，结合2020年的疫情，加入了面对突发公共事件的心理调适内容，旨在引导大学生掌握心理健康知识，认识自己，了解自己，学会心理调适的方法，培养良好心态，健康成才。

本书适合作为高职大学生“心理健康教育”课程的教材，也适合作为大学生自我修养、心理保健的读本。对于高校辅导员、学生家长和心理咨询爱好者，本书也有一定的参考价值。

图书在版编目(CIP)数据

大学生心理健康教育（高职）/陈航，骆爽，姚菡主编. — 西安：西安电子科技大学出版社，2020.8(2021.7 重印)
ISBN 978-7-5606-5809-4

Ⅰ. ①大… Ⅱ. ①陈… ②骆… ③姚… Ⅲ. ①大学生—心理健康—健康教育—高等职业教育—教材 Ⅳ. ①G444

中国版本图书馆 CIP 数据核字(2020)第 136222 号

策划编辑 杨丕勇
责任编辑 钱佳钰 陈晓辉 杨丕勇
出版发行 西安电子科技大学出版社(西安市太白南路 2 号)
电　　话 (029)88202421 88201467　　邮　　编 710071
网　　址 www.xduph.com　　电子邮箱 xdupfxb001@163.com
经　　销 新华书店
印刷单位 陕西日报社
版　　次 2020 年 8 月第 1 版　　2021 年 7 月第 2 次印刷
开　　本 787 毫米×1092 毫米 1/16　　印 张 15.5
字　　数 365 千字
印　　数 3001～4000 册
定　　价 39.00 元
ISBN 978-7-5606-5809-4 / G
XDUP 6111001-2

前　言

随着时代的发展，我国的高等职业教育越来越受到社会各界的青睐，高职院校在校人数已占全国高校人数的“半壁江山”。高职学生朝气蓬勃、风华正茂，渴望成才，但是由于社会原因和自身条件因素的影响，他们的心理压力越来越大。高职大学生的心理问题和心理疾病的发生呈上升趋势，引起了社会各界的高度关注。为此，我们在大量调查研究工作的基础上，结合高职大学生的学习和生活实际，组织编写了本书。本书的编写力求具有较强的知识性、针对性、实践性和可操作性，以帮助高职大学生解决心理困惑，充实、完善、发展自我，健康成长。

这是一本由在生命之路上不断探索的教育工作者们写的书，书中汇集了国内同类教材的精华，但更多的是编者自己理论和实践功底的展现，凝聚了我们多年的教学经验和心血，展示了我们对心理健康的深度理解和诠释，字里行间浸满了我们对生命的敬畏和对学生深深的爱。

本书栏目设计新颖，内容实用，每章都以“名人名言”和“心灵测试”开篇导入课堂，以“基本原理、基本问题、基本策略”为编写路径，以“思考与收获”和“心理训练”方式为学生提供相应的操作和练习，旨在加深学生对知识的理解，促使其将所学知识转化为心理调节的实际能力。可以说本书结构清晰，理论知识与实操紧密结合，内容深入浅出，语言通俗易懂，可读性、实用性强。

本书由湖南邮电职业技术学院陈航、骆爽、姚菡任主编，黄媛媛、李梦婕、严诗瑶、王界美、刘彦超任副主编，易珊、谢文东、杨桐、黄天兴等参与了编写。在编写过程中，我们也吸纳了众多来自一线的教师的教学反馈，在此，向他们表示衷心的感谢。

编　者

2020 年 5 月

目　录

第一章　心灵之光

——心理健康与心理咨询

❖ 名人名言 ❖

心灵开朗的人，面孔也是开朗的。

——席勒

❖ 心灵测试 ❖

下面是一组与心理健康有关的陈述，请你根据自己实际的想法选择认同或不认同，借以了解自己的健康观。也希望你在阅读完本章内容之后，回过来再看一看，是否有些想法已发生变化。(A. 认同；B. 不认同)

1. 健康就是没有疾病，无疾病就是健康。(　　)
2. 身体的健康决定了心理的健康。(　　)
3. 人能接纳自己，才能接纳别人；人有自信，才能相信别人。(　　)
4. 悦纳自己是有条件的，只有当自己足够优秀或者得到大家的认可时才能接受自己。(　　)
5. 生命是自己的，我可以自由决定自己生命的存亡。(　　)
6. 在生活中不管有什么情绪都要马上表达出来。(　　)
7. 爱自己就是以自我为中心。(　　)
8. 人的成功与否取决于智商的高低。(　　)
9. 大学生的心理问题就是比其他人多。(　　)
10. 去看心理医生的人都是有精神病的人。(　　)

第一节　心理健康的含义与标准

一、健康与亚健康

(一) 健康

健康，是人类共同追求的生存状态，是积极创造生活的前提，是积极享受生活的基础。拥有健康，我们就拥有未来；失去健康，我们就失去一切。那么什么是健康呢？

传统的健康观认为躯体没有病就是健康。现代健康观认为，心理、社会因素在健康与疾病及其互相转化中具有不容忽视的作用。1948年，联合国世界卫生组织(WHO)成立时，就在其宪章中指出："健康不仅是免于疾病或虚弱，而且是保持身体上、精神上和社会适应方面的完美状态。"1989年WHO进一步深化了健康概念，认为"躯体健康、心理健康、社会适应良好和道德健康四个方面都健全，才是完全健康的人"。可见，现代健康包括四个方面，即生理健康、心理健康、社会适应良好和道德健康。同时，它也是一个发展的、动态的观念，环境、职业、智力、情绪等许多新的元素将陆续赋予其中。

生理健康：生理健康是健康的基础，指躯体的机构完好、功能正常，躯体与环境之间保持相对平衡。大学生的体格已经发展到相对较高的水平，因此大学生应追求良好的生理健康。

心理健康：心理健康又称精神健康，指人的心理处于完好状态，包括正确认识自我，正确认识环境，善于适应环境。要达到心理健康，应满足以下条件：心理与环境相统一，心理与行为相统一，人格具有稳定性。

社会适应良好：社会适应是指不同时期在岗位上担任各种角色的适应情况。适应良好是指能胜任各种角色，适应不良是指缺乏角色意识。

道德健康：道德健康是最高层次的健康，其最高标准是无私奉献，最低标准是不损害他人。道德健康者具有辨别真伪、善恶、美丑和荣辱的能力，能按照社会行为的规范准则约束自己及支配自己的思想行为。每个人不仅要对自己负责，还要对他人、对社会承担相应的义务，表现为乐于奉献、思想高尚、有理想、有道德、守纪律。

WHO对健康的定义体现了积极的多维健康观，是健康的理想目标。围绕健康新概念，1999年WHO就人体健康问题提出几项既易记又易理解的新标准，这几项标准包含了人体生理健康标志和心理健康标志，简称"五快三良好"标准，即生理健康的"五快"和心理健康的"三良好"。

生理健康的"五快"是：

(1) 吃得快：胃口好，吃得迅速，不挑食、不厌食、不偏食。

(2) 便得快：上厕所时很快排通大小便，且感觉轻松自如。

(3) 睡得快：上床即能熟睡、深睡，醒来时精神饱满，头脑清醒。

(4) 说得快：思维敏捷，反应迅速，语言表达准确、清晰流利。

(5) 走得快：行走自如，步履轻盈，转向敏捷。

心理健康的“三良好”是：

(1) 良好的个性人格：情绪稳定，性格温和，意志坚强，感情丰富，胸怀坦荡，豁达乐观，不为烦恼、痛苦、伤感所左右。

(2) 良好的处世能力：观察问题客观现实，具有较好的自控能力，能适应复杂的社会环境，对事物的变迁能始终保持良好的心态，常有知足感。

(3) 良好的人际关系：待人接物大度和善，不过分计较小事，能助人为乐、与人为善，对人际关系充满热情。

此外，WHO 围绕健康主题提出了人类健康四大基石，它们是：合理膳食、适量运动、戒烟限酒和心理平衡，这四大基石也是我们所倡导的健康生活方式的主要内容。

(二) 亚健康

亚健康概念于 20 世纪 80 年代中期由苏联学者布赫曼教授提出。所谓亚健康，是指处于健康和疾病之间的一种过渡状态，是从健康到疾病的一个量变到质变的准备阶段，WHO 又称其为第三状态，并认为第三状态是健康与疾病之间的临界状态，虽然医疗仪器检验出的结果为阴性，但人体仍有各种各样的不适感觉。在亚健康阶段，机体虽无明确的疾病，但在躯体上、心理上和人际交往上已出现种种不适应的感觉和症状，从而呈现出活力、反应能力和对外界的适应能力降低的一种生理状态。据 WHO 所做的一项全球性调查显示，符合现代健康标准的人仅占 5%，诊断有病的人占 20%，而 75%的人处于亚健康状态。亚健康是一种不断变化发展的状态，它既可向健康方向转化，又可向疾病方向演变，最终转向哪个方向，取决于机体采取的保健措施和自身的调节功能，因此我们应该将工作的重点从单纯的防病治病转移到关注健康和亚健康上来，把大部分的亚健康人群争取到健康队伍中来。

(三) 健康的标准

为了帮助人们直观地认识健康，世界卫生组织规定了健康的 10 条标准：

(1) 有足够充沛的精力，能从容不迫地应付日常生活和工作压力，而不感到过分紧张。

(2) 态度积极，乐于承担责任，不论事情大小都不挑剔。

(3) 善于休息，睡眠良好。

(4) 能适应外界环境的各种变化，应变能力强。

(5) 能够抵抗一般性的感冒和传染病。

(6) 体重得当，身体均匀，站立时，头、肩、臂的位置协调。

(7) 反应敏锐，眼睛明亮，眼睑不发炎。

(8) 牙齿清洁、无空洞、无痛感、无出血现象，齿龈颜色正常。

(9) 头发有光泽、无头屑。

(10) 肌肉和皮肤富有弹性，走路轻松匀称。

二、心理健康

随着生产力的发展、社会的变革以及生活节奏的加快，人们的心理健康水平受到空前的挑战，心理健康在人类整个健康中的重要地位和作用也日益凸现，被人们公认为是健康的核心要素。早在 20 世纪中叶，世界卫生组织和联合国教科文组织就共同举办国际心理健康年，呼吁全人类重视心理健康。时至现在，人们从来没有像今天这样关注心理健康。维护心理健康，提高生活质量，已成为当今社会生活词典中的高频率词条。

(一) 心理健康的概念

对心理健康，目前世界上尚无公认的定义。《简明不列颠百科全书》的定义是："心理健康是指个体心理的本身在环境许可范围内所能达到的最佳功能状态，不是指绝对的十全十美的状态。"

1946 年，第三届国际心理卫生大会对心理健康是这样定义的："所谓心理健康，是指身体智能以及情感上与他人的心理健康不相矛盾的范围内，将个人心境发展成最佳的状态。"

日本学者松田岩认为："所谓心理健康，就是指这样一种状态，即个体对内部环境具有安全感，对外部环境能以社会认可的形式与之相适应。"

心理学家英格里士(H.B. English)于 1958 年指出："心理健康是指一种持续的心理状态，当事人在那种情况下，能做出良好的适应，具有生命的活力，从而能充分发挥其身心潜能。"

综上所述，我们可以从广义和狭义两个角度来定义心理健康。从广义上讲，心理健康是指一种高效而满意的、持续的心理状态；从狭义上讲，心理健康是指人的基本心理活动的过程内容完整、协调一致，即认识、情感、意志、行为、人格完整和协调，能顺应社会，与社会保持同步。

(二) 心理健康的标准

1. 世界心理卫生联合会提出的心理健康标准

在第三届国际心理卫生大会上，世界心理卫生联合会为心理健康提出的具体标准是：

(1) 身体、智力、情绪十分协调和谐。

(2) 能适应环境，人际关系和谐。

(3) 有幸福感。

(4) 在工作中能充分发挥自己的能力，能高效率地生活。

2. 高职大学生的心理健康的标准

参照专家提供的心理健康的具体标准，结合高职大学生的心理特征、特定社会角色要求以及心理健康学的基本理论，可以认为高职大学生心理健康的标准一般包括以下 8 个方面。

1) 智力正常

智力正常是大学生学习、生活、工作的最基本的心理条件，是大学生胜任学习任务、适应周围环境变化需要的心理保证，因此是大学生心理健康的首要标准。智力是指一个人认识能力与活动能力所达到的水平，是人的观察力、记忆力、思维力、想象力与注意力等多种能力的综合体，包括从经验中学习或推理的能力，获得和保持知识的能力，迅速而又成功地对新情境做出反应的能力，运用推理有效解决问题的能力，等等。

一般来说，经过高考选拔的大学生的智力是正常的，因而衡量大学生的智力关键在于大学生的智力是否正常地、充分地发挥了效能。大学生充分发挥智力的标准是：有强烈的求知欲和浓厚的探索兴趣；智力结构中各要素在其认识和实践活动中都能积极协调地参与并正常地发挥作用，乐于学习；能适应时代要求，具有快速加工、处理、整合知识信息的能力，并且有利用知识进行创新的能力。

2) 情绪稳定、乐观

情绪健康是大学生心理健康的一个重要指标，因为情绪变化在心理变化中起着核心作用，情绪异常往往是心理疾病的先兆。心理健康的人，其情绪应该是基本稳定的；表现适度，能较好地驾驭自己的情绪、情感。具体地说：其情绪是由适当的原因引起的；情绪的作用时间随客观情况变化而转移；情绪表现稳定，心情愉快，性格开朗、豁达，充满朝气。

3) 意志健全

意志是人在完成一种有目标的活动时所进行的选择、决定与执行的心理过程。意志健全者在行动的自觉性、果断性、顽强性和自制力等方面都表现出较高的水平。

心理健康的大学生，其行动应具有自觉性与果断性，对自己的行动目的有正确的认识，能主动支配自己的行动去达到行动的目标；有学习、工作与生活的理想，并且能够为实现自己的理想，从实际出发制定可行的生活目标，并脚踏实地地去实现这些目标，在困难和挫折面前能采取合理的反应方式，运用切实有效的方法解决所遇到的问题；能遵守社会规范，在行动中控制自己的情绪和言行等。假如一个人行为漫无目的，遇事又常常当断不断、犹豫不决，对自己的行为缺乏自我控制的能力，那就谈不上心理健康了。

4) 人格完整

人格在心理学上指个体比较稳定的心理特征的总和。人格完整就是指有健全统一的人格，即个人的所说、所想、所做都是协调一致的。大学生人格完整的主要标志是：

(1) 人格结构的各要素完整统一。

(2) 具有正确的自我意识，不产生自我同一性混乱。

(3) 以积极进取的人生观作为人格的核心，并以此为中心把自己的需要、愿望、目标和行为统一起来。

5) 自我意识明确，并能悦纳自己

自我意识是个体对自己的认识和评价。心理健康的人，对自己的认识与评价往往比较接近实际，既能正确地认识自己的优点，也能客观地、实事求是地认识自己的弱点，对自己的优点感到欣慰，并产生相应的自尊感，但对弱点也不妄自菲薄、不自卑、不自暴自弃。总之，心理健康的人，不仅有自知之明，而且还能有良好的自我感觉，在认识与评价自己的过程中，能产生一种积极的、愉快的情绪体验，能够从心理上愉快地接纳自己。

6) 人际关系良好

人际关系是人与人之间的情感关系。人总是处在一定的社会关系中，大学生同样离不开人际关系。和谐的人际关系既是大学生心理健康不可缺少的条件，也是大学生获得心理健康的重要途径。大学生人际关系的和谐表现为：

(1) 乐于与人交往，既有稳定而广泛的人际关系，又有知心朋友。

(2) 在交往中保持独立而完整的人格，有自知之明，不卑不亢。

(3) 能客观地评价别人和自己，善于取人之长补己之短。

(4) 宽以待人，乐于助人。

(5) 积极的交往态度多于消极的态度。

(6) 交往动机端正。

7) 适应能力强

较强的适应能力是心理健康的重要特征，不能有效处理与周围现实环境的关系是导致心理障碍的重要原因。

心理健康的大学生能和社会保持良好的接触，对社会现状有较清醒正确的认识，思想和行动上都能跟得上时代的步伐，与社会的要求相符合。当发现自己的需要和愿望与社会发生矛盾时，能迅速进行自我调节，以求与社会协调一致，而不是逃避现实，更不是妄自尊大，一意孤行，与社会需要背道而驰。

8) 心理行为符合大学生的年龄特征

大学生应具有与其年龄和角色相应的心理行为特征。若一个大学生经常严重地偏离这些心理行为特征，则有可能是心理异常的表现。心理健康的大学生应该是精力充沛、勤学好问、反应敏捷、喜欢探索，过于老成、幼稚和依赖都是心理不健康的表现。

需要特别指出的是，心理健康标准只是一种相对的衡量尺度，所以在理解和运用时应注意：

第一，判断一个人的心理健康状况，不能简单地根据一事一时下结论。心理健康是较长一段时间内持续的心理状态，一个人偶尔出现一些不健康的心理和行为，并非意味着这人就是心理不健康。任何人在外界环境的影响下，都可能产生心理波动，因此我们不能简单地给自己或他人下心理不健康的结论。

第二，心理健康状态不是静态的、固定不变的，而是动态的、发展变化的。处在成长过程中的人既可以从不健康转变为健康，也可以反之。随着人的成长、经验的积累、年龄职业的变动、环境的改变等等因素的变化，其心理健康状况必然会有所变动。

第三，人的心理健康水平可分为不同的等级，从健康到不健康并不是泾渭分明的两种状态，而是一种双向渐进的连续状态。

第四，心理健康标准只是一种理想的参照系，它既为人们提供判别心理是否健康的标准，也指明了提高心理健康水平的努力方向。在多数情况下，我们运用心理健康标准自测时，都会发现自己和理想标准有一定差距，若在一定限度内都属正常，虽在正常范围内但有一定差距的测试结果则能为测试者提供自身心理发展的努力方向。

第二节　大学生常见的心理困扰

一、什么是心理问题

对心理问题，有以下几种解释。

第一，心理问题是指心理学中的问题，如心理是什么、心身关系、心理与实践、心理学的理论与应用等，均为心理问题。

第二，心理问题是指心理学中研究的问题或心理学工作者研究的问题，如心理学研究什么问题、心理学研究的课题、某心理学工作正在研究什么问题，均属心理问题。

第三，心理问题是指人们心理上出现的问题，如意志消沉、心情不好、焦虑、恐惧、人格障碍、变态心理等消极的与不良的心理，都是心理问题。(严格来说，心理问题无褒贬之意，既包括积极的，也包括消极的。)

人们如果出现了心理障碍之类的心理问题，就应主动到心理咨询机构(心理咨询室等)找心理专家进行咨询，以求得心理调整的指导，在心理咨询师的帮助下尽快地消除不健康的心理，使心理状态恢复正常；若有必要，还应进行心理治疗。

为了预防不健康心理(心理问题)的发生，大学生们需要学习一点心理学的知识，对于心理卫生、心理咨询、心理治疗的书籍应多阅读，用这些方面的知识作指导以调节自己的心理，将会得到很大的好处。

案例：

2002 年 1 月 16 日，某大学学生黄某在家中跳楼自杀。几乎所有认识黄某的同学都感到震惊和难以置信。黄某性格外向，与同学相处融洽，学习成绩在班里也名列前茅，连续两年都获得一等奖学金。自杀前不久，黄某还曾向班主任咨询过毕业后继续深造的相关事宜。然而，在黄某自信开朗的外观下，由于过度好强而导致的焦虑和脆弱一直隐隐存在。据有关同学反映，黄某对自己要求很高，非常要强，从来不把自己的困难向别人说，有什么事都自己承担，即使在产生巨大压力时也不愿寻求身边老师和同学的帮助。大三下学期，黄某所在班级在 1 月 9 日至 14 日要考 6 门课程，这使下定决心英语六级一定要考优秀的黄某压力陡增。在遗书中，他提到自己已连续 7 天失眠，自以为英语六级和另一门课程考得不好，担心要重修，并因此痛苦而不能自拔。1 月 16 日，黄某在割腕自杀不成后，从家中楼上跳下，死时手上还留有先前缝针的痕迹。

二、大学生常见的心理问题

(一) 学习心理问题

1. 学习动力不足

“为学习而学习”，始终不能进入学习状态，总感到是在巨大的考试压力下被动地学，静下心来想的时候又会感到很苦恼，缺乏对学习必要性的认识和对未来学习的理想，对学习采取应付的态度，把学习当作一项任务，学习不求懂、不求深、不求精，只求通过考试。

2. 学习适应困难

进入大学后，不能掌握大学学习的特点、规律，在适应大学学习生活方面产生了困难。没有恰当的学习目标和计划，忽视理论学习和实际应用，不能根据自身条件选择适合自己的选修课，参加过多的社会工作、文娱活动、经商活动等；没有合适的学习策略和方法，被动学习、机械记忆，不懂得合理地安排时间。

3. 学习疲劳

学习疲劳主要体现在生理疲劳、心理疲劳两个方面。生理疲劳主要是肌肉受力过久或持续伸缩造成肌肉痉挛、麻木、眼球发疼发胀、腰酸背痛、打瞌睡等。心理疲劳主要是感觉器官活动机能降低，注意力涣散，思维迟钝，情绪躁动、忧郁、厌烦、易怒，学习效率低。

4. 学习挫折

中学阶段学习成绩较好，得到老师、家长、同学的一致认可，上了大学后，考试成绩却总是不理想，尤其是期末的大考，自认为已经竭尽全力了，仍然于事无补，自尊心受到打击，感觉自己很没用，没有信心继续读下去。

5. 考试焦虑

每当考试来临，许多大学生都不同程度地有着焦虑感。所谓考试焦虑，是指在一定的情境下，受个体认知评价能力、人格倾向与其他身心因素的影响，以担忧为基本特征，以防御或逃避为行为方式，通过不同程度的情绪反应所表现出来的一种心理状态。

(二) 人际交往问题

1. 人际孤独

较多的新生在入校之初常有一种无依无靠、孤单烦闷的孤独感。事实上，每个人都会感到孤独，都曾有过孤独感。孤独感是人存在的感受标志，适当的孤独能使人更好地认识自己、完善自己，但如果时间过长，或孤独感特别严重，就不好了。

2. 人际冲突

大学生的自尊心都很强，如果在交往中，缺乏基本的尊重和理解，过分地以自我为中心，苛求、挑剔、猜疑别人，甚至讽刺挖苦他人，有了误会不沟通，有了冲突不忍让，甚至采取报复手段，不仅伤害了别人，而且伤害了自己，造成内心痛苦，甚至钻牛角尖，不能自拔。

3. 人际关系失调

有主见变成了固执己见，心直口快变成了不注意隐私……有些大学生常有这样的苦恼：对自己的朋友坦诚相待，又乐于助人，可在人际交往中却常常受到伤害。为什么优点也能影响人际关系？其实，并不是优点本身有错，而是表现优点时不注意细节、忽视了群体等原因造成的。

4. 交往恐惧

严重自卑的人，因担心被别人瞧不起，不敢与人交往；缺乏交往技巧的人，因担心自己不会说话，不敢与人交往；曾经被人拒绝的人，因害怕再次被拒绝，不敢与人交往；更有人因追求完美、思虑过多，不敢与人交往。缺少人际交往久而久之会造成心理封闭。

5. 沟通不良

大学生活是以集体生活为特征的，同学和室友分别来自四面八方，来自不同的城市、不同的家庭、不同的民族，大学生在思想观念、价值标准、风俗、习惯、语言、性格、爱好等诸多方面不尽相同，造成有些大学生虽有良好的沟通愿望却适得其反而引起误解，想解决却又不得其法，造成心理障碍。

(三) 环境适应问题

1. 生活环境变化

很多新生不习惯大学生活，不仅仅因为他们是独生子女，而是因为集体生活，少了家人照顾，没了自由自在，重要的是没有适应大学生活首先要适应不同交往方式的心理准备，缺少相互体谅、互相理解，不能及时改进自身的处世方式，找不到有共同兴趣、共同追求的新朋友，因此感到孤独。

2. 学校管理变化

无论学习还是生活，大学生主要依靠学生自我管理和自我约束，表面上比较宽松，实际上对学生的要求更高。许多大学生只认识到这种形式上的由紧到松的变化，没有积极主动地加强自主、自立、自理能力的培养，遇到困难和挫折后难以自拔。

3. 社会要求变化

社会对中学生的要求相对比较简单，对大学生的要求就不同，涉及政治、思想意识、生活方式等诸多方面，大学生要从心理、思想、态度、行为方式上都经历一个面向时代的转变，全面成为具备身心、道德、知识、能力、国际化五种素质的人，这也成为大学生的巨大心理压力。

(四) 自我意识问题

大学生或多或少都有一些优越感，再加上一些家长长期以来对孩子的期望值太高，使得一些大学生对自己的期望值也很高，压力过大、心理失衡，自我意识出现各种发展的偏差，经常表现在自信心、意志力、独立意向、自知度等方面，如自卑、自负、盲目、懒惰、独立、逆反、自我中心、从众，严重的还会导致自残或轻生。

(五) 恋爱与性心理

在恋爱问题上，大学生们比较容易想到的是不能很好地处理学业与恋爱的关系；还有只是为了了解自己的魅力做爱情试验，一旦对方爱上自己又想摆脱；有人已经爱得“惊天动地”了，还不知道为什么爱、要不要爱；也有人认为自己爱错了对象；等等。

在性观念上，据调查，大学生对性问题有矛盾心理的占 55%，感到敏感的占 53%，神秘感的占 36%，无所适从的占 28%，害怕的占 17%，厌恶的占 10%，性观念的形成出现偏差。

在性心理问题上，大学生处于“性饥饿时期”。一边是萌动的性意识和性欲望，一边是学校和社会的要求，相应地推迟了大学生通过婚姻获得性满足的时间，如果调适不好，容易产生心理及行为问题。

(六) 不良行为

所谓不良行为，是指那些违反社会公共生活准则和相关行为规范，或者不能较好地适应社会生活，从而给本人、他人和社会造成不良影响或者危害的行为。主要有：偷窃、逃课、吸烟、酗酒、违纪、上网成瘾，多数是不能很好适应生活的表现。

（七）个性心理问题

大学生的个性大多是在中学和大学时形成并巩固下来的，与校园生活中的专业学习、经历经验、人际关系、身份角色有一定联系，具有习惯性和相对稳定性的特点，但也具有实践性的特点，哪怕是如偏执、强迫、依赖、回避、被动攻击、妒忌等不良个性及心理问题，也可以重新塑造。

（八）求职择业方面的心理问题

大学生毕业前夕，最大的心理压力可能来自求职择业。大学生在求职择业的过程中，由于缺乏经验与准备，往往会导致择业渠道不畅、难以找到合适的工作等问题；有的脱离社会发展需要盲目择业；有的过高地估计自己，造成就业困难；等等。这些问题往往会引发毕业生的心理冲突，从而产生心理问题。

（九）精神障碍

据调查，神经症是大学生的主要精神障碍，其中又以神经衰弱最常见；大学生心理障碍更多地表现在从前应试教育的苛刻要求导致的强迫，情绪紧张导致的焦虑，悲观失望导致的抑郁，人格不健全导致的人格偏执、人际关系敏感，以及对他人和周围环境怀有敌意等六个方面。

三、大学生心理问题产生的原因

（一）新生的心理问题

导致新生心理失衡的原因首先是现实中的大学与他们心目中的大学不一样，由此产生心理落差；其次是新生对新的环境、新的人际关系、新的教学模式不适应，产生困惑而造成心理失调。新生对新环境不适应，如果不能得到及时调整，就会产生失落、自卑、焦虑、抑郁等心理困扰。有的新生还会因不适应而退学，有的甚至会导致更严重的后果。所以，应该特别关注新生入学后的心理调适，帮助他们度过心理失衡期，成功进行角色转换。

（二）交际困难

当代大学生的交际困难主要表现在不会独立生活，不知道如何与人沟通，不懂交往的技巧与原则。有的甚至有自闭倾向，不愿与人交往；有的为交际而交际，不惜牺牲原则随波逐流。由于交际困难，大学生产生自闭、偏执等心理问题，同时又因为没有倾诉对象，更加重了心理压力。调查表明，交际困难已成为诱发大学生心理问题的首要因素。

（三）学业压力

大学生的学习压力大部分是因为“学非所爱”，缺乏学习兴趣和学习动力，长期处于冲突与痛苦之中；还有一部分来自课程负担，学习任务过重，加上教师教学方法不当，学生学习方法有问题，使学生对学习产生恐惧或倦怠；另外，各种证书考试及专升本考试带来的压力，也使学生们的精神长期处于高度紧张的状态。

(四) 情感困惑或恋爱危机

情感的需求和体验在大学阶段是发展的高峰期。能否正确认识和处理情感问题，已直接影响到大学生的心理健康。大学生的情感危机一方面因友谊、恋爱造成，恋爱失败往往导致大学生心理变异，有人因此走向极端，甚至造成悲剧；另一方面可能由于父母离异、亲人伤亡等突然发生的不幸或挫折，部分学生精神上难以承受从而导致心理障碍。

(五) 对网络的过度依赖

大学生的思想处于理想主义阶段，对现实社会的一些不满、失望、愤怒无处发泄，而网络是他们尽情抒发、营造美好、逃避现实的好地方。因人际交往困难自尊心受到的伤害，在网络的虚拟世界里却获得了心理的满足，另一方面也被网络本身的精彩所吸引，一些大学生对网络的依赖越来越强，有的甚至染上网瘾，不惜放弃学业，每天花大量的时间泡在网上，沉湎于虚拟世界，封闭自我，与现实生活产生隔阂，在日常生活和学习中举止失常、精神恍惚、胡言乱语、行为怪异，长此以往，影响正常认知、情感和心理定位，不利于健康性格的塑造和人生观的形成，严重的还可能导致人格分裂。

(六) 经济压力

生活的压力主要在于生活贫困所造成的心理压力。目前我国高校在读学生中，约有15%～20%是贫困生，其中 5%～7%是特困生。经济上的窘迫伴随的深深的自卑感，使他们常常低估自己，巨大的精神负担使他们不能很好地完成学习和工作任务，造成事实上的无能，更加重了他们的自卑感；自卑感使得部分学生选择了伪装自己，去做自己不能胜任的事情，结果受到更大的伤害和挫折，内心产生消极、敌对的情绪，有的学生甚至发展成自闭症或抑郁症，从而不得不退学。

(七) 个性缺陷与性格障碍

研究表明，家庭环境对人的一生都会产生重大的影响。心理不健康的大学生大多来自过度保护和过度严厉的家庭，前者导致依赖、被动、胆怯、任性等个性心理倾向；后者导致冷漠、盲从、不灵活和缺乏自尊、自信的个性心理倾向。性格障碍是较为严重的心理障碍，其主要表现为：自卑、怯懦、依赖、猜疑、神经质、偏激、敌对、孤僻、抑郁等。

(八) 就业压力

职业选择是人生的重要选择，选择一个职业从某种程度上说就是选择未来。随着市场经济的发展、社会分工的细化、职业数量的增多、人才竞争的激烈，给个体择业增加了难度。尤其是高校扩招，就业市场的不景气，长期的供过于求的局面，使许多大学毕业生因焦虑、自卑而失去安全感，“毕业＝失业”的阴影笼罩着大学生的心理，众多大学生在择业期间表现出过度焦虑的状态，有的甚至会产生不可控制的行为。

第三节　大学生心理健康的维护

在遭遇挫折时，大学生心理平衡遭到破坏，会感到困惑、不适应，甚至痛苦，这些会对其行为产生较大的影响。这种反应有的不明显，有的以变相的行为表现出来，有的以积极的方式反映出来。因此，维护大学生心理健康，有助于大学生适应挫折、化解困境，早日成才。

一、心理健康教育

高职院校的心理健康教育，是在关注高职大学生心理特点的前提下注重身心健康的教育，是完善人格的素质教育。通过心理健康教育，使学生拥有健康的心理知识，适度角色行为，全面提高高职大学生的社会适应能力和自我发展能力。

(一) 心理健康教育的含义

高职院校的心理健康教育是针对高职大学生的心理特点和心理问题，通过有目的有计划地普及心理健康知识，传授维护心理健康的技巧和方法，帮助高职大学生个人和群体树立心理健康观念，自愿采纳有益心理健康的行为和生活方式，提高心理健康水平的过程。

(二) 心理健康教育的任务

(1) 宣传普及心理健康知识，帮助大学生认识健康心理对成长成才的重要意义。

(2) 介绍增进心理健康的方法和途径，帮助大学生培养良好的心理品质和自尊、自爱、自律、自强的优良品格，有效开发心理潜能，培养创新精神。

(3) 解析心理现象，帮助大学生了解常见心理问题产生的主要原因及其表现，以科学的态度对待心理问题。

(4) 传授心理调适方法，帮助大学生消除心理困惑，增强克服困难、承受挫折的能力，珍爱生命、关心集体、悦纳自己、善待他人。

(三) 心理健康教育的目标

(1) 发展性教育。注重发展，开发潜能，提高大学生整体心理健康水平。通过心理健康课程、专题讲座及各种宣传活动，对全体学生进行心理健康教育，使学生正确认识自我，开发心智潜能，塑造健全人格，增强承受挫折和适应环境的能力，提高学生心理素质，帮助学生积极成长，顺利度过大学阶段，并为走向社会提供心理准备。

(2) 预防性教育。对部分有轻度心理问题的学生，通过个别咨询或团体咨询，帮助学生认识自己，找出问题，克服障碍，健康成长。

(3) 补救性教育。对极个别有心理疾病的学生，界定问题，转入专业医院诊治，个别密询，恢复期跟进辅导。

二、大学生心理健康维护的途径

大学生心理健康教育是一个系统工程，既包括学校方方面面的协调合作，也包括学生的自我调节，从而形成增进高职大学生心理健康的多渠道多途径的格局。

(一) 丰富自己的知识和生活

1. 学习心理健康知识

(1) 上心理健康课。心理健康课堂是大学心理健康教育的主阵地、主渠道。通过课堂教学，全体同学可以获得系统的、科学的心理学基础知识和心理健康知识，可以了解常见心理问题产生的主要原因及其表现，学会一些心理调适方法。

(2) 听心理健康专题讲座和报告，可以获得对某一心理现象更具体更适时的理解。

(3) 阅读有关心理学书籍，访问心理网站等开阔眼界。通过这些渠道从理论上提高自己。

2. 积极与人交流

心理学家认为，良好的人际关系是心理健康的重要指标。常言道，与君一席话，胜读十年书。朋辈之间共同话题多，易沟通。交流有利于增进了解，消除不良心理，培养积极的交往心理和能力。

3. 积极参与有益于心理健康的活动

积极参加丰富多彩的校园文化活动。校园文化活动包括各种学术活动、文艺活动、体育活动、庆祝活动、纪念活动和“5·25”大学生心理健康活动等。课余时间参加校园文化活动，可以使脑力劳动和课外活动有机结合，使大脑得到休息和调节，有利于学习；可以激发艺术兴趣，开发文体潜能，有利于陶冶高尚的情操，培养健康的审美心理；可以学会展现自己、欣赏他人，扩大人际交往范围，学会与人交往，培养合作精神和组织协调能力，从而体验自信、力量和愉悦。总之，校园文化活动是学生培养和提高自身综合素质的一个平台。因此，大学生应以主动的心态积极参与校园文化活动，在活动中提高心理健康水平。

4. 建立良好的校风、班风、学风

校风、班风、学风看不见却能感受得到，它虽像空气一样无形，却为学生的心理健康提供重要的精神环境。良好的校风、学风，不仅能激发学生的学习热情，促进和保证学习任务的顺利完成，而且有利于丰富和充实学生的精神世界，有利于塑造学生的健康人格。相对一个学校的校风、学风，班风对学生的心理健康影响更直接更具体。处在积极向上、勤奋好学、团结友爱、凝聚力强的班风中，就能获得安全感、归属感和力量感，就会感到心情舒畅。相反，就会感到孤独、寂寞、紧张、压抑。因此，大学生应为构建和谐的班风尽自己的力量。

(二) 合理运用精神防御机制

精神防御机制，一般来说是在人们遇到困难时，所采取的一种能够回避面临的困难，解除烦恼，保持心理安宁的方法。换句话说，由于运用了精神防御机制，才免除或减轻了心理痛苦。但运用过分，就是病态了。

1. 压抑作用

压抑作用就是把不能被意识所接受的念头、情感和行动在不知不觉中抑制到潜意识里

去的作用。这是精神防御机制最根本的方式。

2. 否定作用

指把引起精神痛苦的事实予以否定，以减少心灵上的痛苦。

3. 退化作用

当人们感到严重挫折时，放弃成人方式不用，而退到困难较少、阻力较弱、较安全境地的儿童时期，无意中恢复儿童期对别人的依赖，而不积极求治自己的疾病，害怕担成人的责任。

4. 幻想作用

指一个人遇到现实困难时，因为无力实际处理这些问题，就利用幻想的方法，任意想象应如何处理心理上的困难，以达到内心的满足。

5. 转移作用

指对某一对象之情感，因某种原因(发生危险或不合社会习惯)无法向其对象直接表现时，而转移到其他较安全或较易为大家所接受的对象身上。

6. 合理化作用

个人遭受挫折或无法达到所追求的目标，或行为表现不符合社会规范时，给自己找一些有利的理由来解释。虽然这理由常常是不正确的，在第三者看来是不客观或不合逻辑的，但本人却强调这些理由去说服自己，即用一种能为自己所接受的理由来替代真实的理由，以避免精神上的苦恼。

7. 投射作用

一般是指将自己所不喜欢或不能接受的性格、态度、意念，“投射”到别人身上或外部世界去，而断言别人是这样的现象。

8. 摄入作用

或称内向投射，与投射作用相反。指广泛地、毫无选择地吸收外界的事物，而将它们变为自己内在的东西。如常言所说“近朱者赤，近墨者黑”。由于摄入作用，有时候人们爱和恨的对象被象征地变成了自我的组成部分。如当人们失去他们所喜爱的人时，常会模仿他们所失去人的特点，使这些人的举动或喜好在自己身上出现，以慰藉内心因丧失所爱而产生的痛苦。相反，对外界社会和他人的不满，在极端情况下变成恨自己因而自杀。

9. 反向作用

又称“矫枉过正”现象，为处理一些不能被接受的欲望及冲动所采用的方法。这是由于人的许多原始的行动欲望，是自己和社会规范所不能容忍的，所以常被压抑而潜伏到潜意识中去，不为自己所察。但它们仍有极大的动力，随时在伺机蠢动。人们为了害怕它们可能会突然冒出来，不得不加以特别防范。

10. 补偿作用

即一个人因生理上或心理上有缺陷而感到不适时，企图用种种方法来弥补这些缺陷，以减轻不适感。

11. 仿同作用

把一个他所钦佩或崇拜的人的特点当作是自己的特点，用以掩护自己的短处。仿同有两种，一种近似模仿；另一种是利用别人的长处，满足自己的愿望、欲望。

12. 隔离作用

把部分事实从意识境界中加以隔离，不让自己意识到，以免引起精神的不愉快。最常被隔离的，乃是整个事情中与事实相关的感觉部分。

13. 抵消作用

是指以象征的事情，来抵消已经发生了的不愉快事情，以补救心理上的不适与不安。

14. 升华作用

人原有的行动或欲望，如果直接表现出来，可能会受到处罚或产生不良后果，从而不能直接表现出来。如果能将这些行动或欲望导向比较崇高的方向，使其具有建设性，有利于社会和本人，这便是升华作用。

15. 幽默作用

也是一种积极的精神防御机制的形式，是较高级的适应方法之一。当一个人遇到挫折时，常可以用幽默来化解困境，维持自己的心理平稳。

在了解了这些精神防御机制以后，每一个人都可以试着检查一下自己无意中运用的精神防御机制是哪些，如果它们本身比较原始，或过分地被适用了，就有意识地改变一下，以求身心健康。

(三) 自我调节

1. 认知调节

运用认知调节纠正不合理信念，是排解心理困扰的有效方法。大学生常见的不合理信念主要表现在对自我、人际交往，以及挫折的认知上，其主要特征有以下三点：

(1) 绝对化的要求。表现为非此即彼地看待事物，一旦认为某事不成功，就将自己视为一个失败者。这类信念常同“必须”“应该”等词联在一起，认为某事物必定会发生或必定不会发生，因而一旦不发生或发生了，就极易陷入情绪困扰中。

(2) 过分概括化。这是一种以偏概全的不合理思维方式的表现。这类人一遇到失败便概括为自己“没用”，是“窝囊废”，别人稍有过失就认为其很坏，无一可取，从而一味责备他人，产生敌意、愤怒等情绪。

(3) 糟糕至极。这种不合理信念认为某事一旦发生了，必定会非常可怕、糟糕、不幸。他(她)要么过分夸大某些事物的重要性和严重程度，要么过分贬低某些事物，把它们说得微不足道。

2. 心态调节

“内因是变化的根据，外因是变化的条件”，无论心理健康知识还是良好的风气，都必须经过自我而起作用，所以不断加强自我心理调节，是增进心理健康的根本途径。

(1) 加强认知调节。认知方式在促进心理健康过程中起着根本作用，积极乐观还是消极悲观地看待事物，其心理反应完全不一样。

由此可见，积极乐观的认知方式对免除和减轻心理压力有正面作用，消极悲观的认知方式有害于心理健康。平时我们要注意纠正片面的、绝对的、无限夸大失败后果的思维方式，学会用全面的、发展的观点看问题。

(2) 加强情绪调节。情绪对人的心理健康有重要影响，要在以下方面加强情绪调节。首先，正视不良的情绪。如果不承认，长期压抑在心里，将会对心理健康带来不利影响。其次，学会和掌握情绪调节的方法。再次，学会宽容。宽容自己和宽容他人。不肯宽容别人的人既容易遭他人怨恨，也往往会使自己的身心受到伤害；不肯宽容自己的人则容易使自己整天处于自责、悔恨中，难以自拔。宽容不是不讲原则，而是以一种豁达的胸襟承认每个人都会有过错，不纠缠自己和他人的过错，以建设性的态度对待自己和他人的过错，并保持心情的愉快。

(3) 加强行为调节。人的行为直接影响着活动效率及自我评价，在很大程度上对心理健康有着直接的影响，所以行为的调节对心理健康有着重要作用。大学生应注意自己交往、学习、日常生活等行为的调节，使之能够适应学习和生活的要求，更好地实现自己所期望的目标，从而提高对自己的满意度，产生自信心和愉悦感。

总而言之，心态调节的主要途径是培养强者的心态。强者的心态可以从以下 4 个方面来表述：

(1) 对待人生要自信积极、乐观微笑。

(2) 对待困难要满不在乎、轻松自在。

(3) 对待人要不卑不亢、宽仁博爱。

(4) 对待事要拿得起、放得下。

(四) 其他途径

寻求心理咨询帮助。心理咨询正逐渐被人们所接受。但同时也要看到，由于对心理咨询缺乏充分了解，有的高职大学生遇到心理问题自身又无法解决时，宁愿忍受痛苦的煎熬也不愿意到心理咨询机构寻求帮助。他们害怕被人认为是精神病，害怕被人发现自己的秘密和隐私，等等。其实，这是对心理咨询的误解。在遇到心理问题时，能及时寻求心理咨询帮助，是理性的、健康的、现代的生活理念和行为。

思考与收获

1. 你认为心理健康是什么？
2. 你对心理健康课程的期待与要求有哪些？
3. 有的同学认为自己相当健康，不需要再学习了。对这种想法，你怎么看？
4. 学院心理健康中心的地点在哪里？如何预约？

心理训练

一、心理健康自我测试

心理健康与身体健康同等重要。它直接影响人们的学习、工作和生活。因此，任何人都希望自己拥有一个健康的心理。那么你的心理健康状况如何呢？下面是一个帮助你了解自己心理健康状况的测试。测试共有 70 个问题，对照自己的情况，基本符合的在括号中计 2 分，有点符合的计 1 分，不符合的计 0 分，不清楚的也计 0 分。回答时不必仔细考虑，要尽快回答。

1. 如果周围有喧嚷声，不能马上睡着。(　　)
2. 常常怒气陡生。(　　)
3. 梦中所见与平时所想的不谋而合。(　　)
4. 习惯与陌生人谈笑自如。(　　)
5. 经常精神萎靡。(　　)
6. 常常希望好好改变一下生活环境。(　　)
7. 不愿意破除以前的规矩。(　　)
8. 稍稍等人一会儿就急得不得了。(　　)
9. 常常感到头有紧箍感。(　　)
10. 对周围很小的声音也会注意到。(　　)
11. 很少有哀伤的心情。(　　)
12. 常常思考将来的事情并感到不安。(　　)
13. 孤独一人时常常心烦意乱。(　　)
14. 自以为从不对人说谎。(　　)
15. 常常有一慌张便完全失败的情形。(　　)
16. 经常担心别人对自己的看法。(　　)
17. 经常以为自己的行为受别人支配。(　　)
18. 做以自己为主的事情，常常非常活跃，全无倦意。(　　)
19. 常常担心发生地震和火灾。(　　)
20. 希望过与别人不同的生活。(　　)
21. 自以为从不怨恨他人。(　　)
22. 失败后，会长时间陷入颓丧。(　　)
23. 兴奋时常常会突然神智昏迷。(　　)
24. 即使最近发生什么事故，也往往毫不在乎。(　　)
25. 常常为一点小事十分激动。(　　)
26. 很多时候天气虽好但心情不佳。(　　)
27. 工作时，常常为一点小事十分激动。(　　)
28. 不希望别人经常提起自己。(　　)
29. 常常对别人的微词耿耿于怀。(　　)
30. 常常因为心情不好而感到身体某个部位疼痛。(　　)
31. 常常会突然忘却以前的打算。(　　)
32. 睡眠不足或者连续工作都毫不在乎。(　　)
33. 生活没有压力，意志消沉。(　　)
34. 工作认真，有时却有荒谬的想法。(　　)
35. 自以为从没有浪费时间。(　　)

36. 为与人约定的事情而感到头痛。(　　)
37. 看什么都不顺眼，时常感到头痛。(　　)
38. 常常听到他人听不见的声音。(　　)
39. 常常毫无缘由地快活。(　　)
40. 一紧张就直冒汗。(　　)
41. 比过去更厌恶今天，常希望最好出些变故。(　　)
42. 自以为经常对人说真话。(　　)
43. 常漠视小事而无所长进。(　　)
44. 紧张时脸部常会抽动。(　　)
45. 有时认为周围的人与自己截然不同。(　　)
46. 常常会粗心大意地忘记约会。(　　)
47. 爱好沉思默想。(　　)
48. 一听到有人说起仁义道德的话就怒气冲冲。(　　)
49. 以为从没有被父母责骂过。(　　)
50. 一着急总担心时间，频频看表。(　　)
51. 尽管没有病，但常感到心脏和胸口发闷。(　　)
52. 不喜欢与他人一起游玩。(　　)
53. 常常兴奋得睡不着觉，总想干些什么。(　　)
54. 尽管是微小的失败，但总是归咎于自己。(　　)
55. 常常想做别人不愿做的事情。(　　)
56. 习惯于亲切和蔼地与别人相处。(　　)
57. 在别人面前做事时，心就会激烈地跳动起来。(　　)
58. 心情随当时的气氛变化很大。(　　)
59. 即使是自己发生了重大事情，也好像不是自己的事那样思考。(　　)
60. 往往因为极小的愉悦而非常激动。(　　)
61. 心有所虑时常情绪消沉。(　　)
62. 认为社会腐败，不管怎么努力也不会幸福。(　　)
63. 自认为没有与人吵过架。(　　)
64. 失败一次后再做事情时非常担心。(　　)
65. 常有堵住嗓子的感觉。(　　)
66. 常视父母兄弟如路人一般。(　　)
67. 常与初次见面的人愉快交谈。(　　)
68. 念念不忘过去的失败。(　　)
69. 常因为事情进展不如自己想象的那样而怒气冲冲。(　　)
70. 自认为从未生过病。(　　)

评析：按照上面的心理健康自我测试，根据表 1-1 的类型，将对应题号的合计得分填入合计得分栏中。例如，“类型 1”各题的得分分别是：第 1 题 2 分，第 8 题 1 分，第 15 题 0 分，第 22 题 0 分，第 29 题 1 分，第 36 题 2 分，第 43 题 1 分，第 50 题 2 分，第 57 题 0 分，第 64 题 1 分，则合计得分为 2 + 1 + 0 + 0 + 1 + 2 + 1 + 2 + 0 + 1 = 10 分。其他各种类型以此类推。

表 1-1　心理健康自我鉴定计分表

问题号码	合计得分	类型
1 8 15 22 29 36 43 50 57 64		1
2 9 16 23 30 37 44 51 58 65		2
3 10 17 24 31 38 45 52 59 66		3
4 11 18 25 32 39 46 53 60 67		4
5 12 19 26 33 40 47 54 61 68		5
6 13 20 27 34 41 48 55 62 69		6
7 14 21 28 35 42 49 56 63 70		7

心理症状指数的计算：除去类型 7 虚构症状外，将“心理健康自我鉴定计分表”前 6 种类型的得分相加，然后将总分乘以 3，所得分数即为心理症状指数。例如，类型 1 合计得分为 5，类型 2 合计得分行为 2，以后依次为 2、1、3、2，则前 6 种类型的合计为 $5+2+2+1+3+2=15$，心理症状指数则为 $15\times3=45$。

心理症状指数 32 以下的人心理健康状况良好，没有什么不良征兆。

心理症状指数 33～47 的人心理健康状况较好，但要检查一下，若某种症状类型的得分过高，则须再次自我检查某一心理方面的健康状况，找出病因，再对症治疗。

心理症状指数 48～61 的人心理健康状况一般，说不上健康。须调整自己的健康状况，特别要积极找出得分稍高的症状类型的原因，及时治疗。

心理症状指数 62～76 的人有心理疾病的征兆，建议进行心理咨询，以求对自己有较全面的了解。

心理症状指数 77 以上的人已经患有某种程度的心理疾病，一定要接受专业机构的心理诊断和治疗。

二、SCL-90 问卷

以下列出了有些人可能会有的问题，请仔细阅读每一条，然后根据最近一星期来自己的实际感觉，选择最符合你的一种情况，填在测验答卷(见表 1-2)的相应题号的评分栏中。其中，“没有”计 1 分，“较轻”计 2 分，“中等”计 3 分，“较重”计 4 分，“严重”计 5 分。

1. 头痛
2. 神经过敏，心中不踏实
3. 头脑中有不必要的想法或字句盘旋
4. 头晕或晕倒
5. 对异性的兴趣减退
6. 对旁人责备求全
7. 感到别人能控制您的思想
8. 责怪别人制造麻烦
9. 忘性大
10. 担心自己的衣饰整齐及仪态的端正
11. 容易烦恼和激动

12. 胸痛
13. 害怕空旷的场所或街道
14. 感到自己的精力下降，活动减慢
15. 想结束自己的生命
16. 听到旁人听不到的声音
17. 发抖
18. 感到大多数人都不可信任
19. 胃口不好
20. 容易哭泣
21. 同异性相处时感到害羞不自在
22. 感到受骗，中了圈套或有人想抓住您
23. 无缘无故地突然感到害怕
24. 自己不能控制地大发脾气
25. 怕单独出门
26. 经常责怪自己
27. 腰痛
28. 感到难以完成任务
29. 感到孤独
30. 感到苦闷
31. 过分担忧
32. 对事物不感兴趣
33. 感到害怕
34. 您的感情容易受到伤害
35. 旁人能知道您的私下想法
36. 感到别人不理解您、不同情您
37. 感到人们对您不友好，不喜欢您
38. 做事必须做得很慢以保证做得正确
39. 心跳得很厉害
40. 恶心或胃部不舒服
41. 感到比不上他人
42. 肌肉酸痛
43. 感到有人在监视您、谈论您
44. 难以入睡
45. 做事必须反复检查
46. 难以做出决定
47. 怕乘电车、公共汽车、地铁或火车
48. 呼吸有困难
49. 一阵阵发冷或发热
50. 因为感到害怕而避开某些东西、场合或活动

51. 脑子变空了
52. 身体发麻或刺痛
53. 喉咙有哽塞感
54. 感到前途没有希望
55. 不能集中注意力
56. 感到身体的某一部分软弱无力
57. 感到紧张或容易紧张
58. 感到手或脚发重
59. 想到死亡的事
60. 吃得太多
61. 当别人看着您或谈论您时感到不自在
62. 有一些不属于您自己的想法
63. 有想打人或伤害他人的冲动
64. 醒得太早
65. 必须反复洗手、点数
66. 睡得不稳不深
67. 有想摔坏或破坏东西的想法
68. 有一些别人没有的想法
69. 感到对别人神经过敏
70. 在商店或电影院等人多的地方感到不自在
71. 感到任何事情都很困难
72. 一阵阵恐惧或惊恐
73. 感到公共场合吃东西很不舒服
74. 经常与人争论
75. 单独一人时神经很紧张
76. 别人对您的成绩没有做出恰当的评价
77. 即使和别人在一起也感到孤单
78. 感到坐立不安心神不定
79. 感到自己没有什么价值
80. 感到熟悉的东西变成陌生或不像是真的
81. 大叫或摔东西
82. 害怕会在公共场合晕倒
83. 感到别人想占您的便宜
84. 为一些有关性的想法而很苦恼
85. 您认为应该因为自己的过错而受到惩罚
86. 感到要很快把事情做完
87. 感到自己的身体有严重问题
88. 从未感到和其他人很亲近
89. 感到自己有罪

90. 感到自己的脑子有毛病

表 1-2　SCL-90 测验答卷

F1		F2		F3		F4		F5		F6		F7		F8		F9		F10		结果处理		
项目	评分	项目	评分	项目	评分	项目	评分	项目	评分	项目	评分	项目	评分	项目	评分	项目	评分	项目	评分	评分	项目数	T分(合计分/项目数)
1		3		6		5		2		11		13		8		7		19		F1	F2	
4		9		21		14		17		24		25		18		16		44		F2	10	
12		10		31		15		23		63		47		43		35		59		F3	9	
27		28		36		20		33		74		50		68		62		60		F4	13	
40		38		37		22		39		81		70		76		77		64		F5	10	
42		45		41		26		57		合计		75		83		84		66		F6	6	
48		46		61		29		72				82		合计		85		89		F7	7	
49		51		69		30		78				合计				87		合计		F8	6	
52		55		73		31		80								88				F9	10	
53		65		合计		32		86								90				F10	7	
56		合计				54		合计														
58						71																
合计						70																
						合计																

表 1-2 中的 F1～F10 分别代表各因子：F1—躯体化、F2—强迫、F3—人际敏感、F4—抑郁、F5—焦虑、F6—敌意、F7—恐怖、F8—偏执、F9—精神病性、F10—附加因子。

T 分为因子分，为某因子的合计分除以该因子的项目数所得。分析时主要看各因子 T 分。表 1-3 所示的是正常成人 SCL-90 的正常值范围，测试者可对照参考。

表 1-3　正常成人 SCL-90 的正常值范围

项目	合计分	项目	合计分
F1(躯体化)	＜28	F6(敌意)	＜16
F2(强迫)	＜28	F7(恐怖)	＜15
F3(人际敏感)	＜26	F8(偏执)	＜16
F4(抑郁)	＜35	F9(精神病性)	＜22
F5(焦虑)	＜23		

本测试结果仅供参考。

第二章　我就是我

——自我认识与自我接纳

❖ 名人名言 ❖

先相信你自己，然后别人才会相信你。

——屠格涅夫

❖ 心灵测试 ❖

下面所列的都是一些关于自我的陈述句，请你根据自己的实际情况做出选择，以了解你是怎样看待自己的。如果符合你的情况，请填“是”；如果不符合你的情况，则填“否”。也希望你在阅读本章内容之后，回过头来再看一看，这些看法是否已经发生变化。(A. 认同；B. 不认同)

1. 即使我存在缺点，我仍然喜欢自己。(　　)
2. 我在各方面对自己都比较满意。(　　)
3. 在陌生人面前，我常常无话可说。(　　)
4. 每到一个新环境，我很容易与别人接近。(　　)
5. 我喜欢参加社交活动，我感到这是结交朋友的好机会。(　　)
6. 我想，我起码是和他人具有同等价值的人。(　　)
7. 我经常感到自己确实没用。(　　)
8. 对自己，我持有向前看的积极态度。(　　)
9. 我没有多少能使自己感到得意的事情。(　　)
10. 我愿意对别人表达自己的心情。(　　)

第一节　自我意识与心理健康

“认识你自己!”是刻在希腊圣城德尔斐神殿上的一句著名箴言，它用一种直截了当的方式告诫世人，要认识人的本质，认识自己的特性和真正价值。

自我意识的确立是大学生心理发展的重要标志之一，对大学生人格的形成、心理发展起着重要作用。大学生只有拥有良好的自我意识，才能明确人生的方向和目标，担起人生的使命和责任，过上正常健康的生活。

(一) 自我意识的概念及分类

1. 自我意识的概念

自我意识是一个人对自己作为主体和客体存在的各方面的意识，也就是“我”对“我”的意识。前一个“我”是意识的主体，是意识者；后一个“我”是意识的客体，是被意识的对象，是对自身生理、心理状态以及对自己与周围关系的认识与体验。

2. 自我意识的分类

自我意识是涉及认知、情感、意志过程的多层次、多维度的心理现象，一般从以下 3 个方面进行分类：

1) 根据结构要素分为：自我认知、自我体验、自我控制

自我认知包括自我感觉、自我观察、自我概念、自我分析和评价等。例如：“我有些微胖”“我是一个脾气特别温和的人”“我超级能干”等，都属于自我认知的内容。

自我体验是基于自我的情感体验，包括自尊、自爱、自信、责任感、义务感、优越感等，主要涉及“我是否满意自己”“我是否喜欢自己”等。例如：有人因为颜值高特别喜欢自己，也有人因为性格太过于内向而否定自己。

自我控制主要表现为人的意志行为，包括自主、自立、自制、自律等，它监督、调节人的行为活动，调节、控制对自我的态度和对他人的态度，主要涉及“我怎样才能克服自己的惰性”“我如何改变自己”等。

2) 根据内容分为：物质自我、社会自我、精神自我

物质自我是指个体对自己身体、生理状态以及与个体密切联系的衣着、金钱等所有物质方面的一种意识。比如感觉自己体质很好或者穿着很时尚。

社会自我是指个体对自己在一定的社会关系、人际关系中的角色、地位、名望等方面的认识。它是随着社会化的进程，个体逐渐学习角色并实践角色，从而出现的。主要表现为在行为上追求个人的名誉、地位、与他人进行激烈竞争等。

精神自我是随着社会自我的出现而形成和发展的，是指个体对自己心理状况的意识，包括对自身心理活动、个性特征、心理品质的认识、体验和愿望。如对自己性格、能力、记忆、智慧、气质、道德、理想和信念以及行为、习惯等方面的意识。

3) 根据自我观念分为：现实自我、投射自我、理想自我

现实自我是指个体通过对自己的感觉、观察、分析而对自己当前实际状况的看法和评

价。例如："自己的家庭经济比较窘迫""我现在是一个学生，最主要的任务是学习"等。

投射自我也叫镜中自我，是指个体想象他人对自己的看法和评价，以及由此产生的情绪体验及调控。比如："大家认为我是一个能力很强的人，都很信任我""室友因为我家没钱孤立我"等。由于投射自我是通过观察他人的反应来揣度别人对自己的评价，因此并不一定与他人的实际看法一致。

(二) 自我意识的形成和发展

人的自我意识从发生、发展到相时稳定，大约经过 20 多年的时间。它在社会交往过程中，随着每个人成长阶段的语言和思维的发展而发展，它起始于婴幼儿时期，萌芽于童年、少年期，发展于青年期，完善于成年期。

现代自我心理学的创始人之一，社会文化学派的人格心理学家埃里克森(Eriksen)提出了著名的心理社会发展理论。他认为，人的自我意识发展持续一生，并将自我意识的形成和发展过程划分为八个阶段(见表 2-1)，每个阶段都是不可逾越的，但时间早晚因人而异。自我在人生经历中不断获得或者失去力量，从而保证个人适应环境，健康成长。

表 2-1　埃里克森的人格发展八阶段理论表

发展期	发展目标与危机	发展顺利	发展障碍
婴儿期(0～1.5 岁)	信任—不信任	有信任感，敢于希望	不敢希望，时刻担忧需求得不到满足
儿童期(1.5～3 岁)	自主—害羞	能自我控制，行动有信心	自我怀疑，感到害羞
学龄初期(3～6 岁)	自信—内疚	有目的方向，主动创造	退缩，缺乏主动性
学龄期(6～12 岁)	勤奋—自卑	具备完成任务的信心和能力	缺乏基本能力，充满失败感
青春期(12～18 岁)	自我同一角色混乱	自我观念明确，追求方向肯定	无法定位自我，时感彷徨迷茫
成年早期(18～25 岁)	亲密—孤独	建立亲密关系，奠定事业、感情基础	孤独寂寞，无法与人亲密相处
成年期(25～65 岁)	生育—自我专注	热爱家庭，栽培后代	自我关注，不关心他人
老年期(65 岁以上)	自我调整—绝望	接受自我与现实，安享天年	悔恨旧事，失落绝望

青少年时期是自我意识发展最重要的时期。埃里克森认为，青少年在 18 岁以前应发展自我同一性，从而了解自己与周围各种事物之间的关系，既与客观环境保持积极的平衡，又能在这种联系中不断地认识自我、肯定自我、发展自我、完善自我。

大学生正处于青春期的末期和成年期的初期，自主意识在大学阶段得到迅速的发展。因为品尝到了生活的酸甜苦辣，也付出了成长的代价，所以更加了解和接纳自己的优点和缺点，自我认识、自我体验、自我控制逐步协调一致，从而进一步迈向成熟的阶段。

(三) 自我意识对心理健康的影响

伯恩斯(Burns)在其《自我概念发展与教育》一书中系统地论述了自我意识的重要意义。自我意识不仅影响到个体人格的内在和谐统一，而且还影响到个体对现实的基本态度、看法以及对未来的理想和信念，进而在客观上决定了它对行为的调节与定向作用。因此，自我意识对个体心理健康和人格发展具有重大的影响。

1. 客观的自我认识是大学生确立合理目标的基础

个体的自我期待值建立在自我意识的基础上。一个人如果能客观地认识自己、了解自己，就不会对自己提出苛刻的、过分的期望与要求，而是会制定切合实际的生活目标和理想，并努力发展自身的潜能，即使对自己无法弥补的缺陷也能安然处之，因此对自己总是接纳的。反之，一个人如果缺乏自知之明，所定的生活目标和理想不切合实际，主观和客观的距离相差太远，往往会容易陷入自责、自怨、自卑的情绪中。如果总是要求自己十全十美，认为自己无论如何努力都无法做到完美无缺，便会导致自己的心理状态永远无法平衡，难以摆脱挫败心理的折磨，内心经常是苦闷的。

2. 正确的自我意识能够保持内在的一致性和行为的一贯性

在社会生活和实践过程中，个体对自我或周围的事物产生许多想法、感受或认识，如果这些想法、感受或认识之间不一致，相互间存在矛盾，我们就会感到不舒服。伯恩斯同时认为，自我意识还具有引导个体行为保持前后一贯的功能。个体能否在不同的情况下总能保持其行为的一贯性，关键取决于个体如何理解自己。比如一个在自我意识中认为自己非常勇敢、坚强的人，那么在这种自我意识的支配下，当他遇到困难时，其行为上的一贯表现往往是直面困难，而不是抱怨和逃避。

3. 自我意识决定个体对经验的解释并影响情绪、情感状态

伯恩斯认为，一定的经验对于个人具有怎样的意义，是由个人的自我意识决定的。每一种经验对于特定的个人具有特定的含义，即使不同的人获得了完全相同的经验，他们对于这种经验的解释也不会完全相同。不同的自我意识对于同一经验会产生不同的折射解释和观念，从而产生不同的情感体验。在现实生活中，个体很多心理问题都源于情绪问题，很多情况下是个体长期消极的自我体验造成的习惯性影响。因此，培养积极、健康的自我意识，形成良好的情绪、情感能够促进个体身心健康。

4. 自我控制力量的强弱影响个体的心理平衡

自我控制能力强的个体能够将自身的行为控制在社会要求、道德约束允许的范围内，并按照自我塑造计划进行自我监控，有意识地调节自身的行为，抵制消极的影响从而保持健康的心理。自我控制能力比较弱的个体，遇事不冷静、好冲动，容易做出违规甚至违法的行为，甚至让自己追悔莫及、遗憾终生的事情，心理始终难以保持平衡状态。

5. 自我意识是否完善影响个体的心理发展

发展完善的自我意识对个体尤其是青少年的人生发展起着定位、驱动和协调作用，有利于其人格和社会性的发展。大学生正处在人生中全面发展的高峰时期，身体快速成长，智力水平不断上升，内心感情日益丰富，社会性情感迅速发展，意志逐渐坚强，为正式进入成人社会做准备工作，力图使自己成为一个为社会所接纳的人，自我意识对这些方面都有调控和监督的作用。

案例：

小婷，女，18岁，高职二年级学生，父母均为农民，家境贫困。一直以来，由于家庭贫困，她常担心因缴不起学费而辍学。她觉得自己学习成绩不太好，没什么优点，不讨人喜欢。她总不相信别人，不愿理会别人，对人冷漠，缺乏热情。总之，她感到学校生活非常灰暗，没有任何快乐，多次想退学。近来，她连续几天晚上做相同的噩梦，梦见父亲去世了，自己从梦中哭醒，连续几天都很伤心，情绪很低落，无法学习。

第二节　大学生自我意识的冲突

一、大学生自我意识发展的特点

大学生自我意识的发展经过分化、矛盾、转化、稳定、逐渐成熟，直至最终定型，在这一发展过程中受年龄、生活背景、生活经历、专业知识以及教育环境等因素影响，其自我意识表现出以下特点：

（一）自我认识和评价积极、主动，但片面、不客观

大学作为青年走向社会、走向工作岗位的准备过程，个体不仅要考虑自己与周围环境的关系，还要考虑个体的社会责任与前途等问题。因此，大学生跨入校门后，首要面对的问题就是对自己作出一个较为符合实际的评价，即“我是什么样的人”“我应该怎样”“我能成为什么样的人”等。在评价的过程中。由于各类知识的增多，交往关系的扩大，大多数学生的自我认知更趋积极、主动。经常自觉、主动地对自己的思想、学习、生活、成长等情况进行自我反思和评价。对与自我相关的问题的书籍、讲座、调查和测试表现出较高的兴趣并积极参与，以寻求解答。

随着知识水平的提高和思维能力的发展，大学生自我意识的内容也不断丰富起来，除了自身的外表、言行举止等外在因素，更关注自己的性格、智力、气质、交际能力、组织能力等内在的因素。对自己的内心世界和行为，对自己的角色和责任有了新的认识，也敢于赋予自我以重要地位的角色。但与此同时，因为理论知识功底不扎实、社会阅历不丰富等主、客观因素的影响，大学生对于客观事物的理解和判断仍表现出一定程度的肤浅和片面。往往对自我的认识和评价存在看到一面而看不到另一面，或者只看到表象

却看不到本质等问题。例如过分夸大自己的长处、自我期待值过高、因为小失误产生严重挫败感等。

(二) 自我体验敏感、丰富，但隐蔽、不稳定

丰富多彩的校园生活及网络世界，为大学生提供了丰富多彩的情感体验，在各种各样的学习、生活和活动中，他们不仅有积极、肯定、轻松、敏感、愉快的自我体验，也有消极、否定、紧张、迟钝和沮丧的自我体验，大学生活实际上是个体对自我的重新认定和确证过程。凡涉及“我”及与“我”相关的许多事物，如名誉、地位、前途、理想及异性交往等方面的问题，都容易引起他们强烈的情绪和情感的反应，敏感于他人的言行和态度，常常对自我产生一种想象式的、灵感式的、非逻辑的体验。对自己参与的活动或经历的事情的体验越来越深刻，不仅善于观察外部情景的变化，同时更加关注情景变化的内在因素和可能导致的心理影响。

随着年龄的增长，大学生心理活动逐渐指向自己的内部世界，不轻易向他人敞开自己的内心活动，具有显著的内隐性，会有意无意地掩盖自己的缺点和短处，不把自己的喜、怒、哀、乐轻易地表露出来，也不随意与人沟通交流，容易产生一种孤独感。因为情绪体验还不够成熟，在这一阶段情绪不够稳定，有明显的波动性。会因一时的成绩产生积极、肯定的情绪体验，容易骄傲自满，忘乎所以；也可能因为一点挫折而否定自我，悲观失望。

(三) 自主独立意识强，但自我控制力不强

大学生是一个特殊的群体，社会责任感和成就动力强烈，能够自觉、主动地确立自己的价值目标，并在实现自己理想的过程中调节自己。他们期望摆脱对家长、老师的依赖和束缚，独立地进行思考和判断，有强烈的自我设计和自我规划的愿望，但是自我控制能力不强，行为随意性大，缺乏持之以恒的精神。有的同学虽然制定了一个又一个的目标，但却容易受外在因素的干扰，总是“三天打鱼，两天晒网”，最终半途而废；有的同学刚捶胸顿足地下了决心，可一转身立马忘得一干二净；有的同学做事全凭心情，心情好、兴致高的时候觉得自己做什么都行，情绪低落时，做什么都提不起劲；有些同学自律性差，不能管理自己的学习、生活纪律，总是违反学校的规章制度等。

(四) 自我意识充满矛盾性

由于心理尚未成熟，大学生自我意识的发展也不是一帆风顺的。在“矛盾——统一——新矛盾——新统一”转化发展过程中，其自我意识的矛盾冲突主要表现在以下 5 个方面。

1. 主观的我与客观的我之间的矛盾

“主观的我”是个体对自己的认识和评价，“客观的我”是社会上其他人对自己的认识和评价。大学生大部分的时间都在相对单纯的大学校园中，对社会实际缺乏深入的了解和切身体验，“主观的我”和“客观的我”存在着不合拍、不一致的现象。他们往往根据书本或想象对自己做出不符合实际的估价，要么过高，要么过低，一旦接触社会生活、接触现实生活中的其他人，便发现自己并不像自己想象的那样高明或低能，容易

失落或沾沾自喜。

2. 理想的我与现实的我之间的矛盾

理想我与现实我的矛盾是大学生自我意识矛盾中最突出的表现。大学生是富有理想的，这种理想在头脑中的形象化即构成了理想的自我，而本身的现实经历又构成了现实的自我。在进入大学后，他们往往在学业、爱情、就业等各方面制定较高的个人目标，力求达到完美形象，但由于缺乏社会经验，缺少自我认识的参照点，因此不能将理想与现实结合起来，从而使得两者之间产生较大的差距。当“理想的我”未能顺利实现时，很多同学会在现实自我不满的情况下否定自己，导致一系列心理问题。

3. 自尊心与自卑感之间的矛盾

大学生多有浓厚的优越感和很强的自尊心，对自己的能力、才华和未来充满信心。一旦到了新的环境，接触新的群体，发现“人外有人、天外有天”，有些同学就会怀疑自己、否定自己，产生自卑心理，在他们的内心深处，自尊心和自卑感常常处于矛盾状态。

4. 自立和依附他人的矛盾

进入大学以后，大学生的独立意识迅速发展，希望能在思想、学习、生活甚至经济等诸多方面自立，希望摆脱家庭和学校的约束，自主地处理自己遇到的一切问题。但当他们遇到现实问题时又盼望得到父母、老师、同学的帮助，无法真正做到人格上的独立。特别是对于独生子女来说，由于长期受到父母的溺爱和保护，这种独立意向和心理依赖的矛盾表现得更加突出。另外，大学生心理上的独立与经济上的不独立也形成了明显的反差。

5. 交往需要和自我封闭的矛盾

大学生内心迫切需要被关注、被肯定，希望与人建立友好、亲密的社交关系。然而因为自尊、怀疑等原因，又有意无意地隐藏自己内心的真实想法，存在一定的戒备心理，不轻易向他人敞开心扉，不随意与人交流与沟通。因此，常常感到没有人能理解自己，没有知心朋友，感到孤独。很多同学为了排解内心的孤独，将网络作为自己情感寄托、情绪纾解的空间，认为虚拟的网络世界比现实世界更加安全，不用担心会受到伤害。

二、大学生自我意识的常见问题

(一) 自卑和自负

自卑是个体由于某种生理或心理上的缺陷或其他原因而引起的一种消极情绪体验。表现为对自己的能力或品质评价过低，轻视自己，甚至看不起自己，对自己不满、否定，因而产生消极心理。这种心理状态很容易使学生产生孤独压抑的情感，给自己的情绪和学习生活带来严重的影响，更甚者还会产生消极的态度，从而对前途失去信心。

大学校园人才济济，竞争无处不在。而且，如果从能力、成绩以及身体、容貌、家世、地位等所有条件相比，很少有人永远是强者。每个人在不同的层面有自己的得意之处，也难免有不如人的自卑感受，但是过度自卑，就会斤斤计较于自己的缺点、不足和失误，并因此心虚胆怯，遇到挑战性的事情就逃避退缩。若这种自卑感不能及时克服，成为习惯性的倾向，久而久之会成为性格的一部分，构成人格上的重大缺陷，严重者会自暴自弃，以致自我毁灭。

自负是一种自我膨胀，即过度自信，表现为高估自我，对自己的肯定评价往往有过之而无不及。他们拿放大镜看自己的长处，甚至把缺点也视为长处，拿显微镜看别人的短处，把自己的意志强加于别人身上。大学生虽然有强烈的自尊心和自信心，好强、好胜、不甘落后，但如果把握不好“度”，就会物极必反，产生骄傲自大、自我膨胀、过度自我接纳的倾向。自负的人容易产生盲目乐观情绪，自以为是，不易处理好人际关系。而且过高的自我评价会滋生骄傲，对自己提出过高要求，会因为承担无法完成的任务、义务导致失败。事实上，自负与自卑是密切联系、互为一体的。那些自负表现得越明显、越强烈的人，往往越是极度自卑的人。自负心理和自卑心理过强都会影响大学生的心理发展和人格成熟，是不容忽视的自我意识的偏差之一。

(二) 过分的独立意向与过分的逆反心理

独立意向是大学生自我意识发展的显著标志之一。独立意向，是指个体希望摆脱监督和管教的一种自我意识倾向，主要表现在经常向周围的人，尤其是向年长者表明自己的独立要求，并表现出全新的“成熟”的特点：喜欢独立地观察事物、认识事物、判断事物，独立地思考和行动；反感甚至抵触被长辈、老师管教和指点，喜欢与同龄人一起交流思想；不喜欢别人过多地指责、干扰自己的言行。但是很多同学过分、刻意地追求独立，并把独立理解成“万事不求人”“凡事自己来”，结果遇到困难挫折时，只能自己孤独地承受。其实，独立并不意味着独来独往、我行我素和不顾社会规范，而是指在感情上、行为上能对自己负全部的责任。一个真正成熟的个体是独立的，他对自己负责任但不排除接受别人的帮助。

逆反心理也是大学生自我意识发展过程中的一种产物，是指客观环境与主体需要不相符时产生的具有强烈抵触情绪的社会态度，是一种反控制的逆向思维。其实质是为了寻求独立，寻求自我肯定，为了保护新发现的、正在逐步形成的但还比较脆弱的自我，为了抵抗和排除在他们看来压抑自己的那种外部力量。逆反心理过分的大学生采取非理智的反应方式，不分辨是非对错，不区分精华与糟粕，一概排斥；手段上只是粗劣的反抗，简单地拒绝和对抗。逆反的对象多是家长、老师和社会宣传的观念或典型人物等外界权威，如对正面宣传做反向思考，对先进人物无端否定，对不良倾向产生认同感，对规范、制度消极抵制等，这给他们的健康成长带来消极影响。

(三) 过分自我中心与过分从众心理

随着自我意识的发展，大学生越来越感到自己内心世界的千变万化，他们越来越多地把关注的重心投向自我，尤其是那些有较强自信心、自尊心、优越感、独立感的同学更容易产生自我中心倾向。过分自我中心的人想问题和做事情都以“我”出发，不能进行客观的思考和分析，颐指气使、盛气凌人。这种人往往见好就上，见困难就让，有错误就推，总让别人来顺从、迁就自己，以自己的意志为转移，不会去替别人着想，不能顾全大局。

因而他们常不能赢得他人的好感和信任，人际关系多不和谐。

与过分的自我中心相反，有些大学生有过强的从众心理。从众心理，人皆有之，但如果过强则会影响到人的发展。有过强从众心理的人，受暗示性强，缺乏主见和独立意识，自己不思考或懒于思考，遇到问题自己不拿主意，而是期望别人来替自己解决，常人云亦云，随大流，致使自己的创造力受抑制，自主性被阻碍。

(四) 自尊心过强与自尊水平过低

自尊，是指一个人尊重自己，对自己给予肯定的情感体验。是一种既自尊自爱，又渴望别人尊重自己的心理倾向。大学生有强烈的自尊心，且绝大多数人都能保持恰当的自尊心，这在他们正常的学习生活中起着积极的作用。但是，有少数学生的自尊出现了不应有的异常情况，即自尊心过强或自尊水平过低。在自尊心过强的异常表现中，嫉妒心强是最常见，也是危害较大的一种消极有害的心理。嫉妒心是对才能、成就、地位或境遇比自己强的人产生怨恨的心态。嫉妒心强的同学在交往中虚伪多于真诚，其目的是损人利己，结果是于人于己都不利，给他人造成危害，而自己由于常心怀不满、怨恨，造成心理失衡。

自尊水平低的人往往不敢正视现实，焦虑水平高，幸福感很低，不愿接受关于自己的负性信息，对自己应对现实的能力缺乏自信，十分看重别人的观点，表现出更多的从众行为。自尊水平低的人只有提高自己的自尊水平才能促进自我意识的健康发展和良好心理品质的形成。因此，首先要学会根据自己的体验来判定自己的成败，若觉得自己已尽了全力，对失败的结果就应坦然接受；其次把自己看成和别人一样重要，只有自己尊重自己，别人才能尊重你；最后欣赏但不祈求别人的赞许。一个人必须先能自尊，然后才能自爱，自尊自爱之后，才能形成和谐统一的人格。

案例：

小宇是来自小县城的一名学生，他的父母都是小学教师，自幼便对他要求十分严格，也养成了他争强好胜的性格。上大学后，他对班上很多同学都看不惯，认为他们都是被父母宠惯得不像话的人：花钱大手大脚，手机总是最新款；喜欢表现自己，别人说上句，就抢着接下句。

小宇始终记得父母对自己的教育：人只要努力付出，就一定能得到回报。因此，他担任了班干部，尽管学习辛苦，但他主动承担了很多班级的工作和任务。但与此同时，他也产生了一些怨气，为什么有些人什么都不用做，却过着比他好的生活呢？为什么自己要活得这么累呢？

第三节　大学生自我意识的完善

健全的自我意识是心理健康的具体反映，它并不是与生俱来的，而是在长期的积极暗示中形成的。

一、正确认识自我

古人云“人贵有自知之明”，一个人认识自己的过程是艰难、曲折的，但是全面客观地认识自我是形成积极自我意识的基础。大学生可以通过自己与他人的关系来认识自我，从自己与客观事物间的关系认识自我，也可以通过对自己心理活动的分析来实现自我认识。

(一) 积极参加社会交往活动

一个人要想全面、客观地认识自我，必须积极主动地进行社会交往。通过自己参加的交往和活动，使自我的各个方面得以显现，例如：用动机、态度、表现以及取得的效果和成果等来分析认识自己。如果我们自我封闭、孤芳自赏，就永远不能全面、客观地认识自我。离开了社会交往，一个人就难以获得关于自我的全面认识。当代社会心理学创始人之一，乔治·赫伯特·米德 (George Herbert Mead) 强调，自我意识来源于社会交往，自我意识也只有在社会交往中才能形成。因此，社会交往对于个人全面、客观地认识自我具有极其重要的作用。

(二) 合理运用社会比较策略

每一个人在认识自我的过程中，免不了要与别人进行比较。例如：“我这次获得了国家励志奖学金。”如果不与他人比较，奖学金的意义我们不会体会得很深刻。进行社会比较是每个人全面、客观地认识自我的重要方式。合理的社会比较必然是综合的比较，既要横向比较，也要纵向比较，还要全面比较，它对于积极的自我意识的形成具有重要意义。但绝不能无原则地攀比。不少大学生在社会比较的过程中，常常犯这样的错误：总是拿自己的弱点跟别人的优点相比，总是看到自己的缺点而看不到自己的优点，同时，也只看到别人的优点而看不到别人的缺点。这样势必会夸大自己的不足，忽视自己的长处，久而久之就会形成消极的自我意识。

(三) 观察他人对自己的态度和评价

中国古人提出了“以人为镜”的思想，意指他人是反映自己的一面镜子。个体的自我意识就是他人态度或评价在自我头脑中的反映。在比较中可以认清自己的优劣势，并且扬长避短。但需要注意的是，不同的人对同一个体的评价往往不同，同一个人对同一个体的评价在不同的时期也会发生变化。每一种评价都不可能是对“自我”的全面、客观的评价，但只要我们把它们综合起来，就能得到比较全面、客观的自我认识。因此，要留意来自身边家人、老师、同学、朋友、异性等多方面的信息，逐步丰富、完善对自我的认识。当然，在听取别人意见的过程中要虚心、认真，但又不能偏听偏信。有些同学因为过分在乎别人的看法和评价，给自己造成了相当大的心理困扰。

二、积极地悦纳自我

悦纳自我是指一个人相信自己存在的价值，认同自己的能力，并在行为上表现出一种与他人和环境积极互动的心理定势，即无条件地接受自己的一切，无论优点还是缺点、美的还是丑的、成功还是失败，它是发展积极自我意识的核心和关键。心理学家马斯洛列举出富兰克林、林肯、罗斯福、贝多芬、爱因斯坦等历史上 38 位最成功的名人，从他们的人生历程中，归纳出 16 条成功因素，其中一条就是悦纳自己、别人以及周围的世界。对于大学生而言，学会接纳自己，才能更好地被他人所接纳。

(一) 合理的自我期望

大学生对未来充满期待，不断勾勒自我的理想形象，规划理想生活。合理的自我期望促使他们积极乐观，在生活中不断努力让自己变得更好。但如果自我的期望是为了追求过度完美、追求虚荣的物质生活，或者自我期望并不是自己内心的自发驱动力，而是来自与同伴比较后的压力，那这样的期望会成为自我发展的负担和阻力。

(二) 不苛求完美

自我批评是完善自我的必要方式，但一味追求完美，对自己吹毛求疵，可能会养成自我否定的习惯。因此，当自己取得点滴进步，表现不错的时候，要适时地、恰当地自我鼓励和肯定。大学生在学会欣赏自我的同时，也要坦然承认自己的不完美，接纳真实的自己，并且在积极的心态中，最大限度地把自己的潜能化为现实。

(三) 寻找有效的补偿

“金无足赤，人无完人”，任何人都不是完美的，我们可以完善自我，却不需要彻头彻尾地“改造”自己。人性格上的优点和缺点是矛盾统一的，好比硬币的两面。如你性格比较粗心，可能就没有那么敏感和斤斤计较。个人与团体是应该“共同制约、相互依存”的。因此，大学生一方面应该注意制约自己，尽量让自己性格上的弱点对自己和他人产生较少的不良影响，另一方面可以在客观分析自我的基础上做有效的补偿，扬长避短，努力发挥自己的长处来增强自信和自我成就感。也可以在团体中了解、建设、改变和发展自我，从周边环境中寻找对自己成长有利的条件，有效地利用资源发掘自己的潜能。

(四) 良好的自我感受

在现实生活中，一个人难免遇到困难和挫折，如果强调的是失望、消极的负面情绪体验，很有可能会放弃希望和努力，也就放弃了成功的可能性。相反，学会从积极乐观的角度去看问题，努力从挫折中学习解决问题的方法，并且心存成功的信念；或者，努力回顾近期自己做过的比较成功的事情、别人对自己的积极评价和态度等。这样，就能把注意力集中在自己的优点和成功体验上，即所谓的“积极关注，关注积极”，从而坚定信心，有助于建立和巩固良好的自我感受，悦纳自己，不断提升自己的生命价值。

(五) 努力成就自己

在美国一座黑人教堂的墙上，刻着这样一句话：“在这个世界上你是独一无二的一个，生下来你是什么这是上帝给你的礼物，你将成为什么这是你给上帝的礼物。”成就自己是我们的追求，也是当代大学生的行为热点之一。大学生成就自己的过程，是其自我同一的过程，是其自我不断走向完善的过程，也是其从个人“小我”走向社会“大我”的过程。他们按照社会需要和个人特点来自我发展、自我实现，既注重自我又不固守自我，既注重自我实现却又懂得了将追求自我价值融入帮助他人、服务社会、建设祖国的过程，最终成就一个“自如的我，独特的我，最好的我”。

案例：

小鹏分析自己的性格后，发现自己的一个明显的性格弱点是害怕在公开场合发言，且不善言辞。如上课不敢发言，讨论时没有勇气大胆表露自己的观点，和女同学说话更是面红耳赤、词不达意。他感到作为现代社会的人，必须克服这一弱点，于是下决心改变。开始很难，他要求自己认真复习，充分准备老师的问题，上课时哪怕是背诵也要完整、流畅地大声说出自己准备的内容。开始只能讲一句、两句，慢慢地可以讲五句、十句。每次讨论前，他都认真准备，别人用 10 分钟，他用半小时甚至 1 小时，把准备的内容全部记熟，在没人处大声对着墙练习数遍。正式讨论时，再鼓励自己逐步地大胆说出自己的观点。经过一年多这样有意识的自我训练，他在这方面果然有了明显的进步，还参加了班上组织的演讲比赛呢！可见性格弱点并不可怕，只要你想改，并耐心地、坚持不懈地去做，害羞的人可以变得活泼大方，不善言辞的人也能与人侃侃而谈。

思考与收获

1. 联系本人自我意识的主要偏差，谈谈应当如何调适？
2. 寻找身边同龄人成长成才的案例，并思考一下他们在自我意识方面有什么共同特质。
3. 注意自己生活中的一些重要转折点，在白纸上画出你经历的年龄阶段图，在每个阶段上都标出自己重要的成功、失败、冲突和相关记忆。
4. 你是否能够随着现实经历的改变，不断做出新的决定？请定期记下自己所做出的新决定，看看生活会发生什么样的改变。

心理训练

一、自我和谐量表

表 2-2 是一些个人对自己看法的陈述，填答时，请看清每句话的意思，然后圈选一个数字(“1”代表该句话完全不符合你的情况，“2”代表比较不符合你的情况，“3”代表不确定，“4”代表比较符合你的情况，“5”代表完全符合你的情况)，以代表该句话与你现在对自己的看法相符合的程度。每个人对自己的看法都有其独特性，因此答案是没有对错的，您只要如实选择即可。

表 2-2　自我和谐量表

个人对自己看法的陈述	与你的看法符合程度				
	完全不符合	比较不符合	不确定	比较符合	完全符合
1. 我周围的人往往觉得我对自己的看法有些矛盾。	1	2	3	4	5
2. 有时我会对自己在某方面的表现不满意。	1	2	3	4	5
3. 每当遇到困难时，我总是首先分析造成困难的原因。	1	2	3	4	5
4. 我很难恰当表达我对别人的情感反应。	1	2	3	4	5
5. 我对很多事情都有自己的观点，但我并不要求别人也与我一样。	1	2	3	4	5
6. 我一旦形成对事物的看法，就不会再改变。	1	2	3	4	5
7. 我经常对自己的行为不满意。	1	2	3	4	5
8. 尽管有时得做一些不愿意的事，但我基本上是按自己意愿办事的。	1	2	3	4	5
9. 一件事好是好，不好是不好，没有什么可含糊的。	1	2	3	4	5
10. 如果我在某件事上不顺利，我就往往会怀疑自己的能力。	1	2	3	4	5
11. 我至少有几个知心朋友。	1	2	3	4	5
12. 我觉得我所做的很多事情都是不该做的。	1	2	3	4	5
13. 不论别人怎么说，我的观点决不改变。	1	2	3	4	5
14. 别人常常会误解我对他们的好意。	1	2	3	4	5
15. 很多情况下我不得不对自己的能力表示怀疑。	1	2	3	4	5
16. 我朋友中有些是与我截然不同的人，这并不影响我们的关系。	1	2	3	4	5
17. 与朋友交往过多容易暴露自己的隐私。	1	2	3	4	5
18. 我很了解自己对周围人的情感。	1	2	3	4	5

续表

个人对自己看法的陈述	与你的看法符合程度				
	完全不符合	比较不符合	不确定	比较符合	完全符合
19. 我觉得自己目前的处境与我的要求相距太远。	1	2	3	4	5
20. 我很少去想自己所做的事是否应该。	1	2	3	4	5
21. 我所遇到的很多问题都无法自己解决。	1	2	3	4	5
22. 我很清楚自己是什么样的人。	1	2	3	4	5
23. 我能很自如地表达我所要表达的意思。	1	2	3	4	5
24. 如果有足够的证据，我也可以改变自己的观点。	1	2	3	4	5
25. 我很少考虑自己是一个什么样的人。	1	2	3	4	5
26. 把心里话告诉别人不仅得不到帮助，还可能招致麻烦。	1	2	3	4	5
27. 在遇到问题时，我总觉得别人都离我很远。	1	2	3	4	5
28. 我觉得很难发挥出自己应有的水平。	1	2	3	4	5
29. 我很担心自己的所作所为会引起别人的误解	1	2	3	4	5
30. 如果我发现自己某些方面表现不佳，总希望尽快弥补。	1	2	3	4	5
31. 每个人都在忙自己的事，很难与他们沟通	1	2	3	4	5
32. 我认为能力再强的人也可能遇上难题。	1	2	3	4	5
33. 我经常感到自己是孤立无援的。	1	2	3	4	5
34. 一旦遇到麻烦，无论怎样做都无济于事。	1	2	3	4	5
35. 我总能清楚地了解自己的感受。	1	2	3	4	5

评分与评价各分量表的得分为其包含的项目分直接相加，三个分量表包含的项目为：

(1) 自我与经验的不和谐：1，4，7，10，12，14，15，17，19，21，23，27，28，29，31，33；

(2) 自我的灵活性：2，3，5，8，11，16，18，22，24，30，32，35；

(3) 自我的刻板性：6，9，13，20，25，26，34；

将自我的灵活性反向计分，再与其他两个分数相加。得分越高自我和谐度越低。高职大学生中，低于 74 分为低分组，75～102 分为中间组，103 分以上为高分组。

二、描述我是谁

请以我字开头，写出 20 句话，描述我是谁。

(1) 我____

(2) 我____

(3) 我____

(4) 我____

(5) 我____

(6) 我____

(7) 我____

(8) 我____

(9) 我____

(10) 我____

(11) 我____

(12) 我____

(13) 我____

(14) 我____

(15) 我____

(16) 我____

(17) 我____

(18) 我____

(19) 我____

(20) 我____

三、“镜”中的我

别人就像一面镜子，我们可以通过别人的评价来认识自己。“当局者迷，旁观者清”，原因是“不识庐山真面目，只缘身在此山中”。有时站在他人的角度能更好地认识自己。要做到：重视关系密切者对自己的评价；重视大多数人异口同声的评价；重视逆耳但有道理的评价。

请在各方格中简单描述不同人物对你的看法、评语及任何难忘的正面或负面的经历。

父亲	母亲	老师

自己	一位重要的人	一位重要的人

想一想，做一做：

(1) 你对哪一个人的看法最为重视？原因是什么？

(2) 最难填写的或资料最少的是哪一部分？原因是什么？

(3) 如果很多方格都是空白的，你觉得原因是什么？

(4) 如果所填写的都是正面的评价，说明你有健康的自我概念。如果差的评价比较多，那就要做有效的处理，必要时可以找朋友或者咨询师聊一聊。

第三章　解读人格面具

——人格与人格的重塑

❖ 名人名言 ❖

就像从很小的孔穴能窥见阳光一样，细小的事情能刻画出人的人格。

——斯迈尔斯

❖ 心灵测试 ❖

下面所列的项目都是一些常见的对人格的认识，你认同这些关于人格的说法，就填“是”，如果不认同就填“否”。等学完本章之后，请你再做一遍这些题目，看看回答有没有改变。(A. 是；B. 否)

1. 人格是天生的。(　　)
2. 人格一旦形成就改不了。(　　)
3. 人格没有好坏之分。(　　)
4. 很难真正认识一个人，因为人太复杂了。(　　)
5. 幼年期人格的发展十分重要。(　　)
6. 家庭在人格形成过程中的作用巨大。(　　)
7. 自我表扬与肯定容易让人骄傲自满。(　　)
8. 很多时候，“完成事情”比“完美事情”更重要。(　　)
9. 我觉得人有点儿缺点也没什么不好。(　　)
10. 认识、情绪和行为人格一方面的改变都会带动其他方面的改变。(　　)

第一节 人格的概述

古希腊哲人赫拉克利特有一句名言："人格决定命运。"拥有怎样的人格，就拥有怎样的人生。主动了解、认识、理解自己的人格，并有意识地去塑造自己希望拥有的人格品质，不仅可以让我们学会认识和接纳自己，还可以让我们放弃盲从，做出符合我们本心特性的明智选择，从而真正做到主宰自己的人生。

案例：

小林 2010 年考入清华大学，本科毕业免试攻读硕士学位，研究生期间对科研产生了浓厚的兴趣，2016 年开始博士生阶段的学习，从事国际上前沿课题的研究。作为一名党员，小林能在同学中起到表率作用，积极参加学校、系和研究所组织的各项社会活动、公益活动。小林这样描述自己："我热爱科研工作，但我深知除了认真地做好科研工作以外，身体健康和心理健康对于个人的成长也有着举足轻重的意义。我选修了"成功心理学"等课程，不断地发展自我、完善自我，对成功和人生的目标有了更新的认识，也自信能达到我所认知的成功。"2018 年 5 月，清华大学第十八届"航天海鹰杯"学术新秀评选结果揭晓，小林榜上有名。小林的成功证明，全面发展需要良好的心理素质，人格是人生成功的基础。

每个人都希望自己有健康的身体，一生幸福美满，但又常常不能天遂人愿。我们都知道生活中有许多事情并不能由我们自己来决定，是外在的，也是我们力所不能及的，但先哲却告诉我们：人格即命运。

我们不该再期冀命运的垂青，感叹世事的炎凉。只有了解自己、塑造自己健康的人格，我们才能真正拥有健康，拥有一生的幸福，并能发现生活的美好和生命的价值，把命运掌握在自己手中。

一、 人格内涵与特征

(一) 人格的含义

人格(personality)一词，来自拉丁文 persona(面具)，即戏剧中演员所戴的特殊面具，表明了剧中人物的角色和身份。从词源上讲，personality 是用面具进行的角色表演，指人从自身筛选出来的公布于众的某些侧面，即向外展现的特质。把面具指义为人格，实际上说明人既有表现于外的特点，也有某些外部未必显露的东西。

人格是一个在日常生活中被广泛使用的词汇，同时也是一个学术概念。在不同学科中，人格有着不同的含义。法学、哲学、伦理学、社会学、人类文化学等学科都对人格问题进行了广泛而深入的探讨。我国学者通常把人格当作或者理解为在实践基础上形成的"品质"或"人品"，即古人所说的"气象""风范"等；在法律意义上，人格指作为权利和义务主体的人的资格；从伦理道德的角度，人格被规定为个人的品格、志趣、情操，是个体做人的尊严、责任、价值及道德品质，即作为一个社会人的资格和品格的总和；从心理学的意义上看，人格主要指个人比较稳定的心理和行为特征的总和。

19 世纪 20 年代以来，人格已成为西方学术界最引人注目的课题之一，心理学已产生了许多关于人格的定义。美国心理学家阿尔波特(Albert)曾列举了 50 多种不同的定义，足见人格概念的分歧，也表明人格本身的复杂性，但众多定义也有大致相同之处。简单说来，人格指的是真正构成个人特征的外在行为和心理状态、精神面貌的总和。人格是一种一贯性、稳定性的心理特征，是人在社会生活中呈现出的整体的、综合的状态。人格可以是外在的，也可以是隐藏在内部的。心理学家大都认为人格是由气质、性格以及能力等共同构成的。气质概念和人格概念一样古老，气质被认为较多、较明显地与人的体质因素相关，性格则是人格中涉及社会评价的部分，更多地受环境影响。人格是先天与后天综合作用的结果，需在社会生活中形成和体现，既可获得也可丧失，既可能健康也可能病态，同时也有完整与分裂、高尚与卑下、健全与缺损等差别。

对人格的概念，我们可以从以下 4 个方面加以理解。

1. 人格是一个综合的整体

人格并非是一个单一的概念，它是一类概念的综合体。它是对人的整体概述，而不仅是对人的某一方面的描述，反映了人的整体性。它既包括需要、动机和特质单元，也包括认知、情感和行为系统；既包括一个人的态度和看法，也包括他的信念和价值观。因此，研究者将人格视为一个复杂的组织或系统。

2. 人格是品质和行为相对一贯的表现

人格具有跨时间反应的稳定性和跨情境行为的一致性特点。因此，人格的内在品质和行为具有相对的一贯性。我们预期，一个今天活泼开朗的人，明天也是活泼开朗的；在学习中喜欢竞争的人，在工作中很可能也喜欢竞争。

3. 人格是有特色的

人格是人的独特的心理结构，因其复杂的内在组织和多种因素的相互作用，使一个人成为有别于他人的独特个体，表现出各自的特色。

4. 人格是一个内在的动力组织

人格结构不只是一个素质结构，也是一个动力结构。它具有能量，具有使个体发出某个行为或从事某种活动需要的人格推动作用。人格的动力性是由其构成的单元，如需要、动机等决定的。按照马斯洛的需要层次论，个体从出生到成熟，其需要从最低级的生理需要到高级的自我实现，需要得到满足的过程，实则是人格形成和发展的过程，已形成的人格反过来又促使个体寻求更高一级的需要的满足。

(二) 人格的特证

人格是个体在遗传素质的基础上，通过与后天环境的相互作用而形成的相对稳定和独特的心理行为模式。

1. 独特性

个体的人格是在遗传、环境、教育等因素交互作用下形成的。不同的遗传、存在及教育环境，形成了各自独特的心理特点。每个人的人格都是独特的，不仅表现在个别心理、行为上，也表现在整个模式上，从而使得人与人之间区别开来。

2. 稳定性

人格的稳定性是指那些经常表现出来的特点，是一贯的行为方式的总和。例如：某个人比较性急，他昨天是这样，今天是这样，明天也可能是这样；在生活中显得性急，在工作中可能也比较急躁。当然，人格仍然具有可塑性和可变性。

3. 综合性

人是极其复杂的，人的行为表现出多元性、多层次的特点。人格的组合千变万化。人格是人的心理面貌的集中反映。心理卫生学认为，随着社会的发展，人类健康而幸福的生活越来越多地取决于人类自身的人格健康状况，而且人格的健康发展也是促进社会健康发展的一种力量。人格素质是高职大学生综合素质的重要组成部分，综合素质的发展和提高包含着人格素质的发展和提高，而人格素质的发展和提高对综合素质的发展、提高有着重要的促进作用。因此，寻找通向健全人格之路、塑造健全的人格是高职大学生心理健康教育的重要目标之一。

(三) 影响人格形成与发展的因素

1. 遗传因素

遗传与进化是人格形成和发展不可缺少的影响因素，它们对人格的影响程度随人格特质不同而异，通常在智力、气质这些与生物因素相关较大的特质上遗传因素的作用较为突出。如高级神经活动类型属于抑郁型的人，就不太容易形成豪放、善交际的人格。现代医学也已表明，输入不同的血液或接受别人的器官移植，都会使气质、性格产生或多或少的影响。

2 环境因素

环境因素包括家庭、学校和社会文化背景等社会环境因素。

家庭因素包括家庭氛围、子女出生顺序、父母教养态度和方式以及家庭的社会经历等。在家庭环境中，父母的言行和态度对孩子发生着潜移默化的影响。研究表明，采用权威型的教养方式，父母在教育子女时表现得过于支配和控制，这种环境下长大的孩子容易形成消极、被动、依赖服从、懦弱甚至不诚实的人格特征；放纵型的教养方式，父母对于孩子过于溺爱，让孩子随心所欲，在这种环境下长大的孩子多表现为任性、幼稚、自私、野蛮无礼，独立性差；民主型的教养方式，父母与孩子处于一种平等和谐的家庭氛围中，父母尊重孩子，给予孩子一定的自主权和积极正确的引导，从而使孩子形成积极的人格特征，如活泼、快乐、直爽、自立，善于交往，乐于合作，思想活跃等。

学校的影响也是环境因素的一个重要方面。课堂教学内容、教师的教育方式、师生关系、班集体气氛、个人在集体学习生活中的地位角色等，对人格的形成和发展都有着极其深刻的影响。许多人在回顾自己人格形成发展时，常常追溯到恩师的启蒙，同学好友的帮助和影响等。

社会文化因素对人格的影响更广泛、更持久、更隐性。个体人格的形成和发展总是存在于特定的社会文化背景中，不同文化中的不同经验影响着人格的发展，小到一个地区的风俗习惯，大到一个民族的宗教信仰，诸如电视、报纸、网络等媒体以及社会风气等，文化的影响无处不在。由于个体主义文化强调个人的需要和成就，强调个人的自由和权利(如北欧和美国)，因而生长于这种文化中的人倾向于把自己看作是独立自主和独特的人；相反，生活在集体主义文化中的人则倾向于将自己归属于一个较大的群体，如家庭或宗族，这里的人们(如亚洲和非洲)对合作的兴趣胜于对竞争的兴趣，他们把集体的利益看成高于一切。

3. 个人经历

个人经历也就是个人的实践活动。个人的实践是个体社会化的必经途径和手段，也是形成和发展规律中不可逾越的阶段。某一特定的活动，要求人扮演相应的角色，久而久之，自然会形成这一活动所必需的人格特征。如：长期从事医务工作的人渐渐就会形成谨慎细致的个性特点；长期从事公关、市场营销工作的人易形成外向、善交际的特点。不同的经历影响着不同的人格的形成和发展，这种形成和发展过程也是个人的不断自我调适、自我完善的过程。

二、 气质

(一) 气质的概念

气质相当于我们日常生活中所说的“脾气”和“性情”。现代心理学认为，气质是人的心理活动动力上的稳定特征，表现为行为的能量和时间方面的特点。比如：人们常说的“冲动”与“文静”“敏感”与“迟钝”“急性子”与“慢性子”等，都是用来描述气质的。

(二) 气质的类型

古希腊医生希波克拉底(约公元前460—公元前377)提出关于人的四种气质类型说。他认为，人体内有四种基本体液：血液、黏液、黑胆汁、黄胆汁。每种体液对应于一种气质。人体中四种体液可以有不同的配置，其中占优势的体液主导着人的气质类型。500年后，古罗马医生盖伦根据希波克拉底的四种气质类型给出了气质概念，这就是近代气质概念的由来。这四种体液与气质的对应关系是：

血液——多血质；黏液——黏液质；黑胆汁——抑郁质；黄胆汁——胆汁质

希波克拉底认为，不同的气质有不同的行为模式，比如：活泼、沉静、犹豫、急躁、易怒等。现代科学已经证明希波克拉底关于人气质类型由体内的四种液体决定的观点是站不住脚的，但是他关于气质类型的划分却和实际情况很相符，所以，他的划分仍被今天的心理学界所认可。

气质类型学说有许多种，如体液说、高级神经活动类型说、体形说、激素说等。心理学界较多的采用希波克拉底的体液说，即认为人的气质类型可以分为胆汁质、多血质、黏液质和抑郁质。不同气质类型的人其性情、行为不同。

(三) 各种气质类型的特点

1. 胆汁质类型的特点

这类人精力旺盛，直率、热情，行动敏捷，情绪易于激动，心境变换剧烈。这类大学生有理想、有抱负，有独立见解，反应迅速，行为果断，表里如一；不愿受人指挥，而喜欢指挥别人；一旦认准目标，就希望尽快实现，遇到困难也不折不挠，但往往比较粗心，学习和工作带有明显的周期性特点，能以极大的热情和旺盛的精力投入学习和工作，一旦精力消耗殆尽时，便会失去信心，情绪顿时转为沮丧而心灰意冷。

2. 多血质类型的特点

这类人具有活泼好动，反应迅速，情绪发生快而多变，兴趣容易转移等特征。这类大学生易于适应环境的变化，性情活泼、热情，善于交际，在群体中精神愉快，相处自然，常能机智地摆脱困境；他们在学习和工作上肯动脑、主意多，不安于机械、刻板、循规蹈矩，常表现出较强的工作能力和办事效率；对外界事物兴趣广泛，但容易失于浮躁，见异思迁。

3. 黏液质类型的特点

这类人安静、稳重，反应缓慢，沉默寡言，情绪不易外露，注意稳定、难于转移，善于忍耐。这类大学生反应较为迟缓，但无论环境如何变化，都能基本保持心理平衡；凡事深思熟虑，力求稳妥，一般不做无把握的事情，在各种情况下都表现出较强的自我克制能力；他们外柔内刚，沉静多思，不易流露内心的真情实感；与人交往时，态度适度，不卑不亢，不爱抛头露面和作空泛的倾谈；学习、工作有板有眼，踏实肯干，严格恪守既定的生活秩序和制度。但他们过于拘谨，不善于随机应变，固定性有余而灵活性不足，有墨守成规、因循守旧的表现。

4. 抑郁质类型的特点

这类人孤僻，行动迟缓，情感体验深刻，善于觉察别人不易察到的细小事物。这类大学生在生理上难以忍受或大或小的神经紧张，厌恶那些强烈地刺激；他们的感情细腻而脆弱，常为区区小事引起情绪波动；自己心里有话，宁愿自己品味，不愿向别人倾诉；喜欢独处，与人交往时显得腼腆、忸怩，善于领会别人的意图，在团结友爱的集体中，很可能是一个容易相处的人；遇事三思而行，求稳不求快，对力所能及的工作能认真负责地完成。在学习、工作一段时间后，常比别人更感疲倦；在困难面前常怯懦、自卑和优柔寡断。

（四）正确理解气质

(1) 气质类型没有好坏之分。气质主要是由遗传决定的，因而不带有道德价值和社会评价的内涵。气质类型不是人品的标签，没有好坏之分。任何一种气质类型都能表现为积极的心理特征，也能表现为消极的心理特征。

(2) 气质不决定人的社会价值和事业成就的高低。气质只是使人的心理活动染上某些独特的色彩，并不决定一个人能力的发展水平。同样气质的人可以是对社会贡献差别极大的人，而不同气质的人也可能在成就上相差无几。

(3) 气质对活动效率有一定的影响。例如：要求速度的活动，多血质和胆汁质特征的人更适合；要求稳定、持久性的活动，黏液质特征的人更适应；要求精细、敏锐的活动，抑郁质特征的人更能胜任。所以了解气质特征可对选择活动起参考作用。但是，在一般的学习和工作中，这种影响并不显著。这是由于气质的积极方面对其消极方面有补偿的作用。

(4) 气质对某些性格特点形成的难易有一定的影响，也使个人的性格表现带有独特的色彩。

(5) 气质的分类是相对的。很少有人是绝对的某种气质类型。现实中绝大多数人都是介于两种甚至多种气质类型之间。其实，正是这种混合形态使我们更容易适应多种环境的要求。

(五) 气质的心理健康意义

气质在同学们学习及日常生活中都有所表现，有的同学可能会为自己气质中的一些消极因素而烦恼。其实气质是人格中的自然性因素，即无好坏之分，要改变它也较困难和缓慢，没有必要为自己的气质而忧虑。常言道："一把钥匙开一把锁"，重要的是了解自己的气质特征后，找到适合自己气质特点的最佳发展方向、形式和方法，对自己的人格发展、心理健康、学业进步、职业选择以及人际交往都有实际意义。

(1) 了解自己气质的特点，善于分析和认识自己的气质特征中的长处和短处，学会做气质的主人，不为气质所左右。经常有意识地控制自己气质中的消极品质，发扬积极品质，就有利于形成良好的个性品质。

(2) 在学习过程中充分发挥各自气质的积极特征，控制消极特征，采用不同的方法获取好成绩。研究发现，不同气质类型的人都可以取得成就。气质不能决定一个人智力发展的水平，但可以影响智力活动的特点和方式。

(3) 气质不同的人，在与别人交往中对不同的人和事做出反应会有不同的特点。了解这一点，对于同学之间加深理解、融洽相处很有好处。学生都有这样的体会，彼此摸透脾气，自然就增加了了解，于是不再为别人说话急躁，不爱与人打交道，表现不那么热情之类的小事磕磕碰碰感到不快，减少了人际关系问题上的苦恼。

(4) 气质与健康和疾病有联系。对抑郁质的人来说，承受外界刺激的能力较低，如果长期在不良因素的刺激下容易产生心理障碍或心理疾病，了解自己的气质就可以加强自我锻炼，消除不良特征。

三、性格

(一) 性格的概念

性格一词最早是由古希腊学者提奥夫拉斯塔(Theophrastus)首先提出的。其意思是人的特征、标志、属性、特性等。现代心理学家对性格的定义有所不同，但性格几乎和人格的定义相同：性格是一个人独特的心理特征的总和。这些特征表现在人对待事物的稳定态度和行为方式上。比如：一个人事业心强，有责任感，对人热情，人际关系融洽；而另一个人，生活没有追求，缺乏责任感，对人冷淡，以自我为中心。这些就属于性格上的特征。

(二) 性格的类型

性格的类型是指一类人身上所共有的某些性格特征的独特结合。比较有代表性的是英国心理学家培因(A. Bain)和法国心理学家李波(T. Ribot)的机能类型说、瑞士心理学家荣格的向性说、美国心理学家卡特尔(Cattell)的特性说、德国心理学家斯普兰格(E. Spranger)的价值观类型说。

1. 李波的机能类型说(见表3-1)

表 3-1　李波机能类型说划分的性格类型

性格类型	性　格　特　征
理智型	能够以理智衡量一切，以理智支配和调节自己的言行，能深思熟虑地处理问题
情绪型	言行受情绪控制，不善于冷静思考，情绪反应强烈，情绪体验深刻
意志型	目标明确而坚定，积极主动，迎难而上，刚毅而自制力强

2. 荣格的向性说(见表3-2)

表 3-2　荣格向性说划分的性格类型

性格类型	性　格　特　征
外向型	心理活动倾向于外部，表现为感情流露于外。对外部事物非常关心，活泼、开朗，善交际，不拘小节
内向型	心理活动倾向于内部，表现为做事谨慎、深思熟虑、沉着、孤僻、反应缓慢、适应能力差
中间型	介于外向型和内向型两者之间

3. 卡特尔的特性说(见表3-3)

表 3-3　卡特尔特性说划分的性格类型

人格特征	得分低者	得分高者
A：乐群性	自我克制、缄默、孤独	外向、热情、乐群、易相处
B：聪慧性	思维迟钝、学识浅薄	聪明、善抽象思考、有学识
C：稳定性	情绪激动、易烦躁	情绪稳定、成熟、面对现实
E：恃强性	谦逊、温柔、通融、恭顺	武断、固执、独立、好竞争
F：兴奋性	严肃、审慎、冷静、寡言	轻松快乐、热情、随遇而安
G：有恒性	苟且敷衍、不奉公守法	有恒心、沉着、尽心尽职
H：敢为性	畏怯退缩、缺乏自信	无所顾忌、冒险敢干
I：敏感性	理智、重现实、自食其力	敏感依恋、感情用事
L：怀疑性	忠诚随和、易相处	多疑，刚愎、固执己见
M：幻想性	现实，因袭传统	幻想，狂放任性，不务实
N：世故性	坦率、天真，朴实	俗气、世故、精明能干
O：忧虑性	自信、沉着、安详	忧虑、抑郁、烦恼自责
Q1：激进性	保守、尊重传统规范	自由、激进、有实验精神
Q2：独立性	依赖、从众附和	自立自强、足智多谋、果断
Q3：自律性	漫不经心、矛盾冲突	拘泥保守、知己知彼、自律
Q4：紧张性	松弛平静、闲散自在	紧张困扰、激动挣扎

4. 斯普兰格的价值观类型说(见表 3-4)

表 3-4　斯普兰格价值观类型说划分的性格类型

性格类型	性　格　特　征
经济型	一切从经济观点出发，用经济价值、实际效果来衡量事物的利用程度，以追求利润，获得财物为生活目标
理论型	一切从客观事物的真理出发，用知识体系来判断事物的价值，力图把握事物的本质，以追求客观真理作为生活目标，但遇到生活实际问题时缺乏足够的处理能力
审美型	从美的角度来判断事物的利用价值，对实际生活不关心。把实现和获得作为生活目的
宗教型	相信宗教，时时处处感受到圣主的拯救和恩惠。坚信有永恒的、绝对的生命，以永远对宗教的虔诚为生活目标
权力型	一切从权力出发，相信和迷信权力，具有强烈支配和命令他人的欲望，以获得更多的权力作为生活的目标
社会型	努力增进别人和社会的福利，把热爱他人并促使其进步、幸福作为生活目标

(三) 良好性格的标准

所谓良好的性格，就是特别有助于心理健康的性格，特别有利于处理好人际关系的性格，有助于应对困难，取得事业成功的性格。良好的性格应具备以下 10 个标准。

1. 善良

善良即对弱者的关怀、同情与怜悯，以及慷慨的帮助；对他人的更多友善的表示，而不是损人利己，或者损人不利己。

2. 负责

负责即积极地行使权利、履行责任和义务。

3. 自制

自制即能控制和调节自己的行为的特性。自制是高职院校学生应具有的良好性格，是决定能否过上幸福生活的性格。要塑造自制的性格，应做到拿破仑提出的八个控制：控制自己的时间；控制自己的思想；控制接触的对象；控制沟通的方式；控制自己的情绪；控制自己的承诺；控制行为的目标；控制自己的忧虑。

4. 宽厚

宽厚即胸怀宽广，不斤斤计较。为人处世能够考虑他人的利益，不损害他人的利益。做到以德报德，甚至以德报怨。宽厚的性格有助于形成和谐的人际关系。

5. 豁达

豁达即遇到挫折、困难时能够拿得起也放得下，不被烦恼的事情所困，遇到利益冲突时想得开，不计较，不执迷不悟。心胸豁达的人不怕与他人共享资源，不拒绝与他人竞争，能心平气和地、坦然地面对得失，能乐观、勇敢地去面对来自各方面的挑战。

6. 诚信

诚信即为人处世诚实于心，言行一致。做到言出必行，不失信于人。诚信是进德修业之本。

7. 正直

正直即做人堂堂正正、襟怀坦白、直率、说话做事不绕弯子。正直的人不做违背良心的事情，不会挖空心思算计别人，更不会做违背道德和法律的事情。

8. 勤勉

勤勉即勤奋，能吃苦耐劳，当自己疲惫、偷懒时能自我激励。

9. 热忱

热忱即对所从事的学习、工作有兴趣，积极主动地从事这些活动。

10. 自信

自信即对自己的能力、水平或价值的确信。自信的人能够了解自身的需求和渴望，懂得肯定并欣赏自己和他人，能够清楚、直接、坦诚、适当地表达自己的真实的情感、态度和想法，对自己生活的选择负责，不盲从，不怨天尤人。

以上都是非常重要的积极性格，我们只要注意培养，就能塑造良好的性格形象。

(四) 气质与性格的关系

性格与气质既有联系又有区别。

1. 两者的联系

(1) 性格能在一定程度上掩盖和改造气质，每一种气质类型都可以形成某些积极的性格特征。

(2) 不同气质的同学，可以形成同样的性格。例如："乐于助人"的性格特征，胆汁质的同学表现为满腔热血，多血质的同学表现为乐言善行，黏液质的同学表现为稳重体贴，抑郁质的同学表现为默默关怀。

(3) 气质可以影响性格形成和发展的速度与动态。

2. 性格与气质的区别

(1) 气质主要是先天的，受遗传因素影响较大；性格主要是后天的，受环境因素影响较大。

(2) 气质的可塑性较小，变化较慢；性格的可塑性较大，较之于气质更易改变。

(3) 气质类型无所谓好坏之分；性格类型则有好坏之分。

(4) 气质表现的范围狭窄，局限于心理活动的强度、速度等方面，而性格表现的范围广泛，它几乎囊括了人的心理的所有方面的特点。

第二节　大学生的人格发展及常见的人格障碍

案例：

某班有女生9人，除小B来自大城市，其余均来自农村。小B容貌好，活泼开朗，能歌善舞，待人热情。天渐冷，小B拿出自己的衣服给同学御寒，遭拒绝。同学说："她也太小看我们了。”一日，几个女生在教室里跳舞，开心至极。小B不期而至，舞蹈戛然而止，众女生手足无措，皆尴尬。课间，小B或坐或立，谈笑风生，众女生耿耿于怀。日后，小B东西常丢失，有人指点迷津，寝室楼下可寻。小B急奔楼下，数样东西失而复得。小B不知自己错在何处，含泪走进了学校心理咨询室。

此个案包含了自卑、敏感多疑、妒忌、狭隘、报复等不健康的人格品质。它妨碍了人际沟通，给人际关系蒙上一层阴暗的愁云。因此，我们有必要了解高职大学生人格发展中常见的问题，并自觉加以调整和克服。

一、　高职大学生人格中常见的不良品质及矫正

任何人的人格都不是十全十美的，高职大学生作为正在成熟的优秀群体来说，其人格特质的一些方面也或多或少地存在这样那样的一些问题。只有充分地了解自己人格特性方面存在的问题，才能针对不足和缺陷对自己的人格加以改造和不断完善。

这里所说的人格发展中的不良品质是介于健康人格与病态人格(即人格障碍)之间的一种人格状态，表现为人格发展的不良倾向。在高职大学生心理咨询中发现，高职大学生中有相当部分人存在着不同程度的人格发展缺陷，常见的主要有：自卑、懒惰、拖拉、粗心、鲁莽、急躁、悲观、孤僻、多疑、抑郁、狭隘、冷漠、被动、骄傲、虚荣、焦虑、自我中心、敌对、冲动、脆弱等。现将高职大学生常见人格缺陷的特征及矫正方法介绍如下。

(一) 自卑及矫正

1. 自卑及表现

自卑是对自己不满、鄙视、否定的情感。进入高职院校后，有些学生发现山外有山，人外有人，尤其是当学习、社交、文体方面显露出某些不足时，就会陷入怀疑自己、否定自己之中，产生自卑心理。因此，自卑往往是自尊心受挫的结果，没有自尊心也就不会有自卑感，过强的自卑感往往又以过强的自尊心表现出来。有些高职大学生敏感脆弱，经不起批评，原因就在于此。

2. 自卑的矫正

(1) 要正确认识自己，悦纳自己，人有所长也会有所短，不要为自己的所短而自卑。

(2) 要进行自信心磨炼，将目标定得小些，切合实际些，多积累成功的愉悦体验。

(3) 要确立合理的评价参照系和立足点，若以强者为标准则可能自卑，因而寻找适合自己的评价标准就显得很重要。俗话说：“人比人，气死人”，理性的比较方式是多与自己做纵向比较而不是一味地与人做横向比较。有了足够的自信心，自卑感就会悄然而退。

(二) 害羞及矫正

1. 害羞及表现

害羞在高职大学生中并不少见。例如：不敢在大众场合发表意见，害怕与陌生人打交道，路上见到异性同学会手足无措，见到老师会难为情，说话感到紧张等。

害羞是一个人自我防御心理过强的结果。他们常常过于胆小被动，过于谨小慎微，过

于关注自己，自信心不足。他们特别注意自己在别人心目中的形象，总觉得自己时时处在众目睽睽之下，于是敏感拘束，一句话要在喉咙里反复多次，一件事总要左思右想，为此搞得神经紧张，坐立不安。

害羞之心人皆有之，但过分的害羞，不该害羞时害羞，尤其害羞成了一种习惯，则是有害的。它会导致压抑、孤独、焦虑等不良心理状态，还会阻碍人际交往，影响一个人才能的正常发挥。

2. 害羞的矫正

(1) 要增强自信心。许多害羞者在知识才能和仪表方面并不比别人差。研究表明：怕羞的女高职生自以为长得不美，但不相识的男生凭照片都认为她们与那些社交活跃的女生一样动人。因此要正确评价自己，多看到自己的长处。

(2) 放下思想包袱，不要过于计较别人的议论。每个人都会说错话、做错事，这没什么大不了的，没有完美的人和事。即使有人议论也是正常的，俗话说："谁在背后无人说"，没必要太看重。"走自己的路，让别人去说吧!"这会使自己变得更洒脱。

(3) 要有意识地锻炼自己。胆量和能力都是锻炼的结果，要敢于说第一句话，敢于迈第一步。上课、开会时尽量坐到前排去；走路时抬头挺胸，把速度提高 1/4；主动大胆地和别人尤其是陌生人、异性、老师讲话；与人说话时正视对方的眼睛；在高兴时开怀大笑等。

(三) 怯懦及矫正

1. 怯懦及表现

怯懦主要表现为缺乏勇气和信心，害怕可能面临的困难和挫折，在挫折、困难面前常常知难而退，甚至不战而败。有些高职大学生过去经历一帆风顺，因而特别害怕失败。"只能成功，不能失败"的非理性观念是造成一些高职大学生怯懦的认知因素。

有些高职大学生由于胆怯，不敢与人讲话，不敢出头露面，也不敢表明自己的态度，甚至不敢向老师提问题；有些高职大学生由于软弱不敢冒风险，不敢担重任，不敢与坏人坏事做斗争，不敢坚持自己正确的观点。但越是这样回避矛盾、躲避失败，越是容易体验到强烈的挫折感。

2. 怯懦的矫正

在挑战与机遇并存的现代社会，怯懦者会失去很多成功的机会，并可能成为落伍者。积极迎接挑战，争做生活的强者才是明智的选择。改变怯懦的最好办法是要敢于抓住机遇，积极锻炼，不怕失败，不怕丢面子，不怕担子重，多给自己鼓励和加压，在生活的词典中去掉"不敢"二字。

(四) 懒惰及矫正

1. 懒惰及表现

青年学生本应是充满朝气和活力、开拓进取的群体，但事实并非如此。懒惰是不少高职大学生为之感到苦恼并难以克服的一种人格发展缺陷，是意志活动无力的表现，懒惰是影响高职大学生积极进取、张扬青春活力的天敌。

处于懒惰状态的高职大学生也常为此感到内疚、自责、后悔，但又觉得无力自拔，心有余而力不足，这主要是因为他们往往想得多而做得少，缺乏毅力所致。

2. 懒惰的矫正

(1) 应充分认识到其危害性，自己对自己负责，振作精神，起而行之，从日常小事做起并努力做到不给自己找借口，不原谅自己的偷懒，力争今日事今日毕。

(2) 要多与人交往，多关心外部世界，多参加有益身心的社会活动。

(3) 有一个坚定而有价值的理想。

(五) 狭隘及矫正

1. 狭隘及表现

受功利主义影响，高职大学生中的狭隘现象有增无减。凡事斤斤计较、耿耿于怀、好嫉妒、好挑剔、容不得人等，都是心胸狭隘的表现，即日常所说的“气量小”。心胸狭隘往往影响人际关系，伤害他人感情，也常给自己带来烦闷、苦恼，影响自己的情绪和在他人心目中的形象，因此，于人于己有百害而无一利。狭隘人格多见于内向者，尤其是女性。

2. 狭隘的矫正

(1) 要胸怀宽广坦荡，一切向前看。正如歌德所言：“比海洋更广阔的是天空，比天空更广阔的是心灵。”

(2) 要丰富自己，一个人的视野越开阔，就越不会陷入狭隘之中，这就是所谓的站得高，看得远。

(3) 要学会宽容，宽以待人。

(六) 拖拉及矫正

1. 拖拉及表现

拖拉是不少高职大学生的通病。拖拉是指可以完成的事而不及时完成，今天推明天，明天推后天，春天不是读书天，夏日炎炎正好眠，秋多蚊虫冬又冷，一心收拾待明年。

导致拖拉的原因一是试图逃避困难的事，二是目标不明确，三是惰性作怪。拖拉一方面耽误学习、工作，另一方面并没有使人因此而轻松些，反而会导致心理压力，引起焦虑，总觉得有事情没完成，干别的事也难以安心，还会贻误时机。

2. 拖拉的矫正

(1) 要充分认识其危害性，找到自己拖拉的原因，下决心改变。

(2) 要科学安排时间，凡事有轻重缓急，要一件一件完成，还要讲究科学的学习和工作方法。

(3) 要敢于做不合心意或者需要花大力气的工作，必须完成的事，与其拖着、欠着，还不如及早动手干，完成后会有一种如释重负的感觉，会有一种欣喜感、满足感、成就感，而拖拖拉拉只会带来疲倦、松垮及焦虑。

（七）抑郁及矫正

1. 抑郁及表现

抑郁是高职大学生常见的情绪困扰，是一种感到无力应付外界压力而产生的消极情绪，常伴有厌恶、痛苦、羞愧、自卑等情绪体验。抑郁人皆有之，对于大多数人来说，抑郁只是偶尔出现，时过境迁，很快会消失；但那些性格内向，多疑多虑，不爱交际，生活中遭遇意外挫折的人更容易长期处于抑郁状态，甚至导致抑郁症。

抑郁的高职大学生的主要表现是：情绪低落，郁郁寡欢，闷闷不乐，思维迟缓，兴趣丧失，缺乏活力，反应迟钝，干什么都打不起精神，体验不到快乐。抑郁在低年级学生中更为普遍。所谓的“周末综合征”在很大程度上即抑郁。

2. 抑郁的矫正

(1) 正确地评价自己，看清自己的长处，建立自尊，增强自信。

(2) 调整认知方式，建立理性认知，不把事物看成非黑即白。

(3) 扩大人际交往，多与人沟通，多交朋友。如果抑郁情绪较严重，应寻求心理咨询帮助。

（八）焦虑及矫正

1. 焦虑及表现

焦虑是个体主观上预料将会有某种不良后果产生或模糊的威胁出现时的一种不安感，并伴有忧虑、烦恼、害怕、紧张等情绪体验。在这个紧张刺激不断增多、竞争不断增强的社会里，每个人都可能处于一定的焦虑状态。适度的焦虑对于保持生命活力是必要的，这里所说的焦虑主要是指不适当地高度焦虑。

被焦虑困扰的高职大学生常表现出烦躁不安，思维受阻，行动不灵活，身体不舒服等症状、高职大学生焦虑主要与考试和人际交往技能差(或自认为差)、自尊心过强等密切相关。

2. 焦虑的矫正

(1) 增强自信，相信车到山前必有路，总会有办法的。

(2) 应不怕困难、磨炼意志，无所谓的担忧正是焦虑之本质，应当机立断，积极行动。总之，凡事尽最大的努力，把注意力从担心失败转移到积极行动、争取成功上来。

（九）虚荣及矫正

1. 虚荣及表现

虚荣心普遍存在于多数高职大学生身上，这是正常的现象，但一旦过分，则会有害无益。虚荣心往往与自尊心、自卑感联系在一起，没有自尊心，就没有虚荣心。没有自卑感，也就不必用虚荣心来满足自尊心，虚荣心是自尊心和自卑感的混合物。

虚荣心强的高职大学生一般性格内向、情感脆弱、多愁善感，虽然自惭形秽，却又害怕别人伤害自己的尊严，过分介意别人的评论与批评，与人交往时总有一种防御心理，不允许有稍微侵犯，且常会千方百计地抬高自己的形象，他们捍卫的往往是虚假的、脆弱的、不健康的自我，以致无暇来丰富、壮大真实的自我。

2. 虚荣的矫正

(1) 对其危害性有清醒的认识，有勇气有决心改变自己。

(2) 应当努力认识自己，了解自己的长处与短处，扬长避短。

(3) 树立自信和健康的荣誉心，正确表现自己，不卑不亢。

(4) 不为外界的议论所左右，正确对待个人得失。

(十) 过分自我中心及矫正

1. 过分自我中心及表现

随着自我意识的发展，高职大学生越来越感到自己内心世界的千变万化、独一无二，他们越来越多地把关注的重心投向自我，尤其是那些有较强自信心、自尊心、优越感、独立感的学生，就比较容易出现过分自我中心倾向。当这种倾向与一些不健康的思想意识(如个人主义、自私自利思想)和心理特征(如过强的自尊心、唯我独尊等)结合时，就会表现出过分的、扭曲的自我中心。过分自我中心的人往往以自我为核心，想问题、做事情，从“我”出发，不能设身处地进行客观思考，颐指气使，盛气凌人，不允许别人批评，“老虎屁股摸不得”。这种人往往见好处就上，见困难就让，有错误就推，总认为对的是自己、错的是别人，因而他们常不能赢得他人的好感和信任，人际关系多不和谐。

2. 过分自我中心的矫正

(1) 树立健康的人生观，自觉地将自己和他人、集体结合起来，走出自己的小天地。

(2) 恰当地评价自己，既不低估也不高估，既不妄自菲薄也不自高自大。

(3) 尊重他人，只有尊重和信任才能获得友谊。

(4) 设身处地地从他人的角度思考问题，将心比心，真诚地关爱他人，从而做到“我爱人人，人人爱我”。别害怕爱，没有爱就不会得到快乐。爱人、爱美，爱一切可爱与美好的东西，把一天的光阴，分一部分给爱。健康的身体需要新鲜的空气，健康的精神需要纯洁的爱慕。但是，要想得到爱，一定要使自己可爱。

二、高职大学生常见人格障碍及矫治

(一) 人格障碍及其类型

人格障碍也称病态人格，指偏离常态的人格。人格障碍一般始于童年和青少年，通常是在不良先天素质的基础上，遭受环境有害因素的影响而形成的。人格障碍在高职大学生中有一定数量，主要有以下 8 种类型。

1. 反社会型人格

反社会型人格的特点是缺乏道德责任感，情绪活动呈爆发性，行动呈冲动性，对他人和社会冷酷无情，缺乏同情心和羞耻感，往往目无法纪，且不能从挫折和惩罚中吸取教训等。

2. 偏执型人格

偏执型人格的特点是对自己过分关心，自我评价过高，不信任别人的动机，情感冷淡、孤独多疑、乖僻古怪，多幻想或常有奇怪观念，总认为别人要和自己过不去。

3. 强迫型人格

强迫型人格的特点是过分自我约束和自制，常有不安全感和不完善感，过于追求完美，谨小慎微，顾虑多疑，墨守成规，对人对事死板，缺乏随机应变的能力。

4. 癔症型人格

癔症型人格的特点是情绪冲突，待人接物感情用事，爱表现自己，喜欢引起他人的注意和赞扬，自我中心，心理活动范围小，易和他人争吵，易受别人暗示。

5. 情感型人格

情感型人格的特点是情绪波动大，兴奋时情绪高涨，热情善感，内心充满了希望和喜悦；抑郁时一言不发，悲观失望。

6. 分裂型人格

分裂型人格的特点是极端内向、孤僻，回避社交，言行怪异，情感冷漠，退缩，敏感，羞怯，易沉溺于白日梦。

7. 爆发型人格

爆发型人格的特点是平日表现正常，但偶有细小的精神刺激即可能突然爆发强烈的愤怒情绪和冲动行为，且自己不能控制。

8. 无力型人格

无力型人格也称依赖型人格，其特点是缺乏自主、自信和独立意识，过多依赖他人，总想求助于他人，有被动服从他人的愿望。

病态人格的特点在于整个心理活动不协调，主要表现为情绪的极不稳定，对人缺乏感情，认识与活动脱节，行为的冲动性高，与环境不协调，与他人格格不入。

人格障碍可能是生物、心理和社会文化等因素共同作用下形成的。在人格的发展过程中，儿童早期的环境和家庭教育是非常重要的因素。儿童人格的发展与父母的态度和教育方法有很大关系，父母过于严厉，儿童往往形成焦虑、胆怯的性格；反之，则往往形成被动、依赖、脆弱的性格。对儿童的不合理教养和不良生活环境的影响以及童年的某些创伤都可以对儿童人格的发展产生严重的影响。此外，某种特殊的社会、文化环境的潜移默化的影响，也是形成人格障碍的因素。

(二) 人格障碍的矫治

人格障碍一般形成于童年或少年时期，并且由于具有人格障碍的人其内心体验背离生活常情，所以矫治比较困难。目前在我国主要的对策是实行“综合治理”，即通过家庭、社会、学校的共同努力，尤其是使本人有所认识，并积极配合，不懈地努力改造，同时配合心理治疗，如认知疗法、行为疗法、集体疗法等，达到一定的疗效。

第三节　大学生人格的自我重塑

人才首先是一个人格健全的人，高职大学生应该充分发挥主观能动性，努力把自己培养成为一个人格健全的人。

一、健康人格的标准

(1) 人格各因素发展协调统一，内心和谐，言行一致。能正确评价自己的所作所为是否符合客观需求和社会道德规范，能及时调整自己与外界的关系。

(2) 充分理解自己的现实情境，既不生活在过去也不生活在未来，而是坚定地立足于现在，并注意到未来的目标和任务，对自己的生活负责。

(3) 对经验具有开放性，乐于接受未经历过的新观念、新的生活体验、新的行为方式，并作恰当的取舍。

(4) 守时惜时，有很强的时间观念，做事讲效率。

(5) 思路广阔，头脑开放，富有创造性。

(6) 尊重他人，善于倾听不同意见，尊重他人的价值观和生活方式。

(7) 乐于交往，有较深刻的人际关系

(8) 有独处的需要，能够享受独处的乐趣。

(9) 富有哲理性的和友善的幽默感，具有广阔的胸襟和宽容心、同情心。

(10) 具有坚强的意志，能为自己的目标合理地调节、控制自己的行为。

二、塑造健全人格的重要意义

(1) 人格素质是高职大学生综合素质的重要组成部分，健康人格的塑造关系到高职大学生的健康和成才。

(2) 健全人格是人生成功的第一要素。在现代社会中人生较量有三个层次：最低层次是技巧的较量，其次是智慧的较量，最高层次是人格的较量。古今中外但凡人生成功者，无一例外地拥有优秀的人格品质。

(3) 健全人格是幸福生活的保证。20 世纪 50 年代，西方国家兴起的生活质量研究表明，人类的健康和幸福越来越多地取决于人格的健康状况。

(4) 健全人格是实现现代化的决定因素。美国社会学家英格尔斯(Alex Inkeles)指出：一个国家，只有当它的人民是现代人，它的国民从心理和行为转变为现代人的人格，国家才可真正称之为现代化国家。

三、怎样塑造健全人格

(一) 做一些科学的人格测试

了解自己的人格类型特点及其优劣，以便扬长避短。

(二) 择优汰劣

择优即选择某些良好的人格品质作为自己努力的目标，如自尊、自信、乐观、开朗、热情、勇敢、勤奋、坚毅、诚恳、善良、诚信、正直等；汰劣即针对自己人格上的弱点予以纠正，如自卑、自我中心、冷漠、懒散、急躁等。

(三) 博览群书，丰富知识，注重人文修养

人的知识越广，人的本身也越臻于完善。现实生活中，不少人的人格缺陷源于知识贫乏。如：无知容易使人粗俗、自卑、狭隘；丰富的知识则容易使人自信、坚强、理智、谦恭等。可见，知识的积累与人格的完善是同步的。高职大学生不能仅局限于自己的专业知识和技能的学习，还应该扩大自己的知识面，理工学生要有人文社会科学知识，文科学生要有自然科学知识，加强人文科学修养，用丰富的知识充实自己。

(四) 注重细节，养成好习惯

个人不经意流露在细节上的言行就是他的习惯，就是他的人格。因此优化人格要从身边的小事做起，“锲而不舍”“持之以恒”，无数良好的小事“积沙成塔”，最终构建成优良的人格大厦。

(五) 乐于交往

人格发展、塑造的过程，是人与他人相互作用的过程。健全的人格只有在与人交往中才能体现出来，完善起来。通过交往，我们可以学会理解、学会尊重、学会关心、学会宽容、学会赞美、学会独立。通过与他人交流，可以看到别人的长处，自己的不足，及时调整人格发展的方向。

(六) 融入集体

通过与集体交往，个体的某些人格品质或受到赞扬、鼓励，或受到压制、排斥，从而有助于做出有针对性的调整，而且集体能够伸出手来帮助个体择优汰劣。比如：班级活动、社团活动，尤其是成长小组的团体咨询都给个人人格成长提供了良好的氛围。

(七) 积极参加社会实践活动

积极参加公益劳动，能培养关心社会、责任感、勤奋、耐心细致、乐于奉献等优良品质；科技创新活动可以培养自主、严谨、细致、有恒心、协作、思路开阔、诚实等品质。较之学校，社会是一个更复杂、更现实的环境。因此适当参加校外社会实践。利用假期做一些勤工助学，可以感受生活的不易，从而体谅父母的辛劳；可以触摸真实的世界，有利于实现理想自我与现实自我的统一；能培养独立性强、富于创造性、善于交往、果断、讲效率、自立、自强、自信等良好个性。

(八) 坚持锻炼身体

健康的体质是人格健全发展的物质基础。一个体弱多病的人是难以发展健康人格的，

拖拉、懒惰、急躁、怯懦等不良人格就与不坚持体育锻炼明显有关。经常坚持体育锻炼，不仅能强健体魄，还能锻炼意志。

(九) 把握适度

人格的发展和表现重在适度。子曰：“过犹不及。”列宁也说：“一个人的缺点仿佛是他优点的延续。”如果优点超过了应有的限度，表现得不是时候、不是地方，那就会变成缺点。因此，在人格塑造的过程中把握好度很重要。具体地说应该是坚定而不固执；勇敢而不鲁莽；豪放而不粗鲁；好强而不逞强；活泼而不轻浮；机敏而不多疑；稳重而不寡断；谨慎而不胆怯；忠厚而不愚蠢；老练而不世故；谦让而不软弱；自信而不自负；自谦而不自卑；自珍而不自娇；自爱而不自恋。

把握人格优化的“度”，还体现在人格优化的目标要立足于自己已有的人格基础，实事求是地确立合理的、切合实际的人格发展目标。人人都想追求健康人格，但不同的人由于客观条件和具体环境不同，人格层次也不同。人格目标过高会增加挫折体验；目标过低，人格发展就缺乏内在动力。

健全人格的培养和塑造既是一场轰轰烈烈的心灵革命，也是一个艰难的心路历程。只要坚持不懈地努力，就可以使我们的人格更加健康、完善。

案例：

小陈，某学院一年级学生，对人总是绷着脸，一脸严肃冷漠，平时喜好争辩，爱发脾气，老是看不惯别人。对老师、同学都抱着怀疑态度，总喜欢对别人指手画脚，一旦遭到他人的批评，会立即想方设法加以反击。如果不是自己做领袖就不参加集体活动，和其他同学关系也较疏远。经常我行我素、自负清高，说话做事全凭个人意愿及激情冲动，不考虑别人的感受和意见，处处表现自我中心。有时给人一种强健、雄心勃勃和有能力的印象，更多的时候，则表现为敌意、猜疑、固执和防御，对超过自己的人嫉妒不已，对不如自己的人轻蔑之情溢于言表。

分析：这是偏执型人格的典型表现。偏执型人格行为特点常常表现为：极度的感觉过敏，对侮辱和伤害耿耿于怀；思想行为固执死板，敏感多疑，心胸狭隘，爱嫉妒，对别人获得成就或荣誉感到紧张不安；自以为是，自命不凡，对自己的能力估计过高，一旦失败又把责任归咎于他人；在工作和学习上往往言过其实，同时又很自卑，总是过多过高地要求别人，却从来不信任别人的动机和愿望，不能正确客观地分析形势；有问题易从个人感情出发，主观片面性大，人际关系不融洽。

咨询师建议调节方法如下。

1. 认知调节

具有偏执型人格的人喜欢走极端，这与头脑里的非理性观念相关联。因此，要改变偏执行为，首先必须分析自己的非理性观念。如：

——我不能容忍别人一丝一毫的不忠。

——世界上没有好人，我只相信自己。

——对别人的攻击，我必须立即予以强烈反击，我要让他知道我比他强。

——我不能表现出温柔，这会给人一种不强健的感觉。

…………

对这些观念进行改造，去除其中极其偏激的成分：

——我不是说一不二的君王，别人偶尔的不忠应该原谅。

——世界上好人和坏人都存在，我应该相信那些好人。

——对别人的攻击马上反击未必是上策，我必须首先分辨清是否真的受到了攻击。

——我不敢表示自己真实的情感，这本身就是虚弱的表现。

每次产生偏执的观念时，就把改造过的合理化观念默念一遍，以阻止自己的偏激行为。有时会不知不觉地表现出偏执行为，事后分析当时的想法，找出当时的非理性观念，然后加以改造，以防下次再犯。

2. 行为禁止

在行动上，采用行为禁止法。如当对某一件事你忍无可忍即将要发作时，对自己默念如下指令："我必须克制自己的反击行为，至少忍 10 分钟，在 10 分钟之内，分析一下有什么非理性的观念在作怪。"你会发现每次你怒不可遏的事，只要忍上几分钟，用理性观念加以分析，怒气便随之消减，不少你认为极具威胁的事，其实只是自己在捕风捉影，灾难并未降临。

思考与收获

1. 你是否认为人格对你的人生很重要，为什么?

2. 你认为自己人格要素中，积极的有哪些，请写出至少 10 项。消极的有哪些，请写出至少 1 项。

3. 你想怎样来健全自己的人格，请写出具体的方案(300 字左右)。

心 理 训 练

一、气质测验

下面 60 道题，可以帮助你大致确定自己的气质类型，请根据自己的情况在"很符合、比较符合、介于符合与不符合之间、比较不符、完全不符合"五个答案中选择一个适合自己的，填在测验答卷(见表 3-5)的相应题号的评分栏中。很符合 2 分，比较符合 1 分，介于符合与不符合之间 0 分，比较不符合 −1 分，完全不符合 −2 分。

1. 做事力求稳妥，一般不做无把握的事。
2. 遇到可气的事就怒不可遏，把心里话全说出来才痛快。
3. 宁可一个人干事，不愿很多人在一起。
4. 到一个新环境很快就能适应。
5. 厌恶那些强烈的刺激，如尖叫、噪音、危险镜头。
6. 和人争吵时总是先发制人，喜欢挑衅。
7. 喜欢安静的环境。

8. 善于和人交往。
9. 羡慕那种善于克制自己感情的人。
10. 生活有规律，很少违反作息制度。
11. 在多数情况下情绪是乐观的。
12. 碰到陌生人觉得很拘束。
13. 遇到令人气愤的事，能很好地克制自我。
14. 做事总是有旺盛的精力。
15. 遇到问题总是举棋不定，优柔寡断。
16. 在人群中从不觉得过分拘束。
17. 情绪高昂时，觉得干什么都有趣；情绪低落时，又觉得什么都没意思。
18. 当注意力集中于一事物时，别的事很难使我分心。
19. 理解问题总比别人快。
20. 碰到危险情境，常有一种极度恐怖感。
21. 对学习、工作、事业怀有很高的热情。
22. 能够长时间做枯燥、单调的工作。
23. 符合兴趣的事情，干起来劲头十足，否则就不想干。
24. 一点小事就能引起情绪波动。
25. 讨厌做那种需要耐心、细致的工作。
26. 与人交往不卑不亢。
27. 喜欢参加热烈的活动。
28. 爱看感情细腻、描写人物内心活动的文学作品。
29. 工作、学习时间长了，常感到厌倦。
30. 不喜欢长时间谈论一个问题，愿意实际动手干。
31. 宁愿侃侃而谈，不愿窃窃私语。
32. 别人总是说我闷闷不乐。
33. 理解问题常比别人慢些。
34. 疲倦时只要短暂地休息就能精神抖擞，重新投入工作。
35. 心里有事宁愿自己想，不愿说出来。
36. 认准一个目标就希望尽快实现，不达目的，誓不罢休。
37. 学习、工作一段时间后，常比别人更疲倦。
38. 做事有些莽撞，常常不考虑后果。
39. 老师讲授新知识时，总希望他讲得慢些，多重复几遍。
40. 能够很快地忘记那些不愉快的事情。
41. 做作业或完成一件工作总比别人花的时间多。
42. 喜欢运动量大的剧烈体育运动或参加各种文艺活动。
43. 不能很快地把注意力从一件事转移到另一件事上去。
44. 接受一个任务后，就希望能把它迅速解决。
45. 认为墨守成规比冒风险强些。
46. 能够同时注意几件事物。

47. 当我烦闷的时候，别人很难使我高兴起来。
48. 爱看情节起伏跌宕激动人心的小说。
49. 对工作抱认真严谨、始终一贯的态度。
50. 和周围人的关系总相处不好。
51. 喜欢复习学过的知识，重复做能熟练做的工作。
52. 希望做变化大、花样多的工作。
53. 小时候会背的诗歌，我似乎比别人记得清楚。
54. 别人说我“语出伤人”，可我并不觉得这样。
55. 在体育活动中，常因反应慢而落后。
56. 反应敏捷、头脑机智。
57. 喜欢有条理而不甚麻烦的工作。
58. 兴奋的事情常使我失眠。
59. 老师讲新概念，常常听不懂，但是弄懂了以后很难忘记。
60. 假如工作枯燥无味，马上就会情绪低落。

表 3-5　气质测验答卷

气质类型	题　　号	得分
胆汁质	2 6 9 14 17 21 27 31 36 38 42 48 50 54 58	
多血质	4 8 11 16 19 23 25 29 34 40 44 46 52 56 60	
黏液质	1 7 10 13 18 22 26 30 33 39 43 45 49 55 57	
抑郁质	3 5 12 15 20 24 28 32 35 37 41 47 51 53 59	

确定气质类型的标准：

(1) 如果某类气质类型得分明显高出(均高出 4 分以上)其他三种，则可定为该类气质类型。如果该类气质为得分超过 20 分，则为典型；如果该类气质类型得分为 10～20 分，则为一般型。

(2) 两种气质类型得分接近(差异低于 3 分)，而且又明显高于(高出 4 分以上) 其他两种则可定为这两种气质类型的混合型。

(3) 三种气质类型得分均高于第四种，而且接近，则为三种气质类型的混合型，如多血质—胆汁质—黏液质混合型，或黏液质—多血质—抑郁质混合型。

二、内外向性格测验

内向、外向是性格划分中最简单也是日常生活中使用最广泛的一种，它主要是基于人的心理活动是倾向于内部还是外部而划分的，前者被认为是内向的，后者被认为是外向的。请用“是”(记“√”)“否”(记“×”)或“不置可否”(记“？”)来回答下列 60 题，最后把答案填入表 3-6 所示的内外向性格测验答卷中。

(　　) 1. 在大庭广众面前不好意思。
(　　) 2. 对人一见如故。
(　　) 3. 愿意一个人独处。
(　　) 4. 好表现自己。
(　　) 5. 与陌生人难打交道。

(　　) 6. 开会时喜欢坐在被人注意的地方。
(　　) 7. 遇到不快的事情，能抑制感情，不露声色。
(　　) 8. 在众人面前能爽快地回答问题。
(　　) 9. 不喜欢社交活动。
(　　) 10. 愿意经常和朋友在一起。
(　　) 11. 自己的想法不轻易告诉别人。
(　　) 12. 只要认为是好东西立即就买。
(　　) 13. 爱刨根问底。
(　　) 14. 容易接受别人的意见。
(　　) 15. 凡事很有主见。
(　　) 16. 喜欢高谈阔论。
(　　) 17. 会议休息时宁可一个人独坐也不愿同别人聊天。
(　　) 18. 决定问题爽快。
(　　) 19. 遇到难题非弄懂不可。
(　　) 20. 常常未等别人把话讲完，就觉得自己已经懂了。
(　　) 21. 不善于和人辩论。
(　　) 22. 遇到挫折不易丧气。
(　　) 23. 时常因为自己的无能而沮丧。
(　　) 24. 碰到高兴的事，极易喜形于色。
(　　) 25. 常常对自己面临的选择犹豫不决。
(　　) 26. 不太注意别人的事。
(　　) 27. 好把自己同别人比较。
(　　) 28. 好憧憬未来。
(　　) 29. 容易羡慕别人的成绩。
(　　) 30. 相信自己不比别人差。
(　　) 31. 注意别人对自己的看法。
(　　) 32. 不大注意外表。
(　　) 33. 发现异常现象，容易想入非非。
(　　) 34. 即使有亏心事也很快会遗忘。
(　　) 35. 总是把家里收拾得干干净净。
(　　) 36. 自己放的东西常常不知在哪里。
(　　) 37. 做事很细心。
(　　) 38. 对于别人的请求乐于帮助。
(　　) 39. 十分注意自己的信用。
(　　) 40. 热情来得快，消退得也快。
(　　) 41. 信奉“不干则已，干则必成”。
(　　) 42. 做事情更注意速度而不是质量。
(　　) 43. 一本书可以反复看几遍。
(　　) 44. 不习惯长时间读书。

(　　) 45. 办事大多有计划。
(　　) 46. 兴趣广泛而多变。
(　　) 47. 学习时不易受外界干扰。
(　　) 48. 开会时喜欢同人交头接耳。
(　　) 49. 作业大都整洁、干净。
(　　) 50. 答应别人的事情经常会忘记。
(　　) 51. 一旦对人有看法不易改变。
(　　) 52. 容易和人交朋友。
(　　) 53. 不喜欢体育运动。
(　　) 54. 对电视节目中的球赛尤有兴趣。
(　　) 55. 买东西前总要估量一番。
(　　) 56. 不惧怕从来没做过的事情。
(　　) 57. 遇有不愉快的事情，会生气很长时间。
(　　) 58. 自己做错了事，容易承认和改正
(　　) 59. 常常担心自己会遭遇失败。
(　　) 60. 容易原谅别人。

表 3-6　内外向性格测验答卷

题号	1	3	5	7	9	11	13	15	17	19	21	23	25	27	29	小计
答案																
得分																
题号	2	4	6	8	10	12	14	16	18	20	22	24	26	28	30	小计
答案																
得分																
题号	31	33	35	37	39	41	43	45	47	49	51	53	55	57	59	小计
答案																
得分																
题号	31	34	36	38	40	42	44	46	48	50	52	54	56	58	60	小计
答案																
得分																

计分与解释：

表 3-6 中，凡题号为单数的，选“√”计 0 分，“？”计 1 分，“×”计 2 分；凡题号为双数的，选“√”计 2 分，“？”计 1 分，“×”计 0 分。

把所有得分相加，即为总分，总分含义如下：

90 分以上为典型外向；81～90 分为较外向；71～80 分为稍外向；61～70 分为混合型(略偏外向)；51～60 分为混合型(略偏内向)；41～50 分为稍内向；31～40 分为较内向；30 分以下为典型内向。

(测验结果仅供参考。)

第四章　锲而不舍，金石可镂

——学习心理调适及改善

❖ 名人名言 ❖

情况是在不断地变化，要使自己的思想适应新的情况，就得学习。

——毛泽东

❖ 心灵测试 ❖

在开始本章学习之前，请完成下面的测试，下面是一些与学习有关的常见说法，同学们可从中选出与自己的实际情况最接近的选项，以了解自己的学习情况，也希望在学习完本章内容后，再回头看一看，想想自己对学习的认知是否有变化。(A. 认同；B. 不认同)

1. 大学里最重要的是专业学习。(　　)
2. 就业纯靠运气和关系，学好学坏一个样。(　　)
3. 学校学的知识还没等参加工作就过时了，学了也没用。(　　)
4. 学得好不如嫁(娶)得好。(　　)
5. 先富口袋比先富脑袋更重要。(　　)
6. 考证越多越好。(　　)
7. 学习是自己的事情。(　　)
8. 方法比知识更重要。(　　)
9. 知识就是力量。(　　)
10. 信息时代，手指一点，就可以包打天下了。(　　)

“活到老，学到老。”学习一直是人类社会发展的永恒主题，每个人的一生都充满了学习。人从咿呀学语到掌握各门学科知识，从蹒跚学步到擅长各类运动，每一次进步与成长都是学习的结晶。对于大学生而言，学习是大学校园活动的主要形式，是大学生的第一任务，是大学生获得广博知识、提高自身素质的重要途径。尤其是在倡导学习型社会的今天，学习不再局限于“学会”——掌握知识，而是要“会学”——改进学习方法、提高学习效率。这就需要大学生了解这一阶段的学习特点与规律，合理安排好大学的生活与学习。

第一节　认识学习的“真面目”

当前面对第三次工业化革命浪潮的袭击，大数据和物联网时代的到来，使学习的环境发生了深刻的变革，获取知识的途径越来越多样化，知识更新的速度日益加快，终身学习、碎片化学习等新观点层出不穷，我们作为即将进入社会的准社会人将面临深刻的学习革命。

一、更新学习观念

看似务虚的学习观，其实直接涉及大学生在校期间乃至终身学什么和怎么学的问题。也就是说，无论是学习内容的选择，还是学习方法的改进，都直接与学习观念的更新密切相关。

(一) 全面学习观

所谓全面学习，包含以下四层含意：

(1) 在整个学习过程中，既要学习如何做事，更要学习如何做人，要正确地处理好“德”与“才”的关系，做到德才兼备。

(2) 理论与实际的关系。毛泽东说：“读书是学习，使用也是学习，而且是更重要的学习。”

(3) 要正确处理好“通”与“专”的关系。“通”是“专”的基础，“专”对“通”又有极大地促进作用。正如爱因斯坦所说：“只教给人一种专门知识、技术是不够的，专门知识和技术虽然使人成为有用的机器，但不能给他以一个和谐的人格。”

(4) 要正确处理好知识、能力与素质，全面发展与个性发展的关系。高等职业教育最大的优势在于理论联系实际，高等职业院校作为应用技术型大学，十分注重实践技能的提高。高等职业教育对基础知识的要求是“必需”与“够用”，重点强调的是专业技能的娴熟、关键能力的提升，这就要求大学生处理好基础与专业、知识与能力、大学教育与后大学教育的关系。

(二) 自主学习观

大学生的学习境界千差万别，但归纳起来基本上有三种状态：自觉无自主、自主而低效和学优多创新。这三种状态可以看作学习境界由低向高的发展历程，关键还是自主学习。

所谓自主学习，就是学生自己主动地学习，自己有主见地学习。自主学习是全程性的，其主要内涵大体包括：要对自己的学习状态有一个准确的评价；知识、能力结构的自我调整；改进学习方法、提高学习效率和学习能力；不断地在学习实践中自我调整，使学习状态进入佳境。

高职大学生树立了自主学习的学习观，就能意识到自己是学习的主人，才能明白要靠自己艰苦的努力，才能在受教育过程中发挥主动性、积极性和创造性。同时增强自我教育的意识，形成独立学习的能力，进而不断地探究学习规律，达到驾驭学习，适应科技迅猛发展，不断地更新知识、充实自己的需要。

(三) 优势学习观

优势学习观不只是一种新的理念，更是一项教育的智慧宣言。用智慧驾驭和统率知识，并不是不重视知识，恰恰相反，还要求我们对知识进行更有效的猎取和运用，能够在信息和知识丛林中，以最快的速度，获得最有价值的知识。

如何开展优势学习，总结起来有以下步骤：

(1) 用长。按自己的思维长项来寻找自己的学习定位和创造定位。

(2) 寻弱。分析当前的薄弱环节，从而找到自己学习和创造的突破点。

(3) 聚焦。贝索是爱因斯坦的朋友，被誉为“相对论的助产士”。他知识渊博、思维敏捷，但是他一辈子也没有什么建树。为什么？因为他的兴趣过于分散，没有将知识与能力聚焦。

(4) 应用。不仅在学习某一种知识时，要时刻考虑它最大的价值创造域是什么，而且在学习之前，要考虑如何从最大需求的角度，去选择最适合学习的领域。

高等职业教育主要是培养高技能应用型人才，社会对高职院校大学生的评价标准主要是看专业技能掌握的程度，高职院校大学生参与社会竞争的优势也在于娴熟的专业技能。因此，要树立优势学习观，把自身优势发挥到最佳。

(四) 创新学习观

总的说来，学习有两种类型：一种是维持性学习；另一种是创新性学习，即一种可以带来变化、更新、重建和重新系统地阐述问题的学习。有人提出：“当你掌握了某种知识的 60%的时候，就要开始运用和实践，并在运用和实践过程中补充和提高自己。”这显示出创新性学习的预期性、参与性和实践性。就高等职业教育而言，工学结合、学做一体、学以致用就是一个参与性学习不断地创新的过程。这要求我们在学习上能举一反三，灵活运用知识，有丰富的想象力，喜欢出“新点子”和解难题；具有发散思维、爱标新立异和发表与别人不同的见解；不轻易相信书本上的结论，而以怀疑的眼光审视一切；不满足于已揭示的知识间的联系，而试图建立各种知识间的新结构；善于利用所学的知识解决日常生活中遇到的各种问题，喜欢小发明、小制作、小设计等。

(五) 潜力学习观

大学生的智能潜力很大，远没有被充分发掘出来。因此，大学生必须给自己选择更高的学习目标。匈牙利数学家冯·诺伊曼(John von Neumann)在著名的《计算机与人脑》一书中介绍了他的研究成果。其中关于人的记忆储量，以人的寿命为 60 岁，神经细胞每秒钟接受的信息量为 14 比特(实际上最高可达 25 比特)计算得出，一个人毕生的总记忆储量大约为 2.8×10^{20} 比特。这些信息量相当于七八千万册图书的信息，即一个人的大脑可以“容纳”三四个新建的北京图书馆(能藏书约 2000 万册，是目前世界上最大的图书馆之一)。关于人脑的功能，有的研究报告说只利用了十分之一左右，有的说只利用了百分之一左右。因此，有人提出假如这个 1%的利用率是存在的，很可能是人脑的“结构功能比”，即人脑在漫长的发展过程中形成了最佳的黄金比——“存百用一”的结构功能关系。“存百”保证了“用一”的锐利性、持久性和可靠性，“存百”又体现了“用一”的基础性、后援性和安全性。总之，人脑的潜力是很大的。

（六）终身学习观

“我们需要一场与信息革命并行的终身学习革命，让所有的人分享巨大潜力时代的果实。”所谓终身学习观，就是“学习包括一个人的整个一生”，即终身学习；“学习也包括全部的社会”，即学习的社会化。1994年，在意大利罗马举行的“首届世界终身学习会议”提出：“终身学习是新时代的生存概念。”终身学习是现代社会生存的需要。信息化时代，也就是“学习化时代”。这个时代充满残酷的替代选择，对于那些拥有新知识的人来说，新时代意味着一个充满机遇的世界；对于那些没有新知识的人来说，新时代意味着在旧工作消失，旧体制崩溃时，他们将面临失业、贫困、绝望的情景。社会职业的迁移速度越来越快，人们的职业和岗位变动更加频繁，这就要求人们不断地加强学习、充实自己，始终符合社会的需要。总之，不学习或者不会学习，社会就不能进步，国家就不能强盛，个人就不能成才发展，甚至难以生存。

（七）碎片学习观

碎片学习指利用碎片时间主动进行知识学习、工作技能提升、自我提升等。碎片学习往往可以最有效地利用碎片时间，等公交、跑步等时间都可以充分被利用上，以有效管理时间。科技的进步、阅读载体的变化、人们的浮躁求快心理的加剧，都促成了碎片模式的产生。网络上产生的碎片模式是应运而生而不是凭空捏造。有了在时代滚滚车轮之下挣扎的大众，才有为节省时间产生的碎片阅读，以让人们用更短的时间了解更多。

碎片学习具有灵活度更高、针对性更高、吸收率更高的特点，广受当下网络新生代的好评，碎片学习本身并不带来优势，优势在于碎片学习后的有效利用给用户带来的价值，这个价值来源于用户的碎片需求，而且这个碎片需求是随着情境变化而变化的。就高等职业教育而言，碎片学习能够很好地提升学习效率，充分利用好碎片化时间。

二、拓宽学习内容

大学里的学习绝不是拼命读几本书而已，作为法律意义上的成人还有几项最重要的学习是万万不可忽略的，即学会为人处世、学会自学成才、学会实践贯通、学会培养兴趣、学会运用新媒体学习。

（一）学会为人处世

学会做事，首先得学会做人。广义而言，大学里要学会为人处世。以诚待人，以责人之心责己，以恕己之心恕人，对别人要有诚挚、宽容的胸襟，对自己要怀着自我批评、有过必改的态度。在大学期间培养真正的友情，同窗挚友很有可能成为你将来一辈子的知己。在一起求学和寻求自身发展的道路上，这样的友谊弥足珍贵。

在大学校园中，你有机会参加科学研究、义务劳动、社会兼职等群体活动，每个人都会被赋予团队中的角色，有的是领导者有的是执行者，但无论身份如何都会在开展活动的过程中体会到人与人交流帮助的快乐。任何人都不是单独的个体，单独生存在社会中是没有任何价值的，学会与人交流、与人配合、与人协作是我们进入社会前除专业知识外最重要的生存技能，也是今后工作中提高工作效率、完成工作任务的重要保障。

(二) 学会自学成才

教育家斯金纳(Skinner)说："当我们将学过的东西忘得一干二净时，最后剩下来的东西就是教育的本质了。"所谓"剩下来的东西"，其实就是自学的能力，也就是举一反三或无师自通的能力。在大学期间，学习专业知识固然重要，但更重要的还是要学习思考的方法，培养举一反三的能力，只有这样，大学毕业生才能适应瞬息万变的未来世界。

大学学习与中学学习最大的不同在于"被动"变为"主动"。中学知识点固定且统一，教师将知识点传授给学生，学生只要做好吸收转化就行了；而大学中，书本知识只是其中一部分，更重要的是根据专业学习需求去主动学习，很多大学生为了解决学业难题通过网络、图书馆等途径主动寻求解答，这种能力也会影响今后参加工作进入社会的学习习惯，在告别教室课堂后主动学习能力的重要性就更突出了。

(三) 学会实践贯通

有一句关于实践的谚语是这样说的："我听到的会忘掉，我看到的能记住，我做过的才真正明白。"在大学里，大学生应该懂得每一个学科的知识、理论方法与具体的实践应用如何结合起来，尤其是工科的学生更是如此。

无论学习何种专业何种课程，如果能在学习中努力实践，做到融会贯通，就可以更深入地理解知识体系，可以牢牢记住学过的知识。因此，建议大学生多选一些与实践相关的专业课。实践时，最好是几个同学合作，这样，既可以经过实践理解专业知识，也可以学会如何与人合作培养团队精神。如果有机会就尽量在教师手下做些实际的项目，或者走出校门参与社会实践，只要不影响学业，这些做法都是值得鼓励的。外出实践或做项目时，不要只看重薪酬待遇(除非生活上确实有困难)，有时候，即便待遇不满意，但有许多培训和实践的机会，也值得一试。

(四) 学会培养兴趣

孔子说："知之者不如好之者，好之者不如乐之者。"如果你对某个领域充满激情，你就有可能在该领域中发挥自己所有的潜力，甚至为它废寝忘食。这时候，你已经是为了"享受"而学习了。尽量寻找天赋和兴趣的最佳结合点。最好的寻找兴趣点的方法是开拓自己的视野，接触众多的领域。而大学正是这样一个可以让你接触并尝试众多领域的独一无二的场所。因此，应当更好地把握在校时间，充分利用学校的资源，通过使用图书馆资源、旁听课程、使用网络、听讲座、打工、参加社团活动、与朋友交流、使用电子邮件和专业论坛等不同的方式接触更多的领域、更多的工作类型和更多的专家学者。如果发现了自己真正的兴趣爱好，这时就可以尽量让兴趣和专业结合，或者开展职业生涯规划，将自己的兴趣作为今后工作领域的主要目标去设计，同时尽可能地让自己在自己兴趣领域内深入钻研，做到“人无我有，人有我精”的境界，只有将兴趣和职业发展进行深入融合，你的职业发展和奋斗过程才会不再枯燥艰苦而是充满乐趣。

(五) 学会运用新媒体学习

5G 网络的出现和信息时代的高速发展，我们可以通过网络得到自己感兴趣的知识内容，新媒体让信息的传播变得具有“互动性”，不同于传统报刊媒体传递信息形式单一，新媒体技术实现了图、文、声、画的统一，也让受众有了更多的自主选择。虽然新媒体能够大大降低我们获取知识信息的门槛，提高学习的效率，但如何运用新媒体学习也是有讲究的，网络上各种信息汇聚，如何从中筛选适合自己且正确无误的知识学习，需要我们从正规的、专业的途径开展，要有一定的信息辨别能力，才能做到学习方向准确。

案例：

著名的美籍中国物理学家李政道教授曾于 1984 年 5 月 4 日访问中国科技大学，其在与少年班的同学座谈时说过：“开始，只是考一个人的记忆力，考的是运算技巧。这不是学习的重点，学习的重点是培养能力。”

当时李教授问：“你们谁是上海来的学生?”“我是。”一个少年大学生回答。“你对上海的马路熟悉吗？”“差不多都熟悉。”“那好。我再找一个从来没去过上海的同学。”李教授一边说，一边指着另外一个少年大学生：“好。假如你，没去过上海。现在我给你一张上海地图，告诉你，明天考试的内容是画上海地图，要求标出全部主要街道的名称。”然后，李教授又回头对那位上海同学说：“不过，并不告诉你，第二天，叫你们俩来画地图。你们大家说，他们俩，哪一个地图画得好一些?”同学们不约而同地指着那位没去过上海的同学，齐声说：“当然是他画得好一些。”“大家说得对!”李教授很兴奋，接着说：“他虽然没有去过上海，但是他可以连街道名称都标得准确无误。不过再过一天，如果把他们都带到上海市中心，并且假定上海市所有的路牌都拿掉了。你们说，他们俩哪一个能从上海市中心走出来？”同学们都笑了，答案是显然的。李教授说：“我们搞科学研究，就是在没有路牌的地方走路。只有多走，才能熟悉。你地图虽然画得好，考试可得 100 分，但是你走不出去啊。所以，真正的学习是培养自己在没有‘路牌’的地方也可以走路的能力，最好能走出来，这才是学习的本质。”

信息技术的发展以及学习者的内在需求，引发了“学习的革命”。世界各国及各个民族都提出学习的要求，将学习的素质纳入人才的素质结构中。在我国，由于历史上就有重视学习的优良传统，再加上当今社会经济发展对人才渴望的呼声越来越高，社会各界、各个领域、各个层次的人员都处在不断“充电”、不断进步的学习氛围之中。“才须学也，非学无以广才。”学习真正成为了人的生存与适应的根本手段，较强的学习能力和优秀的学习素质是成为人才必不可少的条件。从人的成长经历来看，学习确实伴随着每个人的每时每刻，近年来，“终身学习”的概念也逐渐深入人心，人的成长过程其实就是终身学习的过程。通过学习与思考，我们获得知识；通过学习与交往，我们赢得朋友；通过学习与模仿，我们掌控技能；也只有通过学习，我们才能完善自己，让我们成为社会所接纳的一员。

第二节　破解学习困扰，提升学习动力

学习与心理健康有着密切的关系，两者互为基础，互相影响，互相促进。一方面，学习是大学生的主要任务和主要活动方式，因此它对大学生的心理健康、心理发展有很大的影响。这种影响可能是积极的，也可能是消极的。另一方面，学习又是一种非常复杂的心理现象，大学生的心理健康状况、心理发展水平也对大学生的学习产生直接的作用。

高职高专学生的学习既不同于普通本科院校学生的学习，更不同于入学前的中学学习。高职高专学生的学习具有以下特点：在学习结构上，具有突出的专业性和职业性；在学习内容上，具有显著的应用性和实践性；在学习方式上，具有较强的多元性和选择性；在学习过程上，具有明显的自主性和探索性。要注意区分学习过程中遇到的各种心理问题和障碍，并加以科学地调适。

一、学习动机不强或过强

动机过强和动机缺乏都会影响学习效果，都会带来一系列心理问题。学习动机是指直接推动学生进行学习的一种内部动力，是激励和指引学生进行学习的一种需要。心理学家在大量实验基础上得出结论：学习效率与动机之间，可以描绘成一条倒“U”曲线(见图 4-1)，即中等强度的动机最有利于学习。不适当的学习动机在大学生群体中普遍存在，主要有学习动机不足与学习动机过强。

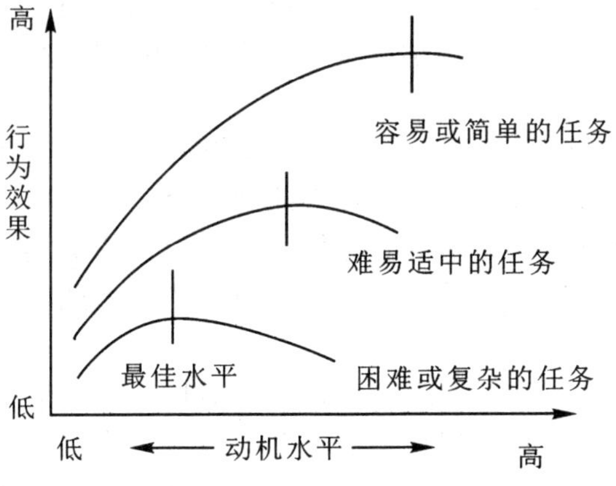

图 4-1　耶克斯–多德森定律

耶克斯–多德森定律指动机的最佳水平随任务的性质不同而不同：在比较简单的任务中，工作效率随动机的提高而上升；而随着任务难度的增加，动机的最佳水平有逐渐下降的趋势。这种现象就叫作耶克斯–多德森定律。

案例：

两封学生来信

信件 1：我是一位来自山区，家庭经济困难的大学生，学业成绩一直非常优异。上大学后，忽然感到心中茫然，学习没有动力，生活没有目标，有时候想到辍学在家的妹妹和年迈的父母，我也恨自己不争气，可我的确找不到奋斗的目标与学习的动力。学习上得过且过，生活上马马虎虎、盲无目的，上课打不起精神，我不是因为喜欢上网而荒废了学业，而是因为实在没劲才去上网玩游戏，我如何才能摆脱这种状态？

信件 2：我今年已经大三了，一直优秀的我一向对自己要求很高，当然这也与家庭的期望有关，父母都是具有高级职称的知识分子，在他们的言传身教下，我从小就知道努力与奋斗。在大学，我进行了认真细致的职业生涯设计，一步一个脚印向前走，成绩要拔尖，二年级通过国家英语六级考试，为将来出国留学做好准备；三年级入党，开启自己的政治生命；与此同时锻炼自己在各方面的能力。于是，在大学我像一只陀螺一样飞速运转着，珍惜大学的分分秒秒，因为我相信付出总有回报。然而，我却发现离自己的目标越来越远。我忽然怀疑起自己的学习能力，我感到自己在学习上的优势在丢失，甚至多年积累的自信也受到挑战。对未来，我忽然担心起来，我该何去何从？

从上面两封学生来信可以看出：他们二人都因为学习动机不当产生心理上的困惑，不同的是前者是因为学习动机不足，后来是由于学习动机过强造成的。是什么原因造成大学生的学习动机不当呢？

(1) 学习动机不足的原因分析。学习动机不足主要是学习动机不正确，社会责任感不强，价值观念不强，学习态度不端正，学习毅力不强，对专业不感兴趣，对自我的学业期望不足，学业自我效能感低。

要调整学习动机不足，一是正确认识学习的价值与大学的目标，重新规划学业与人生；二是调整心态，以积极的心态对待学习，特别是学习中遇到的挫折与困难，用自身的意志战胜惰性；三是改进学习方法，提高学习效率与学业自我效能感，提高学业的自我价值与社会价值。

(2) 学习动机过强的原因分析。个体学业期望值过高，自尊心强，对自己的学习能力缺乏恰当的估计，因而造成学业自我效能感下降，心理压力大；渴望学业成功而又担心学业失败，受表面的学业动机的驱使，渴望外在的奖励与肯定，特别是由于学业优秀带来的心理满足使学生更看重自己的学业优势，因此造成学习强度过大，引起心理疲劳。

要调整学习动机过强，一是正确认识自己的潜质，制订恰当的学业目标与学业期望，调整成就动机，与此同时，脚踏实地，循序渐进，不好高骛远；二是转换表面的学习动机为深层学习动机，淡化外在奖励，特别是学业成就的诱因，正确对待荣誉与学业成绩；三是端正学习态度，树立远大理想，保持旺盛的学习热情，坚持不懈，便会取得预期效果。

面对新的环境，一些大学生在经历了高中的刻苦学习之后，产生了松劲的念头，加上大学学习的竞争有着“隐性”的特点，所以在具有强烈学习愿望的同时，推动这一愿望变成行动的动力强度又往往不足，“想法多、行动少”是大学生普遍存在的现象，不少学生热衷于课外兼职或其他社团活动，对待学习消极马虎。学习动机不足的表现主要有以下4点：

(1) 学习存在懒惰行为。表现为不愿意上课，不愿意动脑筋，不完成作业。学习上拖拉、散漫、怕苦怕累，总是拖延时间，为自己找理由，为自己的懒惰找借口。通常这类人会想：“等我‘有空’再去学习”“等我‘有时间’再好好看书”“等我‘状态好’的时候再认真思考这个问题”。于是，日子便在等待中流逝，而他可能永远也不会“有空”“有时间”“状态好”。人都有惰性，但动机缺乏者的惰性表现得特别明显。

(2) 容易分心，学习易受干扰。动机不足的学生注意力差，不能专心听课，不能集中思考，学习肤浅，满足于一知半解，学习活动经常因其他活动或想法而中断，兴趣容易转移。

(3) 厌倦情绪。动机缺乏的学生对学习冷漠、畏缩，常感到厌倦，对学校与班级生活感到无聊，很少享受到学习成功带来的快乐。对他们来说，确实是“学海无涯苦作舟”，学习成了枯燥乏味的代名词。

(4) 学习盲从。有些学生的学习往往缺乏主动性、能动性，在目标选择上，常常追随大家的看法，而自己没有明确的目标，表现出学习的从众性与依附性，极少有独立性和创造性。

从学习倒“U”曲线中，我们可知过强的学习动机同样会导致学习效率的降低。学习动机过强的表现为以下4个方面：

(1) 过于勤奋。这类学生往往把全部心思用在学习上，并且坚信只要勤奋就会成功。他们认为学习是至高无上的，如果时间不花在学习上，就是一种浪费，因而不允许自己有娱乐、休息和运动。

(2) 争强好胜。这类学生往往在学习上争强好胜，看中分数、看中名次、看中结果。他们经常想成为班上、学校的尖子生，经常想得到老师、亲朋好友的肯定和表扬，非常害怕失败，一次小小的失败都会让他们惶恐不安，看到别人超过自己就心慌、嫉妒，把自我价值的体现全归在学习上。

(3) 容易自责。动机过强者追求学习上的成功和完美，对自己要求严格，甚至到了苛刻的程度，不允许自己浪费时间，容不下自己的失败和挫折。一旦没有达到自己设置的目标，就很容易自责，并给自己施加更大的压力，期望下次获得成功。

(4) 情绪紧张。表现为学习焦虑和考试焦虑，常感到紧张不安，学习压力巨大，心理脆弱，情绪难以松弛，有时感到惶惶不可终日，导致学习过程中注意力不能集中，记忆力下降，思维迟钝，学习效率低下。

二、学习注意力不集中

“注意力”是心理活动对一定对象的指向，具有指向性、选择性和集中性。没有“注意力”，任何心理活动都达不到预期目的，“注意力”是人类学习的前提，“注意力”在大学生学习中具有极其重要的意义。注意力障碍主要表现为以下4个方面：

(1) 在注意力稳定性方面表现为注意力稳定性很差，难以长时间保持注意力在特定对象或活动上。注意力分散且难以持久，如上课不能专心听讲、大脑常常开小差、盯着黑板却心猿意马、自己不能控制思维飘逸。

(2) 在注意力范围方面表现为注意力范围越来越狭窄，难以被唤起；或者注意力范围“变宽”，注意力容易被转移，很容易对外界无关的刺激产生反应，难以控制。如易受环境干扰，教室外的小动静都能引起注意力的转移，而且长时间不能专心，很难把分散的注意力再集中到学习上。

(3) 在注意力分配方面表现为注意力难以同时指向和集中于不同对象，如上课时学生既要听讲、记笔记，还要看书、看投影，而注意力发生障碍的学生就会手忙脚乱。

(4) 在注意力转移方面表现为难以根据新的任务，主动把注意力从一个对象转移到另一个对象上，或者转移得过快或过慢。

从生理方面看，注意力障碍主要与大脑生理功能障碍有关系。著名的生理学家巴甫洛夫(Pavlov)认为，人们在聚精会神地从事某种活动的时候，大脑皮层就会出现一个兴奋中心，其余的临近部分都处在抑制状态，因此留下的痕迹就深刻。相反，如果在看书学习时还想着其他事，那么在大脑皮层上就会同时出现两个兴奋中心：一个看书，一个想其他事。两者之间由于目的不同，便会相互干扰和影响，结果大脑皮层上留下的痕迹就没了，学习效率就低。此外，学习疲劳使大脑细胞负担过重，高级神经系统兴奋与抑制过程失衡，大脑皮层产生保护性抑制状态，使人昏昏欲睡；或是大脑过度兴奋，大脑皮层觉醒过度，致使大量不需要的感觉传至大脑皮层，造成注意力涣散，难以集中。当然，某些脑损伤也会造成注意力障碍。

造成注意力障碍的因素还有很多。比如：缺乏兴趣；对学习目的、作用认识不足，缺少集中注意力的自觉性；对学习内容的价值认识不足；学风、班风不正也影响学习注意力；自制力差、缺乏恒心、好冲动等人格因素也会造成注意力差等。

三、学习目标不明确

20 世纪 50 年代，研究人员曾经对大学生进行了一项有关学习目标的调查。研究人员问参与调查的学生这样一个问题：“你们有学习目标吗？”只有 10%的学生确认他们有学习目标。研究人员又对这 10%问了第二个问题：“如果你们有学习目标，那么，你们是否可以把它写下来呢？”结果被问的学生中只有 49%的学生清楚地把自己的学习目标写了下来。20 年后的追访中，研究人员发现在当年参与调查的学生中，用白纸黑字写下学习目标的那些学生，无论是事业发展还是生活水平，都远远超过了另外那些没有写下目标的同龄人。可见，对于大学生来说，有学习目标可以为自己人生的发展指明方向，而真正理解这些学习目标的、真正为目标付诸行动的人，将会在未来的发展中收获成功。

(一) 造成原因

我们可以发现在我们的大学校园中，学习缺乏目标，或者有目标无行动已经成为大学生学习、发展的一大阻力。在上大学之前，所有中学生的目标是考上一所好大学。学校和老师的教育也是如此，“努力一把，到了大学就好了”。家长也说：“到了大学就轻松了。”但是当中学生完成了考大学的“小目标”，变成了大学生之后就迷失了方向、失去了目标。同时因为生活环境、学习方式、人际网络等外在因素的变化，让很多自制力差的学生在大学逐渐迷失，没有目标、漫无目的地学习生活，为了眼前的考试通过、拿到毕业证等虚度时间，最终浪费了自己的大好年华。

(二) 办法与建议

1. 目标的制订要合理可行

学习目标是预定的学习结果。合理的目标是在一定的环境和条件下，在对自己现有水平科学预测的基础上确定的、经过努力所要求达到的学习结果。合理的学习目标是学习行为的起始和归宿，是学习结果的预测，而学习结果则是实现了的学习目标。另外，在执行过程中，要不断地根据自己的实际情况去修正。

2. 学习目标的选择

根据不同的标准，学习目标可以划分为多种类型，大学生在确定学习目标时可以采用如下 3 种方式：

(1) 根据大学阶段多层次、多样化、综合性学习内容的特点，可以确定公共基础课学习目标、专业基础课学习目标和专业课学习目标。

(2) 根据学习各阶段，确定单元学习目标、期中学习目标、期末学习目标、学科结业学习目标和考研学习等目标。

(3) 根据学习质量要求，确定出单科的考核目标。

四、考试心理

考试是大学生学习最直接的检验手段，需要每一位大学生正确对待，大学生的考试心理主要有以下 3 点。

(一) 应试心理

应试心理主要表现为平日不努力，临时抱佛脚。平时上课不听课，考试前把希望寄托在老师划重点、点题目上。大学流行一种说法："只要考试前一周或两周努力看书背书，同样会考到满意的分数，平时又何必那么辛苦学习呢！""考前复印笔记，考试背笔记，考后全忘记"这种说法在文科类院校尤为突出。因此，每当期末考试前，大学校园里的图书馆、自习室或者教室就会出现一座难求的现象。

(二) 考试焦虑

考试焦虑是指个人担心考试失败有损自尊而导致或引发的负面情绪反应，主要表现为认识方面过分重视考试的结果，担心自己不能通过考试，会失败，总想过去的失败经验，容易想到与考试无关的事情；在情绪及生理上紧张、担心、焦虑，总是担心不好的事情发生，甚至出现恐惧心理；生理方面出现呼吸困难、心慌、胸闷、出汗、手脚发凉、尿频尿急等症状；行为方面出现拖延、回避、坐立不安、手足无措等现象。

据调查，有 10%～15%大学生对考试存在着不同程度的焦虑，特别是学习基础比较差，性格比较内向，学习方法不够灵活的大学生最容易出现考试焦虑。

（三）考试作弊

考试作弊作为一种特定和普遍的现象，会影响大学生学业成绩，进而影响其学习积极性并带来学业不公平。有的考生作弊成功，不费力就通过考试并获得高分数，尝到不劳而获的甜头，还有可能在未来的学习中继续保持这样的念头和行为。从表面看，作弊是考生欺骗老师，但从本质上看，作弊是一种自欺欺人的行为。更重要的是，一次投机成功的行为并不能代表每次都作弊成功，一旦被抓住，就要受处罚，后悔莫及。有准备的作弊是在考试之前策划的，在准备作弊方式的过程中，也会随时存在被老师发现的担心，提心吊胆、惶惶不安。在考场上实施作弊的过程中，要躲过监考老师，就必然引起考生的紧张不安，使得本来没有考试焦虑的考生可能因为这种特殊的情景与心理状态而产生不必要的考试焦虑，影响考试作答和结果。

五、学习方法与内容

面对大学众多的学习课程，大学生既要应付大量的基础测验，又得学好专业课。一部分人的学习方法不能随着内容的变化而有所改进和创新，也不会理论联系实际，突出应用的价值，还在沿用中学时死记硬背的老办法，学习效果不够理想，直接影响到学习的收获及就业。

大学的学习不再是“教师+教室”这种学习模式，图书、社团、课件、广播、网络、宣传栏、校园海报、学术报告会等都是学习的资源；图书馆、自习室、教室、宿舍、操场等都可以是学习的场所；授课、讲座、同学讨论、社会实践、顶岗实习等都是学习的形式。尤其是随着网络的发展和相关知识的普及，上网成为大学生获取知识的一条非常重要的途径。但少数大学生仍在采取传统的学习形式，只注重课堂知识的学习，知识涉猎面稍窄。

六、学习压力不能及时释放

近年来随着经济增长走势趋缓，企业对大学毕业生提出了更高的要求，与之形成鲜明对比的是大学毕业生数量逐年增长，逼近900万大关，造成了现在很多大学生就业难的问题，对于没有社会经验的大学毕业生而言很容易带来很大的心理负担。面对这样的问题，很多学生在学习过程中就表现出了很大的不适，将对未来就业的压力变成当下学习的压力而无法得到释放，久而久之会导致自己心理压力过大而无法承受，往往表现为抑郁、失落、精神异常等症状，耽误自己的时间和前程。

学习压力释放原则讲究及时性、无害性、有效性。遇到压力时可以出去散散心、跑跑步，与亲密的朋友进行交流与沟通，与专业人士进行求助，找到合理方式去调整心态、放松自己，改变心中不合理的信念。压力释放的技术主要包括：① 改变认知，转变观念；② 调节情绪，抑负扬正；③ 锻炼意志，心理弹性；④ 改变行为，塑造新的行为方式。

常用的压力释放方法主要包括以下几种：① 境界提升。一个小和尚帮老和尚照顾心爱的兰花，老和尚出去云游了，小和尚很细心照顾师父的兰花，直到师父回来的头天傍晚，小和尚忘记收兰花，被雨淋折了。小和尚很伤心、懊恼，不断地自责，做好了受罚的准备。然后，老和尚却没有责备他，也没有生气，只是说：“我养兰花不是为了生气的。”有时候境界的提升，往往会给我们带来顿悟和梳理，让你的心态趋于平静。② 社会比较，比上不足，比下有余。平常心态去释放压力。③ 前瞻回望，看过去，展未来，在穿梭中给自己信心与信念。④ 进行人际交往。⑤ 体育锻炼。⑥ 亲近自然。⑦ 直接宣泄：听音乐、跑步、阅读、唱歌、写字、购物等。方法很多，总有一种适合自己。

七、学习的习得性无助感

习得性无助感是指人或动物接连不断地受到挫折后，感到自己对一切都无能为力，丧失信心，陷入一种无助的心理状态。学习的习得性无助感是一种由于学习而形成的无能为力的心理体验。学习的习得性无助感是在一定的学习情境中诱发的，由于大学生长期没有达到预期学习目标，屡次遭受挫折，产生消极认知，确信自己对学习缺乏能力，产生无能为力之感，从而在动机、情感、认知和行为上所表现的一种消极的心理状态。它往往使大学生降低或丧失学习动机和自信心，怀疑自己的智力水平、学习能力，产生一种焦虑、厌倦、学习信心丧失的消极的情绪状态，例如：因为不能正确了解遗忘是正常的学习后情况，对自己能力及学习持负面情绪，而产生的习得性无助感。

有的大学生学习基础薄弱，学习成绩不理想，对知识的感悟力不强，特别是高职高专院校的学生，与本科院校学生相比，他们在学习过程中会遇到更多的学习困难，也更容易产生习得性无助感。

学习的习得性无助感表现在学习上存在畏难情绪，他们认为自己的学习成绩很差，对自己的学习成绩缺乏信心，在情感、认知和行为上表现出消极的状态。大多数学习上存在习得性无助感的学生都缺乏有效的学习方法，在学习中存在难以克服的困难，长期经历着学业失败的打击，他们往往把失败的原因归结为自己对学习缺乏能力。

第三节　握紧学习“金钥匙”

要学会学习，这就有一个学习策略的问题，即学习者必须懂得学什么、何时学、何处学、为什么学和怎样学。学习策略应该包括制订学习计划、监控学习目标、激发动机、感知教材、理解知识、记忆保持、迁移运用、获得经验的学习过程，以及对学习活动做出检查、评估、矫正、反馈。

一、明确大学学习目标

爱因斯坦说：“对于一个严肃认真的年轻人来说，尽可能准确无误地为自己确定所追求的目标，这是十分自然的事。”目标就是一个人前进的方向。没有目标，随风漂流，就不能到达成功的彼岸。目标渺小，就做不成大事。只有心中有一个坚实的、值得你为之做出最大努力的目标，才有可能期待自己在精神上和道德上达到一定的高度。

目标的选择与理想有关。理想是一种精神力量，是个人从事学习和工作乃至生活的内在驱动力。一个人只有树立了崇高的理想才能具有远大的目标，从而产生巨大的动力，激励你奋勇前进。

学习是一种艰苦的脑力劳动，需要具有锲而不舍的钻研精神和坚忍不拔的顽强意志。正如著名教育家吴玉章所说的：“只有具有崇高的理想和远大目标的人才能在学习和实践过程中无论遇到什么困难、曲折都不灰心丧气，不轻易改变自己确定的目标，而努力不懈地去学习和奋斗，如此才会有所成就而达到自己的目的。”

二、掌握科学学习策略

（一）课前做好预习，列出学习疑问

很多人简单地认为，大学学习是不需要预习的，把所有学习效果归于老师的教学质量和课堂学习效果，其实这是一种误解。大学学习更需要做好提前预习，通篇对学期学习内容有个基本了解，有助于对学习内容建立大局观，而提前预习则更便于让自己了解下一步学习内容，提高课堂学习效果。提前预习往往不需要花太多时间去深入，重点在于寻找自己的学习疑问，这样不仅能够起到先入为主的直观效果，还能确保自己主动把握课堂，保持课堂思维活跃。

有人曾做过以下一个实验，将学生分为 A、B 两组同时学习一个材料，A 组学生被要求拿了资料直接进入课堂进行学习，B 组学生在进入课堂学习前准许提前半小时熟悉学习内容。在经过同样的课堂讲授后，研究发现不论是课后随堂测验还是学习一段时候以后的测试，B 组经过提前预习的学生成绩要优于 A 组学生。通过这个实验也能证明提前预习思考学习内容对学习效果有明显的促进作用。

（二）课中认真听讲，做好学习笔记

大学不同于中学，学习内容会不限于书本之中，大学老师也会加强在课堂上通过案例、实验等增加新知识、新内容，提出新的解决办法和思考方式，所以注意力高度集中、认真听讲、积极思考是大学生掌握并深入理解教学内容的关键。理解了课堂内容，课前的问题得以解决，课后的复习和知识点消化也变得相对容易。另外，大学课堂一定要学会做笔记，在学习过程中，通过手写记录能够进一步加强自己对知识点的理解。

当然记笔记绝不是简单地把老师所讲照搬不误地抄下来，而是以补充课本内容为原则，把重点、难点和有用的知识记录下来。一般来说，有四种常见的笔记记录方法：① 列表法；② 在书上做好评注、补充；③ 概括、列提纲；④ 在书本上用记号笔或荧光笔对重点知识内容做好标记。

（三）提高自身信息处理能力

学习就是一种信息处理的过程，学习在很大程度上取决于信息处理的能力。现代社会的主要标志是社会生活的信息化、数字化，社会发展更多地依赖人类后天获取信息的多少、知识存储的多少，以及处理信息资源的能力大小。只有善于收集、整理、分析和处理信息的人，才能获得事业的成功。

信息处理可视作知识的数字化和编码化过程，其加速了可用知识存量的增长速度和知识流量的流通速度。知识活动的计算机化和网络化是知识革命的又一个特征。当前，计算机和网络技术日益渗入知识活动的全过程，知识的生产、流通和使用频率日益加速。当代

大学生应该跟上知识革命的步伐，努力提高自己的学习技能，随着校园信息化的推进，广大学生首先将面临一个学习界面的转换问题。信息平台的搭建也使校园人的学习逐步从印刷界面向数字界面转移。这样，一个更为迫切的任务摆在校园学子们的面前，那就是要学会对信息进行选择。我们至少可以把握以下三种选择的技能：

(1) 利用搜索引擎等数字化工具帮助选择。

(2) 在海量信息来源中甄别、选择可用可靠的信息学习。

(3) 包括微信、抖音在内的智能化、碎片化学习。

(四) 巧用认知策略，提高学习效率

认知策略可以理解为人的一种高级认知能力，调节着信息加工的认知活动。合理的认知策略能够保证个体更好地理解、记忆和掌握学习内容。

1. 使用精细加工策略

学习不是机械的死记硬背的过程，而是通过自己的认知进行二次加工，让其成为自己知识结构中的一部分，这样的处理过程被称为精细加工。例如：我们在学习英语单词的过程中，如果仅仅是通过强记中英文含义，很容易造成混淆和遗忘，我们一般采用记词根的方式进行归纳组合，或者将句子放入某个情境中进行组合，这些方式都是精细加工。下面介绍三种具体的精细加工策略。

(1) 归纳组合法。在大学课程中不同课程或者相同课程不同章节、知识点往往会存在交叉关联，通过课后复习，将其中的重点内容或者关键定义公式等，进行归纳整理，重新组合构建成自己便于理解的知识结构一部分，这是最常见的精细加工方法。

(2) 类比和比较。这就要求大学生在学习或者归纳过程中，做到“异中求同”或者“同中求异”，在学习过程中，通过类比根据属性或形式上的相同或不同对新旧知识进行关联，加深记忆。

(3) 多疑善问。宋朝学子张载曾说“在可疑而不疑者，不曾学；学则须疑”。大学学习的本质就是不断提出疑问，只有学进去了才能提出高水平的问题，也就能不断进行改进和解决。正所谓“站起身来，没有蚂蚁；俯下身去，蚂蚁遍地”。在多疑后就会自然而然善问，遇到问题先进行思考，通过各种方式(查找资料、咨询同学、请教师长等)最终得到提升。

2. 使用复述策略

复述策略是在工作记忆中为了保持信息，运用内部语言在大脑中重现学习材料或刺激，以便将注意力维持在学习材料之上的学习策略。在学习中，复述是一种主要的记忆手段，许多新信息，如人名、外语单词等，只有经过多次复述后，才能在短时间内记住并长期保持。

复述策略的获得在个体记忆发展中起着至关重要的作用。具体来说，常用的复述方法有：机械重复、意义复述、过度学习、及时复习、睡前复习、清晨复习、分散复习、集中复习、试图回忆、过电影等。

3. 使用角色转换策略

角色转换策略是要求将学生在学习过程中的角色进行变换，力求将被动学习化为主动

学习，提升学习效率的方法，一般分为主动角色转换和被动角色转换。

主动角色转换是指学习者自己主动改变自己在学习过程中的角色定位，例如：将自己定位为一名老师，要求自己对所学知识进行复述，无形中提高了学习效果的要求，将“学会了”的要求提升为“理解了”“掌握了”。

被动角色转换常见的有任务驱动学习、项目化学习和分组合作学习。任务驱动是指将知识点化成一个个形同工作任务的模块，由学生自己在学习中完成每个任务，从而促使学生不断学习进步；项目化学习和分组学习也是大学中常见的学习方式，老师将任务交给某一组同学而不是某一个人，学生在团队中根据自己的定位做好自己负责部分的内容，通过团队督促每个人学习通过合作共同完成任务。

三、做好个人时间管理

在大学中，个人时间较中学时有极大的自由安排空间，学生可根据自身的学习课程、兴趣爱好等进行自由灵活的安排，但越是灵活越是要求做好时间管理，树立良好的时间观念，这不仅有利于提高学习效率，同时也能为进入社会参加工作打下良好的基础。

时间管理有先后顺序之分，即时间管理并不是盲目的，也不是完全相同的。时间管理还要求不断地突破限制，使目标更容易达成。“重要的事情不一定紧急，紧急的事情不一定重要”，分清轻重缓急是做事情的第一步。首先是紧急而重要的事情；其次是重要的但较不紧急的事情；再次是紧急的但不是很重要的事情；最后是做不紧急、不重要的事情。如果没有必要，完全可以放弃做一些事情。这样就可以避免无谓的忙乱和日常事务的积压。

时间管理过程中的“帕瑞托法则”认为，20%的目标具有80%的价值，而剩余的80%的目标只有20%的价值。帕瑞托(Pareto)是意大利的一位经济学家，他的法则就是我们熟悉的8/2原则。一句话，重要的少数和不重要的多数。为了有效地管理时间，应该根据价值来投入时间，把时间投入到有较大意义的目标中去。当琐碎的事情花去大量时间的时候，问题就会找上门来。

时间管理上要做好预算，事情完成过程中难免会碰到很多意料之外的情况，因此，要把事情完成的时间预算留有冗余，否则若时间安排的过于僵硬，就会有被时间牵着走的被动感觉。

案例：

我的记忆去哪儿了

某高校的大一学生小张，进入大学后，立志通过英语四级考试，为此他制定了明确的学习目标，那就是2个月学习完一本单词书，精确到每天学习记忆15页单词，每天学习完还为了加深记忆进行测试，可是他发现，越到后面前面内容忘得就越多，这让他无所适从，不知道如何是好。

案例分析：

其实人的记忆遗忘是个非常正常的过程，德国心理学家艾宾浩斯研究发现，遗忘在学习之后立即开始，而且遗忘的进程并不是均匀的。最初遗忘速度很快，以后逐渐缓慢。他认为“保持和遗忘是时间的函数”，他用无意义音节(由若干音节字母组成、能够读出但无内容意义即不是词的音节)作记忆材料，用节省法计算保持和遗忘的数量。根据他的实验结果绘成描述遗忘进程的曲线，即著名的艾宾浩斯遗忘曲线 (见图 4-2)。

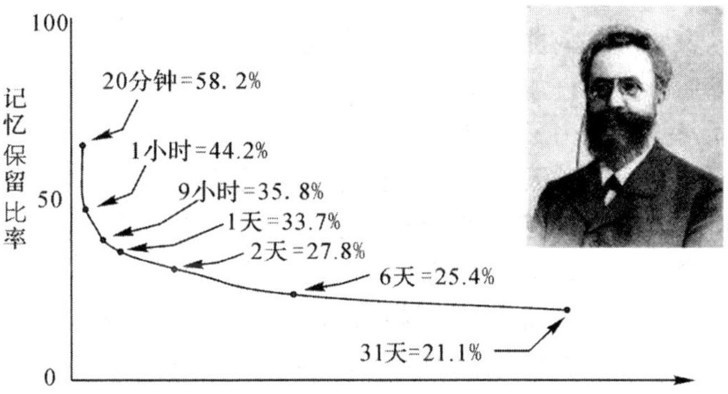

图 4-2　艾宾浩斯遗忘曲线

这条曲线告诉人们在学习中的遗忘是有规律的，遗忘的进程不是均衡的，不是固定的一天丢掉几个，转天又丢几个的，而是在记忆的最初阶段遗忘的速度很快，后来就逐渐减慢了，到了相当长的时候后，几乎就不再遗忘了，这就是遗忘的发展规律，即“先快后慢”的原则。

观察这条遗忘曲线，你会发现，学得的知识在一天后，如不抓紧复习，就只剩下原来的 33.7%。随着时间的推移，遗忘的速度减慢，遗忘的数量也就减少。有人做过一个实验，两组学生学习一段课文，甲组在学习后随机进行复习，乙组按艾宾浩斯记忆规律进行合理复习，一天后保持记忆率 98%，一周后保持 75%，乙组的记忆率明显高于甲组(见图 4-3)。

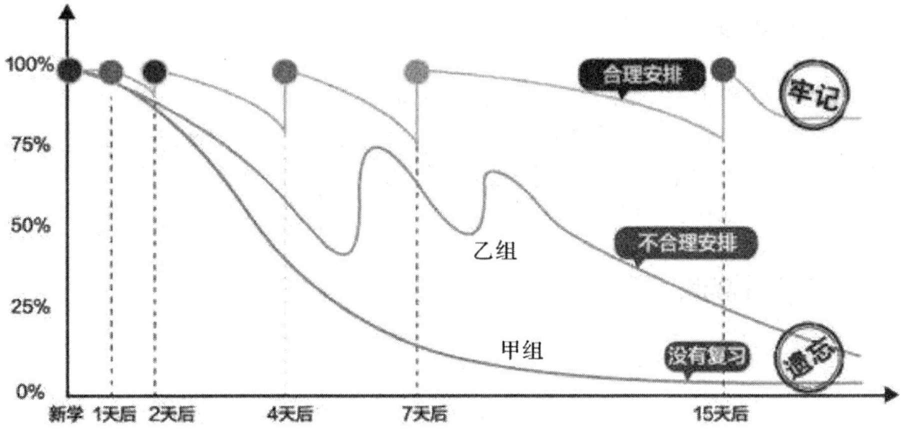

图 4-3　艾宾浩斯记忆曲线

四、科学用脑

我们的生活方式中有许多因素直接或间接干扰脑力的发挥，这些因素有紧张、压抑、不良饮食习惯、营养不良、便秘、神经过敏、网瘾及其他疾病等，加强生理和心理保健，减轻大脑的额外负担，进一步解放大脑，才能使大脑功能处于最佳状态。建议做到以下3点。

（一）遵循科学用脑规律

科学研究表明，大脑神经细胞的工作能力按照一定的时间节奏变化，一般是在开始工作一段时间以后，各器官才能动作和谐，工作和学习能力开始上升，速度也随之加快，工作到一定时间，工作能力又逐渐下降。

心理学研究表明：一天之中，大脑有四个记忆高潮。一是清晨起床后，大脑经过一夜的休息以后特别清醒，没有任何记忆干扰，此时用来学习和记忆一些难以记忆的又必须记住的知识最适合；二是上午八点到十点，这段时间人的精力充沛，大脑具有严谨而又周密的思考能力，所以这段时间都是安排英语、专业课等记忆和理解要求较高的课程；三是晚上六点到八点，这是用脑的最佳时间，应该用来复习反馈全天的功课；四是入睡以前20分钟，可适当回顾当天的学习内容。

（二）交替用脑提高效率

人们的各种学习和活动都是由大脑皮层相应的区域主管，进行这些活动时在大脑皮层相应的区域就有相应的兴奋点，如果兴奋点长时间在这一区域出现，就会使该区域产生疲劳，因此大脑皮层兴奋和抑制过程应该有节奏地进行交替。

首先，使文理科不同内容相互搭配，减少抑制作用的影响；其次要注意休息，适当休息就会使大脑皮层原来兴奋、劳碌工作的相应部分得以平静，消除疲劳。心理学家通过实验证明，在记忆新的事物时候，每记忆30分钟后中间休息5分钟，其效果要好于长时间的连续记忆。

（三）保证脑健康

在紧张的学习过程中，脑力劳动要消耗大量的能量，这就需要充足的优质蛋白质、碳水化合物和维生素等。鸡、鱼、瘦肉、蔬菜、水果等都是提供大脑营养的良好食品，特别是蛋黄和大豆含有丰富的蛋白质，大学生在校学习，还处于成长期，没有父母在身边时，更要有计划地合理安排膳食营养。

五、充分利用学习资源

（一）利用校内学习资源

大学图书馆、实验室、计算机网络以及具有专长的教师等是大学生学习的重要资源。大学生应该充分利用好这些资源。清华大学的学生都有一种同感，认为清华的晚自习对他们今后养成良好的学习习惯起了非常重要的作用，他们难忘在图书馆上晚自习的情景。白天听课、做实验，晚上在图书馆潜心学习，图书馆里万籁俱寂，好像远离尘嚣，在这种地方学习真是一种享受。学会多种版本的学习方法。如果我们常到图书馆去借阅相关的书籍进行学习，几本书互相参考对比，就会很有收获。应当提倡大学生学习每一门课时都能参考两至三本书。

光会从图书馆借书是不够的，还要善于利用其他资料，例如：图书期刊、报纸、文件及其他各种形式的信息，包括缩微品、声像制品等。有一些学术网站是要付费下载的。高校会以学校的名义购买阅览或者下载的权利，经校园网登录学校图书馆网站或者直接在搜索引擎界面都可以免费下载文献资源，一般会显示："欢迎 XX 大学！"另外，如果暑期不在校园内却又想下载文献资源，可以向学校图书馆申请短期的免费下载账号，可供那些不在学校却需要继续学习的学生使用。

另外，要珍惜学校组织的讲座、报告和学术交流，学校能够邀请一些知名人士或者业界大佬来学校做特邀报告或者开展讲座，希望同学们能够珍惜这些前辈传经授业解惑的机会，有时候真的是"听君一席话，胜读十年书"。

(二) 利用社会学习资源

学习资源总体上可分为两类，即媒体资源和人物资源。媒体资源主要有教材、工具书、计算机软件、录音带、光盘等。人物资源主要指我们身边接触的活生生的人。这里，我们主要谈一谈"人物资源"可能带给大学生的无数鲜明而生动的"活"的学习资源。诺贝尔奖金获得者保罗·萨缪尔森(Poul A. Samuelson)精辟地讲道："我可以告诉你们怎样获得诺贝尔奖。诀窍之一，就是要有名师指点。"在社会空间里，大学生可以通过更多样化的渠道获得丰富的知识与信息。

当前 5G 网络的兴起和知识革命的深入，社会学习资源让我们触手可及。很多名师大咖为了加强沟通，打破地理限制，在网络中建社交窗口，通过推送发文、短视频拍摄等方式，分享自己的科研和学习心得，大大降低了社会学习资源的门槛。很多热心的学科技术人员，会针对大学生的专业实际、思想热点、学科前沿、最新学术动态等精心准备视频学习资源。这些学习资源不仅包含着专家们的学术水平、思想，也包含着他们在研究中的经历、经验以及创造性思维等。大学生可以在很短的时间内，将专家毕其一生的思想及研究成果吸取过来。这是促进自己迅速成才的非常重要和高效的途径。

(三) 利用人际关系学习资源

这里所谓的人际关系，不是走后门找关系，而是根据自己学习需要合理利用自身的人际关系，比如，在学习中遇到解决不了的问题时，通过询问身边同学、朋友或者请教老师来解决，这就是最简单的人际关系学习资源。随着我们进入社会参加工作，人际关系逐步复杂，告别了学习时代简单的师生关系，进入工作中就会有师徒关系等存在，通过请教工作中的师傅或者单位专家、行业领军人物，我们的学习可以达到事半功倍的效果。

案例：

世界一流人际关系资源专家哈维·麦凯就是巧妙地利用了人际关系来推销自己，从而找到了一份好工作。哈维·麦凯刚大学毕业就陷入了失业大军之中，原因很简单，当时正处于全国经济萧条时期，工作太难找了。好在哈维·麦凯的父亲是位记者，认识一些政商两界的重要人物。其中有一位叫查理·沃德的先生，是全世界最大的月历卡片制造公司——

布朗·比格罗公司的董事长。四年前，沃德因税务问题而入狱服刑。哈维·麦凯的父亲发现别人控诉沃德逃税的案件有些失实，于是赴监狱采访沃德，写了一些公正的报道，这使沃德非常感激麦凯的父亲。出狱后，沃德对哈维·麦凯的父亲说，假如孩子毕业后想找个好工作，他可以帮忙。

而此时哈维·麦凯跑了很多家企业，但都由于经济不景气，公司裁员而被拒绝。父亲想起查理·沃德先生的承诺，便抱着试试看的想法让哈维·麦凯给沃德的公司打电话。谁知沃德回答得十分干脆。他说："你明天上午 10 点钟直接到我办公室面谈吧！"次日，哈维·麦凯如约而至。他为面试做了充分的准备，谁知招聘却变成了聊天。沃德兴致勃勃地谈到哈维·麦凯的父亲的那一段狱中采访，整个谈话的过程十分轻松愉快。聊了一会儿后，沃德说："我想派你到我们的直属公司工作，就在对街公司。"哈维·麦凯顷刻间有了一份工作，并且拥有最好的薪水和福利。那不仅是一份工作，更是一份事业。

42 年后，哈维·麦凯已成为全美著名的信封公司的老板。在公司工作期间，哈维·麦凯熟悉了经营信封业的流程，懂得了操作模式，学会了推销的技巧，其中最大的收获就是他为自己积累了大量的人际关系资源。这些人际关系成了哈维·麦凯成就事业的关键。哈维·麦凯说："建立人际关系就是一个挖井的过程，付出的是一点点汗水，得到的是源源不断的财富。"沃德，一个曾经身穿囚衣的犯人，都有可能成就一个人的人生和事业。因此，你不要忽视和放弃与周围的每一个人建立良好人际关系的机会。你所认识的每一个人都有可能成为你生命中的贵人，成为你事业中重要的支撑。好的人际关系能够为你创造机遇；不善于经营人际关系的人无法有效地把握迎面走来的机遇，常常会与机遇失之交臂。

(四) 利用技能训练学习资源

在未来的时代，技能变得越来越重要，将成为人们就业和创业的重要资本。教育的一个重要原则是：学校传授给下一代的将不只是知识，更重要的是技能。高等职业教育的一项很重要的特征就是强化实践环节，而且实践环节几乎占到整个课时的一半。如何利用好实习、实训环节，提高专业技能是十分重要的。在技能训练过程中应注意以下 5 个方面。

1. 复习理论知识

现场教学的思维路线是：在课堂中学习的理论知识(前人的经验总结)在实践中进行验证，经过自己的理解和总结，升华为自己所掌握的理论知识。

2. 提倡综合思维

在现场教学过程中，要思想集中、注意观察，印证并深化所学的理论知识，随时做好记录，还应该综合运用各有关学科的知识，分析和思考观察到的现象。同学间还可以自由交换意见，如有问题随时向教师提出。现场教学结束后，最好进行一次讨论，以巩固所获得的知识，强化效果。

3. 注意关键细节

在现场教学全过程中，要根据教学要求分清重点部分和辅助部分，尤其要善于抓住关键性的细节。关键细节往往反映了现象或事物的特点，是现场教学的精华。如果只是看到生产场面和有趣的东西，忽视了关键细节，那么就没有收获。

4. 提高观察能力

在现场教学过程和生产实际中导致一个现象出现的因素很多，要自觉运用感知规律去分析各种因素，抓住主要因素，提高自己的观察能力。

5. 撰写实习报告

撰写实习报告是训练文字表达能力的手段，也是实习过程的总结。应该努力使自己的实习报告成为一篇好的调查报告。

思考与收获

1. 大学生学习的特点有哪些？
2. 简述碎片学习的涵义。
3. 如何进行学习压力释放？
4. 高等院校应如何塑造学生积极向上、开拓进取的学习心态？
5. 大学生在学习中如何做好时间管理应对遗忘？
6. 假如你的同学考试过于紧张焦虑，你能从哪几个方面提供帮助？

心理训练

一、交朋友小组

交朋友小组是一种有利于形成学习气氛的重要方式。这种小组活动使每个参与者都面临一种与人坦诚交流的情境，从而有助于解除各种戒备心理，以便在人与人之间形成一种自由的、直接的和自发的沟通。交朋友小组常与 T 小组、实验室小组、敏感性训练课程等作为同义词。这种方法在培养专业人员、企业管理人员和政府行政人员的过程中已经大量使用，有助于使教育达到较新的目的。

交流的情境和目的要由小组成员来决定。组织者的职能是促进大家自由地表达自己的想法。刚开始时，大家可能会由于不习惯而感到有些别扭。但随后，小组成员自由表达自己内心的想法，相互之间的自发沟通会日趋增多。当个体不再戒备他人时，“伪装”就不再必要了，个体就会揭示迄今为止一直隐藏在自己内心的各种感情和想法，并接受小组其他成员的即时反馈，包括积极的和消极的，这时基本的“遭遇”就发生了，或者说，大家交上朋友了。这种学习氛围会进一步促进每个个体更自由地表达自己。

这是一种给人以深刻印象的个人经验，它会促进人与人之间更直接的交往，大大增加对自我的理解，使个体更真实和更独立，增加对他人的理解和接受的程度。

二、自我评价

找到最近的一些课堂笔记，按表 4-1 列出的标准评价你的课堂笔记。

表 4-1　课堂笔记评价表

观　　点	很清楚	比较清楚	模糊	不清楚
1. 我能读懂我的笔记。				
2. 别人能读懂我的笔记。				
3. 我的笔记是完整的，没有遗漏重要信息。				
4. 我的笔记包括了课堂上的要点。				
5. 我的笔记反映了老师讲授的重点。				
6. 老师讲授的重点清晰易懂。				
7. 笔记只有重点，没有其他多余的信息。				
8. 我不仅理解笔记，还理解其课堂内容。				
9. 仅凭笔记，我能重组 3 个月前的内容。				

分析答案，然后回答：你记课堂笔记的有效性如何？你下次记课堂笔记会有什么改进？通过小组讨论、评价和与他人比较，你认为自己记课堂笔记的技巧怎样？

第五章　做情绪的主人

——情绪的认识与管理

❖ 名人名言 ❖

能控制好自己情绪的人，比能拿下一座城池的将军更伟大。

——拿破仑

❖ 心灵测试 ❖

在开始本章课程学习之前，请完成下面的测试，下面的选项都是一些常见的情绪认知，从中选出自己认同或者不认同的观点，以了解自己情绪管理的状况，也希望在学习完本章节内容后，再回头看一看自己对情绪的认知是否有变化。(A. 认同；B. 不认同)

1. 高兴、愉快是好的情绪，我们应该时时刻刻保持这些情绪状态。(　　)
2. 悲哀、愤怒、焦虑、害怕都不好，大家都不喜欢，最好别表现出来。(　　)
3. 不好的情绪，要么就忍在心里，要么就爆发出来，只有这两个办法。(　　)
4. 情绪是与生俱来的，我天生就是多愁善感的人，这是没法改变的。(　　)
5. 情绪是无法预防的，谁也不知道什么时候情绪就会变化。(　　)
6. 情绪是由外界原因引起的，是我没法控制的。(　　)
7. 出现情绪问题，是性格懦弱或无能的表现。(　　)
8. 心情不好，是情绪出现的问题，和身体没有关系，所以不需要药物治疗。(　　)

在我们的生命中，情绪每天伴随于我们的左右，就像陪伴我们一生的朋友。恰当地管理我们的情绪，可以为我们的生活添姿加彩，相反，如果放任情绪泛滥，可能会使之成为我们的负担，甚至侵蚀和威胁我们的生命。因此，我们要学会理解情绪价值，科学认识情绪；清点负面情绪，与痛苦和平共处；学会处理情绪的五颜六色，享受生活的酸甜苦辣，做自己情绪的主人。

第一节　情绪概述及价值

一、情绪的含义与状态

情绪，是对一系列主观认知经验的通称，是人对客观事物的态度体验以及相应的行为反应。一般认为，情绪是以个体愿望和需要为中介的一种心理活动，愿望和需要是情绪产生的基础和源泉。通常情况下，如果需要得到了满足，人们就会相应产生愉快、欢乐等积极情绪，引起他们肯定性的情绪体验。相反，当人的需要得不到满足时，就会使人产生背向于这些事物的态度，从而产生烦恼、忧伤等消极情绪。按照情绪发生的强度和持续时间的长短，可将人的情绪划分为心境、激情、应激等情绪状态。

(一) 心境

心境是一种比较微弱而持久的情绪状态。这种情绪爆发的程度微弱，带有弥散性，当一个人处于某种心境时，会同时使周围的事物都染上同样的情绪色彩。积极的心境使人振奋乐观、朝气蓬勃；消极的心境使人颓丧悲观。高兴时觉得花欢草笑、青山点头；悲伤时觉得心灰意冷、悲观绝望。

案例：

在美国一个市场里，有个中国妇人的摊位生意特别好，引起其他摊贩的嫉妒，大家常有意无意地把垃圾扫到她的店门口。这个中国妇人只是宽厚的笑笑，不予计较，反而把垃圾都清扫到自己的角落。旁边卖菜的墨西哥妇人观察了她好几天，忍不住问道："大家都把垃圾扫到你这里来，你为什么不生气？"中国妇人笑着说："在我们国家，过年的时候，都会把垃圾往家里扫，垃圾越多就代表会赚越多的钱。现在每天都有人送钱到我这里，我怎么舍得拒绝呢？你看我的生意不是越来越好吗？"从此以后，那些垃圾就不再出现了，而中国妇人的生意也因为她良好的心境而越来越好。

这个中国妇人化诅咒为祝福的心境确实令人惊叹，然而更令人敬佩的却是她那与人为善的宽容的美德。她用宽宏的心境包容了别人，也为自己创造了一个融洽的人际环境。俗话说："心宽一寸，受益三分。"自然她的生意也越做越好。请大家试想如果她不采取这种方式，而是针锋相对，又会怎样呢？结果可想而知。

(二) 激情

激情是一种持续时间短、表现剧烈，失去自我控制力的情绪状态，其特点是短暂性和爆发性。积极激情能激发人积极向上；消极激情往往会导致认识活动的范畴缩小，理智分析能力受抑制，自我控制能力减弱，就会做出一些破坏性的事情。

案例：

2006年6月26日，在第18届世界杯足球赛八分之一决赛意大利对澳大利亚的比赛中，当比赛进入伤停补时的最后时刻，意大利左后卫格罗索突入澳大利亚队禁区助攻，被澳大利亚后卫绊倒，此时，裁判给意大利队一个点球。这时候意大利超级粉丝黄健翔的激情解说至今让众多足球迷津津乐道。

“点球！点球！点球！格罗索立功了，格罗索立功了！不要给澳大利亚人任何机会……伟大的意大利的左后卫！他继承了意大利的光荣的传统。法切蒂、卡布里尼、马尔蒂尼在这一刻灵魂附体！格罗索他一个人代表了意大利足球悠久的历史和传统，但在这一刻他不是一个人在战斗，他不是一个人……托蒂！托蒂面对的不只是这个点球，他面对的是全世界意大利球迷的目光和期待。施瓦泽曾经在世界杯预选赛的附加赛中扑出过两个点球，托蒂肯定深知这一点，他还能够微笑着面对面前的这个人吗？10秒钟以后他会是怎样的表情……球进啦！比赛结束了！意大利队获得了胜利，淘汰了澳大利亚队。他们没有再一次倒在希丁克的球队面前，伟大的意大利！伟大的意大利的左后卫！马尔蒂尼今天生日快乐！意大利万岁！这个点球是一个理论上的绝杀。意大利队进入了八强！胜利属于意大利，属于格罗索，属于卡纳瓦罗，属于赞布罗塔，属于布冯，属于马尔蒂尼，属于所有热爱意大利足球的人……”

众所周知，黄健翔是意大利的铁杆球迷。当他看到自己钟爱的球队经过艰苦鏖战，有了胜利的曙光时，已经忘却自己是个应当秉持中立的评论员，内心的焦躁与激情瞬间爆发，说出了引人关注的解说绝唱。

(三) 应激

应激是指一种出乎意料的紧迫情况所引起的急速而高度紧张的情绪状态。表现为积极和消极两种状态：积极状态时，头脑清醒、思维敏捷、动作准确，能做出平时不能做出的动作，从而化险为夷、转危为安，及时摆脱困境；消极状态时，遇事容易目瞪口呆、惊慌失措、语无伦次，出现不必要的动作。

案例：

某高校大三学生陈某走进心理健康咨询室，向老师进行咨询，表示根本控制不了自己的情绪。

刚进校时，陈某情绪特别高昂，积极结交朋友，参加班级和学校的各种活动，还喜欢和宿舍同学聊天，一起出去玩。但没过多久，一次参加学生会竞选，因为没有充分准备，公开演讲时表现很差，结果落选了。陈某认为加入学生会是锻炼自己的最好机会，结果失去了，心情一下就低落了许多，很长时间都恢复不过来。

现在陈某发现自己的情绪波动太大，情绪不好时，宿舍同学和自己说话自己也不理睬人家；情绪好时，又主动找人家说话，同学们都反映他怪怪的。学习上也是如此，情绪不好的时候，一点书都看不下去，但周围同学都很刻苦，他也只能硬着头皮去上自习，可一点效果都没有。上学期考试成绩还不错，都是他在情绪好的时候抓紧补起来的。

陈某现在实际上是情绪不好的时候多。上次竞选失利后，他发现自己在各方面都比别人差，譬如学习上，别人一道题很快就会做了，而他则要花费很长时间。

情绪表现得强烈和不稳定，是处在青春发育期的少男少女普遍存在的现象，这并非有“病”，而是青春期的心理特点之一。处在这一时期的青少年身心方面都面临着诸多挑战：

一是生理上的发育急剧，特别是性方面的发育和成熟，使他们积蓄了大量的能量，容易兴奋和冲动。

二是学习任务重，还要承受激烈的学习竞争，心理压力普遍较大。

三是随着年龄的增长，他们渴望有更多的社会接触，人际交往也逐渐增多，面临着越来越复杂的问题需要处理。但由于心理还不够成熟，自我调节能力较弱，因此，在处理复杂问题时候容易出现冲突和力不从心。

虽然情绪不稳定是青春期的心理特点，但情绪波动也会导致一系列的负面影响，不仅妨碍学习，也不利于个人的人际交往。所以，学会调节自我情绪对于大学生尤为重要。

(四) 心理自测：你的情绪稳定吗?

请你对下列题目做出“是”或“否”的回答。

(1) 尽管发生了不快，仍能毫不在乎地思考别的事情。

(2) 不计较小事，经常保持坦率、诚恳的态度。

(3) 习惯于把担心的事情写在纸上，并进行整理。

(4) 在做事情时，往往会设定有可能实现的具体目标。

(5) 失败时仔细思考，反省原因，但不会愁眉不展，整天闷闷不乐。

(6) 能够悠闲自乐。

(7) 常常倾听众人的意见。

(8) 做事有计划地积极进行，遇挫折也不气馁。

(9) 无路可走时，能够改变生活方式和节奏，以适应生活。

(10) 在学业上，尽管别人比自己强，但仍保持“走自己的路”的信条。

(11) 对自己的进步，哪怕只是一点点，都会高兴地表示。

(12) 乐于一点一滴地积聚有益的东西。

(13) 很少感情用事。

(14) 尽管很想做某一件事，但自己估量不可能时也会打消念头。

(15) 往往理智、周密地思考和判断，不拘泥于细枝末节。

测试结果(每题选择“是”计 1 分，选择“否”不计分，然后将各题得分相加，算出总分)：

0～6 分：你的情绪不是很稳定，经常患得患失，不能很好地生活；常常拘泥于一些小事情，无论做什么事情都过分认真；总是忙忙碌碌，耗费心机；难于做出重大决策，一丝不苟反而使自己感觉迟钝。

7～9 分：情绪较为稳定，即使在很恶劣的环境下仍能坚定信念，能从消极情绪中摆脱出来。很少与人争吵，爱情生活十分愉快、轻松。即使偶尔陷入情感纠纷，也能不自觉地处理好。

10～15 分：你的情绪很稳定，多数情况下擅长处理各种事情，不拘泥于细枝末节，能积极大胆地处理一些事情，在各种困难面前毫不动摇。

(此测试只是用于粗略地了解自己，不用于正式的心理诊断，如有疑问请咨询专业人员)

从以上测试结果可初步判定自己的情绪是否稳定。如果你是或具备冲动型情绪倾向，那么你有时会不自觉地忽视他人的情感体验，相对难以控制自己的情绪，情绪的变化容易受制于他人或客观环境，特别是遇到问题或挫折时，对自己情绪的掌控能力较差，往往不能约束自己的行为，不能正确地评价自己行为的意义及后果。这样可能会影响你对事物的一些客观判断，妨碍你尽快寻求到解决问题的办法。因此，不妨有意去学会一些调控自身消极和不良情绪的好办法，为自己的行动增加一些理智的成分，管理好自己的情绪。

二、情绪活动的特点

要想管理好自己的情绪，首先要了解情绪的特点，这样才能利用情绪本身的规律性来调控并管理好情绪。情绪的特点归纳主要包括以下 4 个方面。

(一) 情绪具有非理性

情绪具有非理性的特点，情绪的非理性是指情绪不能完全受理智控制的情况。情绪的非理性首先表现为情绪的不可控性。试想一部让你流泪的电影，从理智上，你清楚它的情节是虚构的，你告诉自己不必为一个虚构的故事动感情，但你依然会从心里感到悲伤，这种悲伤是不受理智支配的。我们在日常生活中常常会“情不自禁”。

由于情绪对理性具有伤害性，所以当我们处于某种激情状态，尤其是负面情绪的时候，最好不要作太重要的决定，比如谈判、辞职、分手打架、伤人报复等，因为这个时候的决定往往是不明智的，带有当时的情绪特点。

另外，某种情绪产生后，理智也不能将其直接消除。例如：在重要演讲时感到紧张，告诉自己“不要紧张”，我们还是会紧张。如果非要让自己控制不可避免要产生的情绪，只能是表情上的掩饰或内心的压抑。也许你会问：“不对啊，情绪若不受理智支配，那我们是否就可以任由它失控呢？”其实需要控制的不是情绪，而是情绪的表达。另外，理性在一定程度上能控制我们产生什么样的情绪。

(二) 情绪具有两极性

情绪可分为正性情绪和负性情绪，即情绪的两极性。给我们带来愉快体验的情绪叫正性情绪，又叫积极情绪，诸如高兴、喜欢、欣慰等；给我们带来痛苦体验的情绪叫负性情绪，又叫消极情绪，如愤怒、悲痛、羞愧等。

情绪的正负性通常和需要是否满足有关。一般来说，当一个人的需求得到满足时，他体验到正性情绪；反之则为负性情绪。由于人的需要是多层次多方面的，需要之间还可能有相互矛盾，而实现和满足这些需要会受到各种条件的限制，因此，我们会体验到情绪的波动。

(三) 情绪具有转移性

不管是积极情绪还是消极情绪，都会在人际中蔓延。比如一位男士，在单位受了领导的批评，他觉得很委屈，可是不能向领导发脾气，回到家里，可能会把气撒在孩子、妻子、宠物身上，弄得家里鸡飞狗跳，不得安宁。情绪具有转移性，因此要明白，成人生气，并不一定是因为孩子犯了错，可能只是因为他们自己不高兴；周围的人生气了，也不一定是我们的错，而是他们自己的问题，没有必要小心翼翼，心怀愧疚。

事实上，当高兴的时候，也比较容易让别人高兴起来，答应别人的要求、满足自己的欲望等。而我们痛苦的时候，也容易挑剔别人、伤害别人，让别人不开心。因此，向别人提要求的时候，就应该挑对方心情比较好的时候。受伤害时、应想到“伤害别人的人都是不幸的”，他们没有能力处理好自己的情绪问题。

到了大学阶段，情绪体验比以前更丰富、更深刻、多变，相对不稳定，心理学家称为“狂风暴雨”期。尽管我们对自己的情绪已有了一定的控制能力，但对事物非常敏感。情绪带有明显的两极化特征：胜利时得意忘形，挫折时垂头丧气；喜欢时花草皆笑，悲伤时草木流泪。加之年轻气盛和从众心理，许多情况下，其情绪易被激发犹如急风暴雨不计后果，带有很大的冲动性，极易产生破坏性的行为和后果。

(四) 情绪具有过程性

情绪的过程性是指任何情绪都有其发生、发展、高潮、下降和结束的过程。我们不可能为一件事高兴一辈子，同样也不可能痛苦一辈子。只要我们不重复给其能量，不让其形成恶性循环，这些情绪都会被时间冲淡，因此当你处于某种负性情绪状态中并为之深感痛苦时，要相信这种情绪是会过去的，时间可以帮你平复。

任何情绪都有产生、发展、高潮、消退和结束的过程。这个是不以主观意志为转移的。当处于某种不良的情绪状态的时候，认知思维、行动都会受到影响。这时，不要和这种状态过不去，要学会和它们相处，这种状态会随着时间的推移而慢慢缓解。比如：面对一些经历伤痛的人，比较好的做法，不是劝他们想开点，而是给他们一段时间去体验哀伤，时间是治疗伤痛的良药，这就是情绪的过程性。考试焦虑的时候，告诉自己不能紧张，要放松，但往往会更紧张，如果你告诉自己：“我紧张是很正常的，因为这次考试对我很重要，我该干什么，还是要干什么。”慢慢地你会接纳自己的紧张情绪，学习效率会慢慢恢复。

三、情绪活动的价值

(一) 情绪可以影响我们的活动能力

情绪对人的行为活动具有增力或阻力的效能。积极情绪比如：开心、快乐、自信等会提高人的活动能力，积极推动人的行为，产生强烈的动力作用。比如：我们在开心地从事自己所喜欢的体育活动时，往往会忘记疲惫、伤痛，而且时间也会觉得过得飞快，就是因为积极情绪让我们全身心的投入到了活动当中，这种积极的影响让我们活动能力得到极大的提升。

消极情绪比如：恐惧、自卑、难受等会阻碍人的活动能力，使人萎靡不振、心灰意冷，降低人们活动的积极性。比如我们被迫责罚从事某项自己不感兴趣的工作时，内心会非常抵触，以至于出现效率低下行动迟缓等现象，更有甚者会出现痛苦难受的不适。

(二) 情绪可以影响我们的记忆力

1981年2月，美国斯坦福大学心理学家G·波卫尔在《美国心理学家》杂志上介绍了他的一项研究成果。波卫尔发现：记忆力与人的情绪状态密切相关。人们要从记忆深处回忆某一事物，常常取决于回忆者的心情是否与这一事物发生时的心情相一致。举个例子：如果你的发小开心地带你回到小学校园，你的反应应该是马上能回忆起和发小小时候在校园内愉快玩耍的场景。但如果这个时候换一个曾经欺负过或者与你产生过争执的小学同学，那你第一反应估计就会是你们爆发冲突的场景了。

另外你会发现这样一个现象：曾经经历过的普通的一天记忆相当模糊，而你记忆中那些伤心地、激动地、开心地场景，却能让你永生难忘历历在目，因为那些事情场景往往混杂着我们激动、紧张等各种各样的情绪，事实上，在我们的记忆中留下痕迹的，一般都是带有强烈的情绪体验实践。

(三) 情绪可以感染其他人

心理学家研究表明，在生活当中，人们的情绪可以传染，也就是说，在人际关系中，大部分的人在看到别人表达情感时，往往会激发自己产生出与别人相同的情感，虽然很多的时候，我们并不能意识到这一点，但它确确实实存在。

在日常生活中，一个人的情绪能引起另外一个人完全一致且相当强度的情绪，这被称为情绪共鸣，其实这也是最典型、最突出的移情现象。

一位美国的士兵曾经这样回忆一件发生在越南战争初期的事情，他说，当时在一处稻田与越军激战，忽然来了六个和尚，他们丝毫不理会当时的枪击和危险的形势，排成一排走过田埂，越过战场，他们是如此镇定，好像外界什么都没有发生似的。当时都看呆了，不知道怎么回事，大家不约而同地停止了射击，都安静下来，忽然没有了继续打下去的情绪，美国士兵怀疑很多人都是这样想的，包括对手，因为就这么个事，双方竟然莫名其妙地休战一天。

情绪是可以互相传染的，而且情绪的传染往往是从那些情绪强的一方传递到比较弱的那一方，如果那群和尚没有强烈的镇静、积极的正面情绪，他们会被那些愤怒的交战情绪吓到而不是震慑到他们。其实很多影响别人的人都是那些具有强烈情绪传染力的人。

(四) 情绪可以影响我们的认知

良好的情绪会提高大脑活动的效率，提高认知操作的速度与质量；相反，不良情绪对人的认知活动功能具有瓦解作用。一些消极情绪，如恐惧、悲哀、愤怒等会干扰或抑制认知功能。上一章节所提到的考试焦虑就是一个典型例子，考试压力过大，反倒发挥不出正常水平。一般来说，中等程度的紧张是考试的最佳情绪状态，过分松弛或极度紧张都会瓦解考生的认知功能，不利于考生正常水平的发挥。

《武林外传》中有一个角色叫作郭芙蓉，她脾气特别暴躁，经常会因为冲动做出让自己后悔的事。为了帮助她改掉这个毛病，吕秀才就交给了她一个口诀，让她每次生气的时候先在心里默念一遍，然后再去做决定。这个口诀，大家可能听过："世界如此美妙，我却如此暴躁。"确实，每次念这个口诀，郭女侠就会感觉神清气爽，脾气变得好多了。其实这就告诉我们情绪失控的时候会严重影响我们的认知。

(五) 情绪可以影响身心健康

情绪对一个人的身心健康有增进或损害的作用。良好的情绪状态能使中枢神经活动处于最佳状态，保证体内各个系统活动的协调一致，充分发挥机体的潜能，使机体的免疫系统和体内化学物质处于平衡状态，增强对疾病的抵抗力，提高脑力劳动和体力劳动的效率，也有利于保持身心健康；不良情绪状态的持续存在会使人惶惶不可终日，其结果必然降低人体抵抗力和其他引发疾病因素的能力，对人的身心健康造成损害。情绪对身体健康的影响主要有：

(1) 情绪影响机体的免疫力。现代医学认为，良好的情绪可使机体生理机能处于最佳状态，使免疫抗病系统发挥最大效应，抗拒疾病的袭击。许多医学家认为，躯体本身就是良医，85%的疾病可以自我控制。因此，有的心理学家把情绪称为"生命的指挥棒""健康的寒暑表"。

(2) 情绪可以治疗或导致疾病。心理学家研究发现：人在激动时皮肤会潮红发热，在紧张或愤怒时皮肤会苍白冰冷。人的情绪如果发生剧变，还可导致皮肤过敏，甚至会因此而影响到毛发。同时愉快喜悦等正确情绪还可以使得伤口加快愈合，促进疾病痊愈。

(3) 情绪可以改变内分泌和神经系统功能，影响精神健康。经常紧张忙碌、不顺心会使人体出现失眠、脱发、甚至神经衰弱等系统失调的症状。如果受到强烈、突然或持久的精神打击会引起精神障碍。

用一句古语总结情绪对身心健康的作用："怒则气上，喜则气缓，悲则气消，恐则气下，惊则气乱，劳则气耗，思则气结。"情绪对健康的影响很大。

第二节　大学生的情绪特点及常见困扰

大学生初入大学校园，从原有的成长环境、家人身边到一个全新的环境中，独立开展学习生活，这过程中往往不是一帆风顺的，而这其中大学生的情绪变化也是丰富而复杂的，具有鲜明的冲动性、复杂性、爆发性、波动性等特点，如不能做好自我情绪管理，那就会带来一系列不好的影响，给自己和家人朋友造成困扰。

一、大学生的情绪特点

(一) 冲动性与复杂性

大学生有着丰富、强烈而又复杂的感情世界，情绪体验快而强烈，喜怒哀乐常常一触即发，表现出热情奔放的冲动性特点。心理学家常用"急风暴雨"来比喻这种激情性的情绪特征。这种冲动性的情绪尤其在群体中往往会变得更激烈。大学的学生有较强的群体认同感，喜欢模仿，易受暗示，容易受当时情境气氛的感染、鼓动，容易表现出比单个人时更大胆的举止。因为群体可以增强一个人的力量感，同时在群体中个人可以减少其相应的责任。

大学生的情绪冲动性是有其生理和心理基础的。由于性成熟、性激素分泌的旺盛会通过反馈影响下丘脑的兴奋性，而大脑皮层的调节作用一时还不能适应这种情况。因此在皮层和皮层之间出现了不平衡状态。心理发展的相对缓慢，心理调节机制的不完善，缺乏对外界变化的弹性和应变能力，缺乏对心理活动调节和支配的意志和能力，使得我们大学里面的学生生理和心理的发展出现了在某种程度的不平衡，从而影响了情绪的表现，使得情绪变得容易冲动。

(二) 敏感性与爆发性

大学生正逐渐走向社会、走向独立自主，对新事物也有很强的好奇心和求知欲，对外部事物不仅有很强的接受能力，而且也特别地敏感。大学生会因很小的事情而引起情绪变化，对外部刺激的反应比较敏锐，使得情绪变换比较频繁，也就是对情绪反应比较敏感。另外，社会上的新鲜事物层出不穷，而大学生对这些新出的新鲜事物又特别感兴趣，这就很容易触动大学生敏感的神经，使得大学生的情绪变化随着这些敏感事物的出现而变得相当敏感。

大学生的情绪因为敏感性的原因，容易受外界影响，但又因为年轻很多时候没办法很好的排解和控制自己的情绪，积攒到最后就容易爆发，一旦情绪爆发，自己就难以控制，甚至表现为一定的盲目狂热和冲动。在处理同学关系、师生关系的矛盾时，在对待学业生活中的挫折时，常常易走极端，给自己及他人带来伤害。

(三) 起伏性与两极性

大学生思维活跃、富于激情、好动、喜欢刺激，在日常生活中追求活力，一旦得到满足，他们就很容易激动、欢天喜地，而一旦得不到满足又很容易感到失落、孤独，这就导致他们的情绪落差比较大，情绪起伏不定。另一方面，大学生追求事业上的成功却没有明确的方向和途径，追求爱情上的完美却可能事与愿违，追求生活的充实和前进的动力却又不知道如何去做，面对这样矛盾的事实，很多大学生在情绪上就会表现的时而高涨，时而低沉，情绪表现具有明显的起伏性。

大学生的情绪年龄正处于未成年人与成年人的转变阶段，在情绪状态上反映着两种情绪并存的特点。一方面，相对于中学阶段，大学生的情绪趋于稳定和成熟；另一方面，与成年人相比，大学生的情绪带有明显的起伏波动性，容易从一个极端走向另一个极端。情绪有时会表现为大起大落，大喜大怒的两极性。

(四) 内隐性与掩饰性

大学阶段是大学生在生理和心理都走向完全成熟的阶段，因此在这一阶段大学生将会遇到很多这样或那样的问题，比如：学习、工作、爱情等方面的问题，也正因此大学生的情绪变化不仅变得激烈而敏感，而且还会隐藏自己的情绪，不太愿意和别人完全袒露自己的心胸，有一些烦恼就算闷在心里也不愿与他人分担。再加上现在的大学生太过于热衷上网，使得自己与他人的接触和交流变得稀少，能够彻底谈心的朋友更是稀少，这就使得大学生很容易产生情绪上的压抑，进而隐藏自己的情绪。

大学生的情绪表现，虽然有时也会喜形于色，但已经不像青少年时期那样坦率直露，不少大学生常会将自己的情绪隐藏和掩饰，体现为外在表现与内在体验的不一致。这也无形中给大学生的同学之间的相互交流带来障碍，使一些学生出现孤独和苦闷的情感困惑。

二、大学生健康情绪的标准

健康的情绪是健全人格的必要条件之一。对于大学生而言，健康情绪是大学生活、学习稳定开展的前提要求，一个大学生的情绪目的适当，反应适度，有良好的情绪自我控制能力，符合社会要求，就具备了健康情绪，也具备了开展学习进入社会的准备。美国哈佛大学心理学家丹尼尔•戈尔曼(Daniel Goleman)认为一个情绪健康的人应该具有以下 5 种能力。

(1) 自我觉察能力；能够察觉、认识并承认自己出现了某种情绪，即使有情绪上的麻烦，也不推脱。自我察觉是情绪智商的核心，没有能力认识自身的真实情绪就只好任凭情绪的摆布；对自我情绪有更大的把握性才能更好地知道自己的人生，准确地决策。

(2) 情绪控制能力；情绪管理必须建立在自我察觉的基础上。当意识到自己感觉到不安、恐惧、焦虑时，能控制这些情绪，通过自我安慰和运动放松等途径，使情绪适时、适度地表达。驾驭情感能力高的人可以从人生挫折和失败中迅速跳出，重整旗鼓，迎头赶上。

(3) 自我激励能力；无论是集中注意力，发挥创造力还是完成某事，将情绪专注某个目标是非常必要的。任何方面的成功都必须具有情绪的自我控制，延迟满足，控制冲动，统揽全局。能够自我激励，保持高度热情地投入，才能保证取得杰出的成就。

(4) 认知他人的能力；即同理心，是在情感的自我知觉的基础上发展起来的又一种能力。拥有这种能力的人可以通过细微的信息敏锐地感受到他人的需要与欲望，能想他人之想，既能设身处地去理解他人，又能客观地理解分析他人的情感。

(5) 人际关系管理的能力；领导和影响他人的能力，即管理他人情绪的艺术。个体的受欢迎程度、领导权威、人际互动效能都与这项能力有关，掌握这项能力的人通常是社会上的佼佼者。

我们可以通过Avillo情绪与情感形容词量表(见表5-1)来简单测试自己的情绪情感是否积极向上。

表 5-1　Avillo 情绪与情感形容词量表

	1 2 3 4 5 6 7	
变化的		稳定的
举棋不定的		自信的
沮丧的		高兴的
孤立的		合群的
混乱的		有条理的
漠不关心的		关切的

续表

	1　2　3　4　5　6　7	
冷淡的		热情的
被动地		主动地
冷漠的		感兴趣的
孤僻的		友好的
不适的		舒适的
神经质的		冷静的
使用指南：根据自己的实际和第一反应，最贴近左边的选 1，根据强弱选择 1～7，最后统计总分，在 84 分以上，提示情绪情感积极，否则，提示情绪情感消极。		

情绪消极不等于情绪不健康，总的来说，如果我们的情绪健康，那么整个情绪的基调应该是积极的、乐观的、愉快的；能够接纳自己与他人的情绪，不管是积极的还是消极的；能够通过适当的方式表达自己的情绪；能够较好的把握与调节自己的负面情绪；能够适时地、适度地对他人的情绪做出反应，而且情绪反应应该与周围环境相协调相适应。

三、大学生情绪常见困扰

大学生自我期望高、学习任务重、就业压力大、自我调节弱等诸多原因，造成他们的情感体验更加深刻，因而往往容易产生各种不适和困扰，如果这种情绪困扰不能及时排解和转移，那么就很容易影响我们的学习、生活和社交，就需要我们引起重视了。

大学生情绪常见困扰主要有：抑郁、焦虑、愤怒、嫉妒、自卑等。

(一) 抑郁

1. 定义

抑郁是大学生中常见的情绪问题，是种感到无力应付外界压力而产生的消极情绪。从认知上讲，抑郁的人对自己、对世界、对未来、持有一种远比现实状况更糟糕的评价。一个各方面都不错的大学生，抑郁时可能会觉得自己是最差劲的，自己的人生简直是一事无成，而任何一个旁观者都知道事实显然并非如此。

2. 表现

情绪抑郁的大学生主要表现为：情绪低落、思维迟缓、郁郁寡欢、闷头不乐、兴趣丧失、缺少活力，干什么都打不起精神；不愿参加社交，故意回避熟人，对生活缺乏信心，体验不到生活的快乐；伴有食欲减退、失眠等。长期的抑郁会使人的身心受到严重损害，使大学生无法有效地学习和生活。性格内向孤僻、多疑多虑、不爱交际、生活中遭遇意外的挫折，长期努力得不到报偿的人更容易陷入抑郁状态。

身陷抑郁情绪中的人，往往无精打采，认为生活中没有什么值得高兴的事情，饭菜不好吃，活动不好玩，甚至连笑话都不好笑。他们感觉未来是没有出路的。他们的言谈中流露出一种深深的无助和无望感。严重抑郁时有自杀的念头和举动。

抑郁症状不单指各种感觉，还指情绪、认知与行为特征。抑郁最明显的症状是压抑的心情，表现为仿佛掉入了一个无底洞或黑洞之中，正被淹没或窒息。其他感觉包括容易发火，感到愤怒或负罪感。抑郁常常伴随着焦虑，对所有活动失去信心兴趣，渴望一个人独居。抑郁也伴随着个体思维方式的转变，这些认知改变可以是一般性的，比如：注意力不集中、记忆力衰退或者很难做出决定。在思考中可能有更多的心境转变，消极地看待世界、自我和未来。因此，抑郁的人很难回忆起美好的记忆，不适当地责备自己，认为他人更消极地看待自己，对未来感到悲观。与此同时，还伴随身体症状，如：常常乏力，起床变得困难，更严重时睡眠方式都将改变，睡得太多或者早晨醒得太早，并且不能再次入睡。也可能出现饮食紊乱，吃得过多或过少，随之而来的体重激增或剧减。抑郁是一种持续时间较长的低落、消沉的情绪体验，它常常与苦闷、不满、烦恼、困惑等情绪交织在一起。

3. 原因

大学生产生抑郁情绪的原因比较复杂，外部原因有失恋、考试失败、生病、亲人亡故、家庭变故、生活里出现重大事故等；内部原因有心中一些固有的、潜在的消极自我观念，觉得自己无能、没有价值、不招人喜欢等，

需要强调的是，抑郁情绪并不等于抑郁症。之所以特别强调，是因为现在的媒体大力宣传抑郁症的知识，有时反而给人一种错觉，以为抑郁症无处不在，造成了一种谈“郁”色变的恐慌，稍有消沉就疑神疑鬼，反而无助于正常生活的维持。其实抑郁症作为心理疾病的一种，有严格的诊断标准，并非完全如我们的想象。大学生抑郁情绪比较常见，并且具有多种形式，大多数属于一般的情绪反应，有些属于心理障碍的范畴，极少数属于严重精神疾病范畴。总之切记，抑郁不等于抑郁症，任何人都会有情绪低落的时候，大可不必把抑郁与“抗抑郁药”“自杀”等联系到一起。

虽然抑郁不等于抑郁症，但抑郁也不是愉快的情绪体验，并且有进一步损害身心健康的可能性。抑郁时会对各种活动失去兴趣，生活没有动力，学习和工作效率可能严重受损，所以当我们感觉心情低落时，要特别注意及时调整自己。可以通过与亲朋好友交流或写日记等方式主动宣泄不良的情绪，积极参加活动，寻找一些开心的事。当我们发现周围同学心情低落时，应该主动接近并关心他们，为他们提供一定的社会支持，让他们感到有人关心，并积极倾听，帮助他们宣泄痛苦。另外，如果感觉有人有自杀的可能，要及时向老师或心理健康中心报告。

案例：

“我总觉得自己压力很大，干什么事情都没有精神，大多数时候我是一个人行动，上课、自习、吃饭，总是一个人，我们宿舍六个人，三五成群，不巧就我是一个人，我觉得生活、学习、人际交往一团糟，对什么都没有信心，也许这就是我情绪不稳定，对什么都没兴趣的原因吧。我觉得我对不起很多人，对不起所有对我有期望的人，父母、同学、师长，包括我自己。”

这是一例以抑郁为主要特征的情绪问题，具体表现为：情绪不稳定，负面体验较多，难以控制自己的情绪，兴趣减退、消极的自我观念、自责感等。其实当事人已经注意到自身受负面情绪影响，只要尽早进行干预和调整，就能够得以解决。

美国心理学家贝克(Beck)在 20 世纪 60 年代创立了著名的心理治疗法——认知疗法。认知疗法当时主要是治疗抑郁症，他认为抑郁症的主要认知模式是信念的绝对化。

信念的绝对化是一种非此即彼、黑白分明、两极化的思维认知模式，这种过分简单化的认知模式导致对事情的绝对化的结论。不十全十美即无价值。对自己、对他人、对环境要求十全十美，不给自己和他人犯错误留有余地。如果事情不像他希望那样完美，他们就会退缩，等待遭受拒绝、羞辱。如果他们没有遭受拒绝、羞辱，他们就认为拒绝、羞辱会在以后出现，或者相信由于他们的错误，别人会轻视他们。这样，他们把所有可能的坏结果都想出来，由此而产生无用感、过分罪责感、对未来无望、自杀思维等。在情感上悲哀、内疚、暴躁等。在行为上退缩，生理上失眠或嗜睡、疲劳、注意力无法集中等。

认知疗法的一个主要任务就是要改变人们认知的绝对化，使人看到两极化中间的灰色地带。

在一个竞争的社会里，一个人的成功就是另一个人的失败。无论是学校还是家庭都容易用要么成功，要么失败的绝对化标准要求学生或者子女。一旦接受了绝对化标准，自我结构也就很死板，没有一点点弹性，一遇挫折就没有回旋的余地，容易走极端。

近年来媒体多次报道大学生自杀的新闻，人们无法理解他们的行为，因为按常理他们没有自杀的理由。抑郁的程度越深，就越低估自己曾经取得的成绩，因而就越看不起自己，以至走向绝路，为方便同学们了解自身情况，这里给大家推荐一个测试抑郁的自评抑郁量表(SDS)(见表 5-2)。

表 5-2　自评抑郁量表(SDS)

下面有 20 句话，请仔细阅读每一条，弄明白意思，然后根据你最近一星期的实际感觉进行评分，认为自己：①“没有或者极少有”计 1 分；②“有时有”计 2 分；③“大部分时间有”计 3 分；④“绝大部分或者全部时间有”计 4 分。(带*的为反向评分题)

序号	内　容	偶有	有时	时常	持续	评分
1	我感到闷闷不乐、情绪低沉。	1	2	3	4	
*2	我觉得一天之中早晨最好。	4	3	2	1	
3	我一阵阵哭出来或想哭。	1	2	3	4	
4	我晚上睡眠不好。	1	2	3	4	
*5	我吃的跟平常一样多。	4	3	2	1	
*6	我与异性密切接触时，和以往一样感到愉快。	4	3	2	1	
7	我发觉我的体重在下降。	1	2	3	4	
8	我有便秘的苦恼。	1	2	3	4	
9	我心跳比平时快。	1	2	3	4	
10	我无缘无故地感到疲乏。	1	2	3	4	
*11	我的头脑跟平常一样清楚。	4	3	2	1	
*12	我觉得经常做的事情并不困难。	4	3	2	1	
13	我觉得不安而平静不下来。	1	2	3	4	
*14	我对将来抱有希望。	4	3	2	1	

续表

序号	内　容	偶有	有时	时常	持续	评分
15	我比平常容易生气激动。	1	2	3	4	
*16	我觉得做出决定是容易的。	4	3	2	1	
*17	我觉得自己是个有用的人，有人需要我。	4	3	2	1	
*18	我的生活过得很有意思。	4	3	2	1	
19	我认为如果我死了别人会生活得更好些。	1	2	3	4	
*20	平常感兴趣的事我仍然照常感兴趣。	4	3	2	1	
合计						

待评定结束后，把 20 个项目中的各项分数相加，即得总粗分，然后将粗分乘以 1.25 以后取整数部分，就得标准分。按照中国常模结果，SDS 标准分的分界值为 53 分，其中 53～62 分为轻度抑郁，63～72 分为中度抑郁，73 分以上为重度抑郁。(此测试只是用于粗略地了解自己，如有疑问请咨询专业心理指导老师)

(二) 焦虑

1. 定义

焦虑是指个人对即将来临的、可能会造成的危险或威胁所产生的紧张、不安、忧虑、烦恼等不愉快的复杂情绪状态。是人对现实或未来事物的价值特性出现严重恶化趋势所产生的情感反应。与之相反的情感形式是期盼，即期盼是人对现实或未来事物的价值特性出现明显利好趋势所产生的情感反应。

2. 表现

焦虑是一种以焦虑情绪为主要表现的情绪障碍，常伴有头晕、胸闷、心动过速、呼吸急促、尿频尿急，同时伴有担心、害怕、强迫或类似的情感反应。

焦虑是十分常见的现象，在它背后隐藏着一种完美主义的诉求。高焦虑的人需要掌控感，需要精确地控制自己的生活，容不得意外的发生。比方说，一个焦虑的人可能会担心自己考试不及格怎么办，为了降低这种可能性，他会付出极大的精力在学习上，从而保证自己成绩优异。所以焦虑的人学业成就通常会比较高，而大学生往往是焦虑的易感群体，在名牌大学里尤甚。从这方面看，焦虑是有其积极意义的，或者说，适度的焦虑是必要的。假如我们失去了对未来的担心，也就失去了前进的动力。然而，在另一个极端上，假如我们把时间和精力都投注给了未来的担心，焦虑就是一种危害严重的情绪了。

3. 原因

不知从何时起，我们开始意识到自己或身边人焦虑的频率越来越高。一项针对 2000 名大学生的调查发现：62%的人认为生活正变得越来越令人焦虑。54%的受访者表示，他们在过去 5 年里对金钱更加焦虑；对成长(40%)、外貌(32%)和职业发展(30%)的担忧也是焦虑的主要来源。具体五大原因让人产生焦虑：

(1) 离不开智能手机。在这个数字化的时代，全世界的大事都会涌入我们掌中的手机。

虽然我们比以往交流得更多，却比以往更孤独。人类需要通过感官进行交流——无论是触摸、眼神、嗅觉以及其他联系，比如笑，甚至眼泪。这些都在数字交流中被忽略了。

(2) 过着“双重生活”。临床心理学家发现，许多人都过着双重生活：他们一方面想要展现出“与他人在一起很快乐”的形象，另一方面又关起门来用饮酒、暴饮暴食或出轨等方式来缓解焦虑。这些人通常是因为长时间、高强度地工作，以至于人前人后“分裂”，焦虑挥之不去。

(3) 对健康的担忧。人们对健康的忧虑越来越普遍了。这一方面反映了我们对健康有了更多的认识，但也可能会让我们患上“疑病症”。医院里常常能看到这样一群人，在检查结果还没出来前，就怀疑自己有很严重的问题。例如：排便习惯改变、进食后胃胀或者体重减轻，就觉得自己可能得了肠癌。

(4) “看起来更完美”让人压力大。1/3 的人表示，外貌形象会让他们感到焦虑。我们生活在一个名人和真人秀文化的世界里。这样的文化使得“普通人”都想变成公众眼中的偶像，人们对外表越来越关注。很多人由于“比上不足”而厌恶自己的外形，成为焦虑的根源。社交媒体也助长了这种焦虑和专注。

(5) 年轻人压力越来越大。一项调查发现，焦虑症患者的主要症状从 22 岁开始，在 32 岁左右达到峰值。这符合著名美国心理学家爱利克·埃里克森(Erik Eriksen)的“心理发展八阶段”理论：人们在二三十岁时面临双重压力，即亲密感与孤独感。人们需要找到合适的伴侣，但又担心无法很好地经营关系导致孤独终老。

案例：

1. 大一新生　张某　男

张某高考前成绩都是非常优秀的，但因为高考失利，进入了一个普通的高校进行学习，他时刻担心自己再犯同样的错误，所以学习上非常刻苦，几乎所有时间都花在了学习上。大一第一次考试临近，最近总是睡不着觉，非常苦恼。

2. 大三学生　李某　女

作为理科专业的女生，学习上一直在班级上排名前列，大学生活过的非常顺利，毕业实习将近，一面是想着专升本提升自己学历，一面是同寝室同学陆续出去工作，她纠结着到底是实习还是专升本，家人朋友的意见又不一致，她感到十分紧张，每天不断问自己相同的问题而得不到解决。

3. 大一学生　丁某　男

高考结束后日子仍然很难熬，每天待在家里玩电脑游戏，看电视剧等录取通知书，一天中午突然一阵眩晕，差点晕倒过去，接着觉得呼吸困难，自己惊恐万分，家长带去医院检查发现没生理疾病，后来进入大学后又发作一次，去医院精神科医生诊断为焦虑症状。

以上三个案例学生都有不同程度的焦虑。焦虑与恐惧有些相似，但又不同于恐惧。恐惧所表现的是对现实的客观威胁的一种情感反应，可焦虑障碍出现时，并无明显的客观威胁，也就是说，焦虑无固定对象，它是一种泛化的恐怖。恐惧有固定的对象，当恐惧的对象不存在时，恐惧的反应也会随之消失；焦虑则在任何环境中都改变不了恐惧不安的情绪。个体表现出与现实不符的、过分的、不适当的害怕或担心，并伴有生活功能的某种程度的损害。

姜汉春 1994 年 10 月 13 日曾对承德医学院 369 名新生的焦虑状态进行了调查。结果新生总平均焦虑为 20.60%。其中乡村高于城镇，女生高于男生。心理医生们认为，性格在焦虑的发生中起到关键作用，一般不稳定的性格因素容易焦虑，如：内向、敏感、疑惑、寡断、胆怯怕事、患得患失、人际交往障碍等。性格的形成和家庭教育方式有很大的关系。

这里推荐焦虑自评量表(SAS)(见表 5-3)，从量表构造的形式到具体评定的方法，都与抑郁自评量表(SDS)十分相似，是一种分析病人主观症状的相当简便的临床工具。

表 5-3　焦虑自评量表(SAS)

下面有 20 句话，请仔细阅读每一条，弄明白意思，然后根据你最近一星期的实际感觉进行评分，认为自己：①“没有或者极少有”计 1 分；②“有时有”计 2 分；③“大部分时间有”计 3 分；④“绝大部分或者全部时间有”计 4 分。(带*的为反向评分题)						
序号	内　容	偶有	有时	时常	持续	评分
1	我觉得比平常容易紧张和着急(焦虑)。	1	2	3	4	
2	我无缘无故地感到害怕(害怕)。	1	2	3	4	
3	我容易心里烦乱或觉得惊恐(惊恐)。	1	2	3	4	
4	我觉得我可能将要发疯(发疯感)。	1	2	3	4	
*5	我觉得一切都很好，也不会发生什么不幸(不幸预感)。	4	3	2	1	
6	我手脚发抖打战(手足颤抖)。	1	2	3	4	
7	我因为头痛，颈痛和背痛而苦恼(躯体疼痛)。	1	2	3	4	
8	我感觉容易衰弱和疲乏(乏力)。	1	2	3	4	
*9	我觉得心平气和，并且容易安静坐着(静坐不能)。	4	3	2	1	
10	我觉得心跳很快(心慌)。	1	2	3	4	
11	我因为一阵阵头晕而苦恼(头昏)。	1	2	3	4	
12	我有晕倒发作或觉得要晕倒似的(晕厥感)。	1	2	3	4	
*13	我呼气吸气都感到很容易(呼吸困难)。	4	3	2	1	
14	我手脚麻木和刺痛(手足刺痛)。	1	2	3	4	
15	我因为胃痛和消化不良而苦恼(胃痛或消化不良)。	1	2	3	4	
16	我常常要小便(尿意频数)。	1	2	3	4	
*17	我的手常常是干燥温暖的(多汗)。	4	3	2	1	
18	我脸红发热(面部潮红)。	1	2	3	4	
*19	我容易入睡并且一夜睡得很好(睡眠障碍)。	4	3	2	1	
20	我做噩梦。	1	2	3	4	
合计						

待评定结束后，把 20 个项目中的各项分数相加，即得总粗分，然后将粗分乘以 1.25 以后取整数部分，就得标准分。按照中国常模结果，SAS 标准分的分界值为 50 分，其中 50～59 分为轻度焦虑，60～69 分为中度焦虑，70 分以上为重度焦虑。(此测试只是用于粗略地了解自己，不用于正式的心理诊断，如有疑问请咨询专业心理指导老师)

(三) 愤怒

1. 定义

愤怒是由于客观事物与人的主观愿望相违背，或因愿望无法实现时，人们内心产生的一种激烈的情绪反应。

2. 表现

心理学研究表明，当愤怒发生时，可能导致人体心跳加快、心律失常、高血压等躯体性疾病，同时还会使人的自制力减弱甚至丧失，思维受阻、行为冲动，甚至干出一些事后后悔不迭的蠢事或造成不可挽回的损失。

大学生常见的一种消极情绪，处于精力充沛、血气方刚的青年时期的大学生，在情绪情感发展上往往容易产生好激动、易动怒的特点。如：有的大学生因一句刺耳的话或一件不顺心的小事而暴跳如雷；有的因人际协调受阻而怒不可遏、恶语伤人；有的因别人的观点或意见与自己相左而恼羞成怒；有的因一时的成功、得意而忘乎所以；有的因暂时的挫折或失败而悲观失望、痛不欲生。如此种种遇事缺乏冷静的分析与思考，图一时之快，逞一时之勇的好激动、易动怒的不良情绪特点，在一些大学生身上时有体现。这种情绪对大学生的影响是极其有害的，因而有人说：“愤怒是以愚蠢开始，以后悔告终。”

3. 原因

愤怒是人的基本情绪，但经常愤怒、过分愤怒的产生大体上可以归为以下 4 种原因。

(1) 溺爱型家庭的教育环境是产生愤怒的温床。这种家庭一般经济条件较好，子女的要求很容易得到满足，任性的脾气往往得不到必要的限制。一些人年龄虽小，怒气却不小，追究其原因都与早期的家庭教育不当有关。

(2) 不良社会风气是滋生愤怒的诱因。现在社会上的“老实人吃亏”“爱哭的小孩多吃奶”的风气，武打片、凶杀片等精神产品的污染，以及看不惯的社会事件增多等等，都成为愤怒情绪滋生的诱因。

(3) 错误的认知是愤怒情绪产生的内在因素。有的人认为发怒可以威胁他人，发怒可以抵挡责难，发怒可以推卸责任，发怒可以逃避努力，发怒可以满足愿望。不正确的认知使他们变得简单、幼稚，稍不如意便怒气冲天，事后却后悔不迭。正如古希腊毕达哥拉斯所言：“愤怒以愚蠢开始，以后悔告终。”

(4) 疲劳也是使人容易发怒的一个原因。古代孙子说：“吏怒者，倦也。”贾村也说：“人困则多怒。”老舍笔下的“骆驼祥子”本是一个性格温顺的人，但他后来为了赚钱，拼命多干活，脾气也就变得暴躁起来。

案例：

大学里的“脾气大王”

某高校新生丁某，女生，作为家里的掌中宝，高中时期就很容易发火，同学老师总说她有“公主病”。进入大学后，情况更加严重，跟室友一起生活，怪大家不配合她的作息时间；考试成绩不理想，她生老师的气，说老师出题太怪太难太偏，弄得她做不出来；走路摔跤她还生路的气，怪路坑坑洼洼不平坦……总而言之，丁某就是喜欢发脾气，甚至总要骂人、摔东西，把他们当成“出气筒”。比如：考试不理想，会气得把试卷撕得粉碎；和室友发脾气，还会摔杯子。

案例分析：

丁某就是典型的愤怒情绪得不到控制，愤怒是个人的欲求和意图遭到妨碍时产生的一种消极情绪体验。许多大学生由于情绪的自我调控能力较差，冲动性较为明显，因此常常在不该发脾气的时候发脾气，因为一点儿小事就会相互争吵起来，因为其他人的某些做法不符合自己需求而冲他们大喊大叫……

《内经》上说：“喜怒不节，则伤脏，脏伤则病起。”所以，经常发怒的人，容易患高血压、冠心病，而且可使病情加重，甚至危及生命。愤怒可使食欲降低，影响消化，经常发怒可使消化系统的生理功能发生紊乱。愤怒还会影响人体腺体的分泌功能。过度的愤怒甚至还会使人丧失理智，引发犯罪或其他后果，因此控制愤怒的情绪十分重要。推荐以下方法尝试对愤怒情绪做出改变：

(1) 情境转移法。日常生活中，有许多事会使人产生愤怒的情绪。如果遇到这种情况，我们要尽量避开，暂时躲一躲，以免刺激我们发怒。比如：可以出去走一走，听听音乐，或者和谈得来的朋友在一起聊聊天，干点儿自己喜欢的事，心情就会好起来。

(2) 理智制怒法。当你动怒时，最好先想想以下问题中的任何一个：“我为什么生气？”“这事或这人值不值得我生气？”“生气能解决问题吗？”“生气对我有什么好处？”可以在即将动怒时对自己下命令：“不要生气！坚持一分钟！一分钟坚持住了，好样的，再坚持一分钟！再坚持一分钟！两分钟都过去了，为什么不再坚持下去呢？”用理智来控制发怒的情绪反应。

(3) 评价推迟法。我们通常都有这样的经验，一件当时使你感到“怒不可遏”的事，过了一段时间后，就会感觉到已经不那么值得生气了。因此，当我们因为某件事情要生气时，不妨先把它放下，等过一个小时、一个星期甚至一个月之后再去想它。

(4) 情感宣泄法。如果有的事情或人有充足的理由使我们发怒，这种情况下不妨坦率地把心中的不满讲出来，你就会发现心里会爽快一点儿。也可转移目标发泄出来，比如去打沙袋，或去跳健美操，都能减少愤怒对自身的伤害。但要注意情感的宣泄要以不损害他人的利益为前提，不可在情绪的支配下，做出过激的行为。

(5) 目标升华法。愤怒是一种强大的心理能量，如果能升华，它能带给人力量，甚至是激昂的生命力；如果使用不当，则可能伤人害己。因此，要注意培养学生远大的人生理想，更多地从大局、从长远去考虑事情，要有远大的目标，当前进中遇到挫折产生愤怒情绪时，应将其转变为成就事业的强大动力，切不可以眼前的区区小事计较得失，到头来“丢了西瓜捡芝麻”，妨碍自己对理想、事业的追求。

(四) 嫉妒

1. 定义

嫉妒是指人们为竞争一定的权益，对应当团结的人怀有的一种冷漠、贬低、排斥、亦是敌视的心理状态，故一旦放任即可能产生嫉妒心，它让人感受到难过的滋味，严重时，人自然会产生恨的情感。

2. 表现

有的人嫉妒心展现出的是极其激烈且具有攻击性的态度，一定要让自己超越对方的一切才行，以消灭贬低对方的行为来证实自己的本领够强够硬，甚至不惜利用攻击性的语言造成混乱的场面和对立的人际关系。有些人性格会略带含蓄与内敛，只愤愤不平对方超越自己的事情和表现，于是用不屑和看不惯的态度来表达自己由于嫉妒心产生的不满。也会有些人虽然心生嫉妒，但却不露声色，会利用自己编制的谎言来诋毁对方的完美形象，这是苔藓一般的人性存在，他会利用流言蜚语和自己拟定的谎言故事来达到自己满足平衡心理的目的性。更会有阴毒小人型的嫉妒后遗症，为了平息自己的嫉妒之火，会用尽心机和手段不惜牺牲去伤害对方才能够得以心理平衡。

3. 原因

从进化心理学角度来讲，嫉妒是一种本能，这种本能可能产生于两点：一是个体为维护扩充自己势力范围和繁殖繁衍的需要。就如狮子王对自己领地的保护和对母狮子交配特权的维护，而远古的人类也必然经过了这一过程。二是平等分配生产生活物资的需要。古代生产力落后必须集体合作才能得到仅够大家使用的生产生活资料，所以只有平等分配才能维护集体与社会的存在，这也就使得追求平等的心理成为了人们的一种本能。

案例：

他向最好的同学下手

因家庭穷困，周洲从小就不愿意提起自己的家境。除了身边的几个好友，很少有人知道他的家庭情况。王博是周洲大学时的同班同学，两人关系很好，毕业后来往密切，两人经常见面，在一起聚餐。每次两人一起吃饭，王博因家境、工资待遇比他好，总是抢着买单，他认为同学是在故意炫富。周洲对王博既羡慕又嫉妒，觉得自己很多方面都比不上王博：家庭条件、读书成绩、工作。“我怎么努力也改变不了这些事实。”周洲心中堆积的嫉妒化作怨恨，一下子就爆发出来。趁王博熟睡，周洲向最好的同学下手，拿起菜刀向王博连砍数刀。

2013 年 4 月 25 日，周洲因犯故意杀人罪，被执行死刑。

因为强烈的嫉妒心让周洲心理扭曲，最终残忍地杀害了王博，给两个家庭都带来了巨大的痛苦，试想如果周洲在感到心里不舒服时，求助专业的心理医生，及时使情绪得到疏导，从内心当中就不会积压很多消极情绪，也就避免了杀人行为发生了。

西班牙作家塞万提斯说：“嫉妒是万恶的根源。”巴尔扎克说：“嫉妒者比任何不幸的人更为痛苦，因为别人的幸福和他自己的不幸，都将使他痛苦万分。”“你嫉妒乔治•布什和比尔•盖茨吗?”我们的大多数答案是“不嫉妒”。但是我们会妒忌那些和自己有关系、同性别、境遇、地位相等或相近的人际圈子里的亲戚朋友、同学，即越是相似的人越是容易嫉妒。

(五) 自卑

1. 定义

自卑，简言之就是觉得自己不如别人，对自己的能力评价偏低。有的人自卑是因为工作成绩差；有的人自卑是因为自己形象不够好；有的人自卑是因为自己的家境不好；有的人甚至因自己脸上的粉刺而自卑。自卑是主观感受，容易产生自卑的人往往习惯与别人比高低，有强烈的争强好胜心，急切地希望一切都超过别人；梦想一鸣惊人，虚荣心强；容易为一时的成功而骄傲，也容易为一时的失败而灰心丧气。

2. 表现

自卑主要的表现在于对自己的能力、品质评价过低，同时可伴有一些特殊的情绪体现，诸如：害羞、不安、内疚、忧郁、失望等。详细的表现在以下三个方面。

(1) 敏感；过分敏感，自尊心强。弱势群体非常希望得到别人的重视，唯恐被人忽略，过分看重别人对自己的评价，任何负面的评价都会导致内心激烈的冲突，甚至扭曲别人的评价，比如：别人真诚地夸他，他会认为是挖苦。他们非常敏感，跟他们交往时，必须谨小慎微，别人不经意的一句话，都会在其内心引起波澜，胡乱猜疑。

(2) 失衡；由于种种原因造成的弱势地位，使他们在社会的方方面面都体验不到自身价值，甚至还会遭到强势群体的厌弃。自我价值感是一个人安身立命的根本，丧失自我价值体验，使他们心态失衡，陷入恶性的心理体验之中，走不出这个心理的阴影，就很难摆脱现实的困境。别人欺负他，即使内心不服气，也自认为是正常的，非常认同自己的弱势身份。这种强烈的自卑心理极易导致自杀行为。

(3) 情绪化；他们表面上好像逆来顺受，然而过分压抑恰恰积聚了随时爆发的能量。由于他们缺少应对能力，失业、离异、患病等生活事件很容易导致心理压力。当受到不公正的待遇时，认为别人瞧不起自己，难以忍受，往往产生过激言行。比如：有些民工受老板欺负，会因此自杀。他们经常为了一点小事大动干戈，拳脚相向。有时当他们无力应对危机时，还会自残，用这种极端的方式表达自己的情绪。

3. 原因

每个人总是以他人为镜来认识自己，如果他人对自己的评价过低，特别是较有权威的人的评价，就会影响对自己的认识，从而过低评价自己，产生自卑心理。对自我形象不认同，觉得自己长得不好。或者是对自己能力的怀疑，进入大学后的优越感降低甚至没有了，自己没有赢得别人尊重的本钱，于是产生了极强的失落感，原有的优越感一下子就成自卑感。每个人都会在某个方面产生自卑感。

另外家庭经济因素、社会文化因素、成长经历有关、个人性格特点等也是造成自卑的原因之一。

四、大学生情绪困扰产生的原因

面对同样一件事情，体验到的是正面情绪还是负面情绪，并不是绝对的，而是相对的。正因为这样，心理治疗才有可能。愉快与否，并不完全取决于事情本身，它取决于另外一些因素。

(一) 认知方式，我们看待问题的方式

其实，快乐与否，有时候不取决于有没有钱、有没有地位、有没有学历、长得是否漂亮，而是取决于对生活的态度。任何事物都有正反两方面，有好的一方面，也有坏的一方面，如果我们拥有积极的心态，就能体验到生活的美好。如果总是从消极的方面看待事物，就永远享受不到快乐。在生活中，看待问题的方式不一样，心态不一样，情绪的两极性也不一样。

(二) 心境会决定情绪的好坏

同样一件事情，感到是高兴还是痛苦，有时取决于我们的情绪底色，即情绪背景。

如果情绪底色是不愉快的或悲伤的，那么即使你正在吃美味佳肴，也不会有好的胃口。所以有时候需要了解自己的情绪背景，当某个人情绪背景不好的时候，就不要奢望他在和你相处的时候还能很开心、很愉快。

(三) 期望值会影响情绪

另一个决定因素是人的期望，即预期值。同样 70 分，有人高兴，有人伤心，有人郁闷，因为期望值不一样。

我们常常劝人知足常乐，但有时降低自己的目标似乎是不可能的，那么可以调整自己对目标实现程度的期望值。比如说：你有考上北京大学、清华大学的理想肯定是好的，不想当将军的士兵不是好士兵，但是如果你心里明白，以你的实力，考上北京大学、清华大学的可能性很小，那么当你考不上的时候，你就不会因为大失所望而那么痛苦，即你对自己的目标的实现有一个合理的预期很重要。当然，我们不是要简单地降低目标，而是要根据自己的实际情况，实事求是地设计目标(包括过程目标和终极目标)，并对目标的实现建立合理的期望值，脚踏实地地一步一步朝着目标走过去。

第三节 情绪的管理与调适

一、做好情绪管理，做高情商的人

情绪管理，指通过研究个体和群体对自身情绪和他人情绪的认识，培养驾驭情绪的能力，并由此产生良好的管理效果。现代工商管理教育如：MBA、EMBA 等均将情商及自我情绪管理视为领导力的重要组成部分。

EQ 是 Emotional Quotient 的英文缩写，汉语意思是“情绪智慧”或“情绪智商”，简

称情商。它代表的是一个人的情绪智力之能力。简单地说，EQ 是一个人自我情绪管理以及管理他人情绪的能力指数，与智商(IQ)相关。通常，在大型企业公司的面试上，都会测试情商。

巴甫洛夫曾讲过："忧愁、顾虑和悲观可以使人得病；积极、愉快、坚强的意志和乐观的情绪可以战胜疾病，使人更强壮和长寿。"情绪管理不仅与大学生的身心健康有关，而且与大学生的心理发展、潜能开发、工作效率、生活质量等因素有关。

良好的情绪可以提高人的情商，往往使大学生乐于行动，有兴趣学习、工作和活动，有积极地与人交往的愿望；较高的情商有助于开阔思路，注意力集中，富有创造性，在就业过程中增加自己的竞争力。因此，培养大学生良好的情绪提高情商，有利于大学生的身心健康、心理成长和职业发展。

二、学会处理别人的情绪

当别人有负面情绪的时候，人们一般都会很害怕，担心会引火上身，所以首先会讲大道理应该怎么样，不应该怎么样或者用惩罚的手段，试图让他们赶快摆脱这些负面情绪。当这样达不到效果的时候，有些人会装作视而不见，让时间去平复情绪，或者束手无策，让他们自己独自去处理，以此来保护自己。比如，通常会说"不要哭了，这点小事有什么好哭的？""只要你不哭了，我陪你去玩。"或者会说"你总是哭，再哭，我就没法陪你了。"也会说"这些事情，别人帮不了你，还是你自己考虑着办吧。"

面对别人的情绪问题，如果你想帮助他，那么不仅要帮助他通过事件有所得，使问题更容易解决，而且要帮助他下次碰到同样的问题时能处理得更好。

(一) 接受

识别到对方有负面情绪，同时你也接纳有情绪的他，"我看到你有一些不开心，你愿意跟我谈谈吗？"假如你假装没有看到他的情绪或者否定他的情绪，"你不要闹情绪了，什么事情又发脾气啦？"那你就是把他推开了。他会感觉到受到了伤害，不愿意再在你面前暴露情绪。

(二) 分享

最重要的是分享情感感受，然后才是事情本身。

必须使他的注意力用于关注自己的情绪感受或者身体里的感觉上，例如你问他："你现在感觉怎么样？他这样对你，你感到愤怒或悲伤吗？"当对方回答说愤怒时，你继续追问愤怒的背后是什么？是失望还是无力感？这个时候，你会发觉对方已经开始平静下来了，或者声调降低了，身体的动作减少了。现在，你可以问对方引起情绪的事情了。

(三) 找出事情中可以接受的部分并加以言语上的肯定

如："你觉得他这样说不合理，你当然很生气。"我们最好不要直接说出他不对，或者他应该怎么做，而是从对方的利益出发指出需要改进的部分。

(四) 策划

策划就是对未来的行动做一些计划。“请你想想，如果你换种方式对待这个问题，可能有什么不同？有没有其他的选择？”引导对方看到其他选择的可能性，这样就帮助对方重新把事情的控制权掌握在他自己手中了。

三、科学管理自己的情绪

(一) 该出手时就出手：合理宣泄

一个情绪产生后常常伴有能量的积蓄，积蓄的能量需要发泄出来。如果总是积蓄而不释放，就会积郁成疾。有经验的人在别人哭的时候，是劝人哭的，“想哭就哭，哭出来就好了。”但是缺乏经验的人，常觉得尴尬，总是劝人想开点儿。

心理咨询室、都准备纸巾。因为心理咨询室是一个重要的让人发泄的场所，他让患者哭出来就是舒缓了情绪，就是对人的接纳和关注。

发泄不良情绪不等于放纵自己的感情，不等于任性和胡闹。如果不分时间、地点、场合而随意发泄，既不会调控好不良的情绪还会造成不良的后果。

可以有很多种方式来宣泄自己的情绪，比如：找人诉说、大哭一场、走一走、跑一跑、换个发型、换件衣服、换个环境、洗个热水澡、听听音乐等。

当然，我们要注意适度，比如：狂哭、狂睡、狂吃、喝酒、吸烟、生闷气、扔东西、打架等是不适宜的，可能会伤人伤己、伤身伤心。我们更鼓励通过运动、找人倾诉、分享的方式来释放情绪能量。

案例：

假装快乐能调整不良情绪

在某公司任销售经理的实习生小张最近失恋了，他原本想向公司请假，不准备参加第二天公司安排的联欢会，“其实，我不想参加，打不起精神来，不想动，也不想凑热闹，怕破坏活动氛围。”但最终小张还是参加了活动，在活动中，其他人的欢声笑语、互动交流，让他暂时忘掉了自己的不开心。

从医学角度来说，悲伤的情绪会导致人体新陈代谢减缓，所以人在悲伤的时候往往精力衰退，兴趣全无。“假装快乐”是一种快速调整情绪，获得快乐的方法，虽然治标不治本，但的确有效。心理学研究发现，人类的身体和心理是互相影响、互相作用的整体。某种情绪会引发相应的肢体语言，比如：愤怒时，我们会握紧拳头，呼吸急促；快乐时我们会嘴角上扬，面部肌肉放松。然而，肢体语言的改变同样也会导致情绪的变化，当无法调整内心情绪时，你可以调整肢体语言，带动出你需要的情绪。比如：你强迫自己做微笑的动作，你就会发现内心开始涌动欢喜，所以假装快乐，你就会真的快乐起来，这就是身心互动原理。

(二) 换个角度看风景：改变认知方式

美国心理学家埃利斯(Ellis)创设了理性情绪疗法，也称为ABC理论。他认为，引发人情绪反应的结果，不是事件本身，而是人的观念系统，是一个人对这件事情的解释。我们不可能改变别人，也不能改变环境，但我们能改变自己对事情的理解角度，让这个事情变成自己能够接纳的东西。

A：Activating Event，指与自己有关的事件。所谓事件，可能是客观事实(如钱包被偷了)，可能是他人的态度和行为(如寝室的同学对自己的很冷淡)，可能是与别人的关系发生了变化(如失恋)，也可能是自己所造成的后果(如因迷恋网络游戏导致考试成绩一落千丈)。

B：Belief，指个人对与自己有关的事件所持的信念，也就是所做的解释和评价。

C：Event Consequence，指个人对事件的情绪反应，这种反应可能是正面的(积极的)，也可能是负面的(消极的)；可能是适度的，也可能是过度的。

总之，A不是C产生的直接原因，C的性质关键取决于B的中介作用。也就是埃利斯认为情绪并不是由某个诱发事件本身直接引起的，而是由经历这个事件的个体对这个事件的解释和评价所引起的。认知是怎样影响情绪的呢？认知合理、客观，情绪反应比较正常、适宜。认知片面、错误、非理性，个体就很容易产生抑郁、焦虑、自卑、嫉妒、愤怒等情绪障碍。原因在于，认知方式的不合理导致了个体信念的不合理。埃利斯认为，非理性认知包括绝对化的要求、过分概括化和糟糕至极。因此，要情绪反应正常，必须与不合理的认知作斗争，用理性认知代替不合理的信念。

1. 克服绝对化的要求

绝对化的要求是指人们以自己的意愿为出发点对事物怀有必定发生或不会发生的信念。例如："只要我付出了努力，我就应该获得成功。""我那么喜欢他，他就应该用同样的爱来回报我。""他是我最好的朋友，现在我遇到了麻烦，他理所当然要帮助我。"显然，这些认知常常与"必须""应该"等含有绝对化要求的词语联系在一起。

2. 不要过分概括化

过分概括化是一种以偏概全的思维方式，具体表现是仅凭某一件或某几件事来评价自身或他人的整体价值，以偏概全，这往往是不合理的。例如：有的人遭遇一次失败后常常认为自己一无是处或毫无价值；被一个女同学放弃就认为不会再有人爱他等，这种片面的自我否定往往会导致自怨自艾、自暴自弃，以及焦虑和抑郁。而一旦将这种评价转向他人，就会对他人作出不符合实际的评价，抓住一点，不及其余，就会一味地责备别人，并产生愤怒和敌意的情绪。

3. 没有什么是糟糕至极的

糟糕至极是指对事物的可能后果做出非常可怕、非常糟糕甚至是一种灾难性的设想。这种想法之所以是非理性的，是因为对任何一件事情来说都有比之更坏的情况发生。因此，没有任何一件事情可以被定义为百分之百的糟糕透顶。如果某个人坚持这样的观念那么当他遇到了自认为是百分之百糟糕的事情或比之还糟糕的事情发生时，他就会陷入极度不良的负面情绪体验中，甚至产生绝望。

(三) 保持积极的情绪

当把我们放到一个美好的乌托邦社会时，没有钞票、没有疾病，充满了爱，刚开始我们会高兴，但很快会回到自己的适应水平，仍然不快乐。因为快乐与我们先前的经验有关，同时也是和他人相比较得出来的体验。我们为了保持积极的情绪就需要做到以下 3 个方面。

1. 培养乐观的人格

乐观的人格就是要总能够从积极、正面的角度看问题。

一旦你拥有了乐观的人格，生活中就会有无限的乐趣。当你东西掉了，你会想："旧的不去，新的不来。"你的衣服被偷了，你会想："我的眼光还是挺不错的，要不然干吗要偷我这件衣服呢？"当然，培养乐观的人格不是一朝一夕的工夫能做到的，要通过经验学习和个人不断的努力。而当你能乐观地看问题时，你就可以"笑傲江湖"了。

2. 保持幽默

幽默寻求的是一种冲突中的和谐，烦恼人的快乐。幽默的最高境界是苦恼人的笑，它能使人排忧解难，心灵健康。但更重要的是，幽默是潜能开发。我们每个人都可以幽默起来，就看你怎么开发和培养自己的幽默感。美国总统林肯在竞选时最大的对手是道格拉斯。在一次竞选辩论中，道格拉斯历数林肯的罪状，指控林肯说一套，做一套，当面一套，背后一套，有两张脸，也就是两面派。待到林肯答辩时，他从容地说："在座诸位，刚才道格拉斯先生指控我有两张脸，如果我有两张脸的话，我能戴着这张丑脸前来见大家吗？"林肯的话逗得大家都笑了，就连道格拉斯也跟着笑了。

3. 让自己更快乐

管理好时间。快乐的人总感到能驾驭自己的生活，通常从合理地支配时间中得到帮助。管理自己的时间有助于个人确立目标，并把总的目标分解为每天的工作。其实每天进步一点，就会快乐。

表现得快乐。我们的行为表现能影响我们的心理感受，做微笑的表情会让我们感觉更好。所以要面带微笑，讲话时要显得充满自信，乐观且开朗，走路很有精神，通过这些动作引发愉快的情绪。当我们表现得快乐的时候，我们就会真的更快乐。

寻求能施展自己的才华的工作和娱乐方式。快乐的人会热衷于并沉醉于具有挑战性的任务，通常比起园艺、公益活动，奢侈的娱乐方式并不会带来更多的快乐。

参加运动。有氧运动不仅能促进健康和储备能量，它也是矫正轻度抑郁和焦虑的好办法，健康的心理归功于健康的身体，皮之不存，毛将焉附？

享有足够的睡眠。快乐的人积极乐观，充满活力，但他们也要留出时间来补充睡眠和享受独处。睡眠不足，将会导致身体疲惫，警觉性降低，心情抑郁。

重视亲密的人际关系。与那些真正关心你的人保持亲密关系可以帮你渡过难关，信任别人对自己身心都有益。培养亲密关系的方法是不要认为别人对你好是理所当然的，对待朋友也要像其他人一样友善，还要肯定他们，并花时间、金钱和精力与他们一起娱乐、分享。多一些社会支持，能有更多的快乐，更好地应对危机。

关注自我以外的人和事情，多参加公益和集体活动，心情会更好。

思考与收获

1. 情绪对你有哪些价值？
2. 你习惯的情绪应对方式是什么？对你产生了什么影响？
3. 如何提升自己的情商？
4. 你长久的情绪问题有哪些？你愿意用什么方法调节？
5. 大学生如何利用网络解决情绪问题？

心理训练

情绪你我他

【目的】 学会调节不良(消极)情绪。

【形式】 6~8 人一组。

【时间】 30 分钟。

【道具】 B5 纸、彩色卡片、彩笔、音乐播放器。

【程序】

(1) 让同学们在纸上写出最近让自己烦恼的事情，然后折成纸飞机放飞，意在让烦恼飞走。

(2) 按顺序，每位成员都从众多纸飞机中拿出一只，念出所写的内容，并请写这张纸的同学，说出他写这件事的原因，以及想获得怎样的帮助。

(3) 大家针对同学所提出的问题提出自己的解决办法，并进行讨论。

(4) 组长发给每个成员一张卡片，并请他们在卡片上写上祝福和期许及自己的姓名，然后将小卡片依序往右传。

(5) 以愉快的歌曲作为活动的结束。

【分享】

1. 放飞纸飞机时，你是什么感受？
2. 对大家提出的办法，你的看法是什么？
3. 当你拿到写有祝福和期许的小卡片后，你的感受是什么？

第六章　爱人者，人恒爱之

——人际关系与交往的艺术

❖ 名人名言 ❖

一个永远不欣赏别人的人，也就是一个永远也不被别人欣赏的人。

——汪国真

❖ 心灵测试 ❖

美国著名教育家卡耐基先生曾指出：一个人事业的成功，15% 由他的专业技术决定，另外的 85%，则要靠人际关系。你是否善于人际交往呢？快来测试一下吧。(选择 A 选项计 3 分；选择 B 选项计 2 分；选择 C 选项计 1 分。)

1. 一位朋友邀请你参加(他)她的生日。可是，任何一位来宾你都不认识。(　　)

A. 你借故拒绝，告诉(他)她说："那天已经有别的朋友邀请过我了。"

B. 你愿意早去一会儿帮助(他)她筹备生日。

C. 你非常乐意借此去认识他们。

2. 在街上，一位陌生人向你询问到火车站的路径。这是很难解释清楚的，况且，你还有急事。(　　)

A. 你让他去向远处的一位警察打听。

B. 你尽量简单地告诉他。

C. 你把他引向火车站的方向。

3. 你表弟到你家来，你已经有两个月没有见到过他了。可是，这天晚上，电视上有一部非常精彩的电影。(　　)

A. 你让电视开着，与表弟谈论。

B. 你说服表弟与你一块看电视。

C. 你关上电视机，让表弟看你假期中的照片。

4. 你父亲给你寄钱来了。(　　)

A. 你把钱搁在一边。

B. 你买一些东西，如油画、一盏漂亮的灯，装饰一下你的卧室。

C. 你和你的朋友们小宴一顿。

5. 你的邻居要去看电影，让你照看一下他们的孩子。孩子醒后哭了起来。(　　)

A. 你关上卧室的门，到餐厅去看书。

B. 你看看孩子是否需要什么东西。如果他无故哭闹，你就让他哭去，终究他会停下来的。

C. 你把孩子抱在怀里，哼着歌曲想让他入睡。

6. 如果你有闲暇，你喜欢干些什么？(　　)

A. 待在卧室里听音乐。

B. 到商店买东西。

C. 与朋友一起看电影，并与他们一起讨论。

7. 当你周围有同学生病住院时，你常常是：(　　)

A. 有空就去探望，没有空就不去了。

B. 只探望同你关系密切者。

C. 主动探望。

8. 在你选择朋友时，你发现：(　　)

A. 你只能同你趣味相同的人们友好相处。

B. 兴趣、爱好不相同的人偶尔也能谈谈。

C. 一般说来你几乎同任何人都合得来。

9. 如果有人请你去玩或在聚会上唱歌，你往往：(　　)

A. 断然回绝。

B. 找个借口推辞掉。

C. 饶有趣味地欣然应邀。

10. 对于他人对你的依赖，你的感觉如何？(　　)

A. 避而远之，我不喜欢结交依赖性强的朋友。

B. 一般地说，我并不介意，但我希望我的朋友们能有一定的独立性。

C. 很好，我喜欢被人依赖。

【分数为 25~30】：你非常善于交际，你的伙伴们非常喜欢你，你总是面带笑容，为别人考虑的比为自己考虑的要多，朋友们为有你这样一位朋友而感到幸运。

【分数为 15~25】： 你不喜欢独自一个人待着，你需要朋友围在身边。你非常喜欢帮忙，如果这不花费你太多精力的话。

【分数为 15 分以下】：注意，你置身于众人之外，仅仅为自己而活着。你是一位利己主义者。要想了解为什么你的朋友这样少，那就从你的贝壳中走出来吧。

第一节　人际交往的概述

一、人际交往与人际关系

(一) 人际交往的含义

人际交往也称人际沟通，是指个体通过一定的语言、文字或肢体动作、表情等表达手段来传达思维、表达感情和交换需求的过程。人际交往是生活的一部分，是社会发展的必然产物，也是社会发展的基本前提，其基本原则是以双方的成本价值为基础实现等价交换。交往中的双方互为主体，在彼此间相互接触的前提条件下，分为直接与间接接触。通常人际交往满足于：传送者和接受者双方对交往信息的一致理解；交往过程中有及时的信息反馈；适当的传播通道或传播网络；一定的交往技能和交往愿望；对对方时刻保持尊重。

(二) 人际关系的含义

人际关系指的是人与人之间通过交往与相互作用而形成的直接的心理关系，主要表现为人们心理上的距离远近、个人对他人的心理倾向及相应行为等。

人际关系与人际交往两个既有区别又有联系：人际交往是人际关系实现的前提条件，是人际关系逐步形成的必要途径；而人际关系则为人际交往的表象和结果。人际关系偏重于在交往的基础条件下形成的心理状况和结果呈现；人际交往偏重于人与人之间的关联过程，以及行为方式等。

二、人际交往的构成因素与特点

(一) 人际交往的构成因素

人际交往的构成，并不是参与其中的人随心所欲地简单相加，它需要一系列的条件，包含外部条件和内部因素两个方面。其中外部条件包括：

(1) 方队关系。就是指两人相对，互为对方而结成一对关系。方队关系是构成人际交往的基础，如有父有子，才构成父子关系；有老师有学生，才构成师生关系。

(2) 联系媒介。联系媒介是人际交往构成的桥梁，通过某种媒介把人联系起来。这些媒介大多可分为两大类：① 实物媒介，即人们常说的物质交流，礼尚往来；② 信息媒介，即通过信息载体传递人的思想，表达人的情感，进而建立和发展人与人之间的联系。

(3) 交流活动。构成人际交往的中心环节，如一对恋人，利用情书(联系媒介)的传递(交流活动)来加深彼此的了解和感情。交流活动多种多样，一般分为礼仪交流、实利交流、情感交流、思想交流四个层次。从接触方式上可分为直接交往和间接交往。

构成人际关系，不仅需要一定的外部条件，同时要有一定的内部因素，内部因素即心理与行为因素，主要包括三个方面的内容：

(1) 认知因素。指建立人际关系各方的认知状况，包括彼此的认识状况和对共同关心的问题的认知状况等，这是构成人际关系的内在基础。两个全然对对方一无所知的人是无法建立人际关系的。认知因素是人际交往的基础。

(2) 情感因素。指建立人际关系的彼此在双方情感上的好恶程度和满意程度。情感因素是人际关系建立并维持和发展的纽带，它制约着人际关系的亲疏、深浅、长短程度。

(3) 行为因素。指建立人际关系双方具体的交往行为，包括言谈举止、表情肢体动作、仪表体态等可被人察觉的外部表象。行为是建立和发展人际关系的根本保证。人们的相互认知，彼此感情的培养，都是通过具体的交往行为来实现和完成的。

(二) 人际交往的特点

(1) 人际交往中，具有明确的相互关系。人在社会环境中需要结成许多不同的人际关系，产生人际交往。纵向上包括最先构成的母子、父子关系，扩大到叔侄姑嫂等亲戚关系，学校中的师生、同学关系，工作中的上下级、同事关系。横向上看，个人在不同时期，还有不同的多种角色。因此，处于社会中的人际交往具有多种多样性，每一种关系相互间是明确的。

(2) 人际交往的发展是循序渐进的过程。倘若人与人之间的关系没有按照预料顺序发展下去，会引起当事人的不安。例如：第一次与陌生人见面，就想要结婚，对方显然会不能接受。因而，在人际交往中，要遵循循序渐进的原则，不可急于求成，从而导致突发性超前或突然中止的反常行为，这样容易破坏人际交往的规律。

(3) 多样性。社会生活的多元性决定了人的思维方式是多方面、多层次的。每个人具有不同的性格、经历、知识等多方面因素，这些因素都对个人在人际交往中发挥着作用，进而体现出个体心理和行为上的多样性。

(4) 变化性。人际交往与人类发展过程是类似的，人的发展经过了出生、青少年期、成年期，老年期直至死去。在这个过程中，人际交往也在发展、变化，周围环境也在变化，变化分快慢，从性质和形态发生了变化。

(5) 复杂性。复杂的生理因素和社会环境导致了每个人千差万别，人际交往的复杂性体现为交往心理和方式上的复杂，例如，需要多种动机，不同情绪情感。通常说，交往投入的思考越多，相互之间的关系就越丰富、越复杂。

案例：

小凡，20岁，大三男生，和女朋友交往的过程中，屡屡发生冲突，女朋友认为他在人际交往中经常直接去提出不同的观点而没有顾及对方的感受，小凡因此留心观察，发现自己在与人互动中确实存在这样的问题，关注不到其他人，但是他不知道如何改变，因此觉得焦虑，从而前来咨询。

三、大学生人际交往的重要意义

人际交往是生活的基本内容之一，它包括同学之间、师生之间、师友之间、个人与集体等错综复杂的人际关系。在大学期间大学生的现实人际关系主要分为八个维度，分别是同学关系、同乡关系、室友关系、恋爱关系、师生关系、家庭关系和朋友关系，当然还有另外一种虚拟的人际关系，即网络虚拟人际关系，就是我们所说的网友。

卡内基理工学院分析了10 000个人的记录后得出结论：15%的成功者是由于技术熟练、

头脑聪慧和工作能力强；85%的成功者是由于个性因素，由于具有成功地与人交往的能力。反之，在生活中失败的人，90%是因为不善于与人展开有效交往而导致的。哈佛大学职业指导局研究了几千名被解雇的男女工人，发现了这样一个比例数：每有一个因不能完成工作而失业的人，就有两个因不能成功地与人交往而失业的人。阿尔波特·维哥姆博士在自己的联合报业专栏“探索你的心理”中提出自己的研究成果：4000 名失业的人中，只有 10%，即 400 人是因为他们不能干这种工作，90%，或者说 3600 人，是因为他们还不曾发展自己与人成功相处的良好品质。一方面，人际交往体现了大学生为了获得满足需要的心理相互作用形成的情感联系。人们通常在伤心时找朋友倾诉来得到情感支撑，以此释放压力。另一方面，每个人通过镜子反观自我获得自省，也通过他人了解自己，并且在他人的肯定中得到自信，获得自我认同。

(一) 当代大学生人际交往特点

(1) 交往的形式多样。大学生中交往方式多种多样，主要有聊天软件、派对社交、旅游社交、游戏社交、部门社团社交、同学聚会、同乡会等等。

(2) 交往对象的多样。大学不同于高中，大学有更多的机会展现自己的个性，因而同学间的交往更富有个性化，交往对象也各有不同。

(3) 需求的迫切性。处于青春期的大学生思想活跃，精力充沛，对于人际交往的需要极为强烈。

(4) 交往的不稳定性。大学生在交往中主观情感色彩偏重。但是，大学生的心智发育尚未成熟，情绪经常处于不稳定状态，所以大学生的人际交往也存在不稳定性。

(5) 交往动机的理想性和实惠性。大学生经济压力相对较小，人际交往的动机也相对单纯，情感占绝大多数。但是由于社会上各种因素，尤其是实用主义思潮流行的影响，理想有淡化的趋势。

(6) 交往关系的平等性与不平衡性。当代大学生自我意识强，独立自尊的要求高。他们期待交往的双方彼此尊重，相互容纳。不平衡性主要体现在当代大学生经济的差距上，经济拮据会使人际交往中的较多表现为被动、性格内向等，甚至个别学生还会由此产生自卑、孤僻等心理。

(二) 人际交往有助于大学生群体社交与提高学习效率

和谐的人际氛围是大学生顺利完成学业的基础。对于大学生而言，与周围的同学、老师沟通中融洽相处，这就为自己心身愉快，集中精力学习，顺利完成学业创造了一个良好的学习和生活氛围。相反，冷漠、敌对、排斥的人际关系容易让人形成压抑、焦虑、烦恼的情绪体验，阻碍潜在能力的发挥。

(三) 人际交往有助于大学生收获情感支撑

联合国世界卫生组织对健康下的定义是：“健康，不仅没有身体疾病，还要有完整的生理、心理状态和社会适应能力。”大学生自我意识强，独立自尊要求高，在交往中希望双方彼此尊重，彼此接纳。在学习上、经济上、生活上都是独立自主的，因而同学间的交往比较单纯、真诚、自然并具有理想色彩。如果发现对方某些不好的品质就深感失望，好友间常会发生朝亲夕仇的情况。由此形成的人际关系挫折感较强，致使不少同学常回忆起过去的朋友，表现出既渴望交往又自我封闭的双重性。因此，良好的人际交往是促进大学生维持心理健康方式的有效途径。人际交往反映着人们寻求满足需要的心理相互作用形成的情感联系。在我们伤心的时候找朋友倾诉是一个不错的选择，在朋友那里获得情感的支撑，释放自己的压力。如果说生活是一部电影的话，我们的朋友就是我们这部电影的观众。

案例：

小安，19岁，大二女生，因为人际压力在学期初想退学，又下不了最终的决心，十分纠结，后决定前来咨询，在咨询师的询问下，小安说道，因为寒假换了发型，害怕开学后被同学问，因而不想来上学。咨询师带着好奇，问道："那么如果同学们真的问到了你的变化，会发生什么呢？"小安说："我不想被他人关注到我的变化，我会不知道怎么回应。"

(四) 良好的人际交往有助于大学生提高自我认识

人际交往是青年人开启心智、适应社会、认识自我、协调关系、攻克难关的有效途径，是青年人走向成功不可缺少的因素。人在一定社会环境中逐步完善自我认知，在与他人相互交往中认识自我、完善自我。也就是从他人对自己的评价和态度，和他人的关系中认识自我形象，从和其他人的比较中认识自我。正确的自我认知，能够有效使个人摆脱自卑感，避免个人狂妄自大，树立良好的个人形象，塑造完美人格。每一个人都是我们的一面镜子，我们通过其他人看到了自己不一样的地方。通过他人了解自己也是一个快捷的途径，并且最重要的是能够在他人对我们的肯定当中收获自信，获得自我认同。

(五) 宿舍人际交往有助于完善人格

大学生宿舍人际关系是大学生人际关系的重要组成部分。宿舍是大学生最直接参与的人际交往场所，也是衡量大学生人际交往能力、心理健康和为人处世的一杆小标尺。那些处在未形成良好、合作、融洽的心理氛围的宿舍生活的大学生，常常显示出压抑、敏感、自我防卫及难于合作的特点；而在同伴关系融洽的宿舍生活的大学生，心态则以注重学习和成就、乐于与人交往和帮助别人为主流。因此，对大学生宿舍人际关系进行深入研究，对大学生的人格完善和心理健康具有重要而深远的意义。

案例：

林兵，男，20岁，某本科院校二年级学生。他自认性格十分内向、孤僻、不善言谈、不会处事、很少与人交往。入学一年多，他和班级同学相处的不融洽，与宿舍同学也发生过几次冲突，关系紧张。后来竟擅自搬出宿舍，与外班同学住在一起。从此，他基本不和本班同学来往，集体活动也很少参加，与同学感情淡漠，隔阂加深。他认为班里没有人了解信任自己，常常感到孤独和自卑，情绪烦躁，痛苦至极，而这种痛苦没有地方倾诉，长期的苦恼和焦虑使得他患上了神经衰弱症。

经常失眠和头痛使他精神疲惫，体质下降，学习效率极低，成绩急剧下降，考试还出现了不及格的现象。深感自己陷入疾病境地却无法自拔，失去了学习的信心。他开始厌倦学习、厌恶和班级同学在一起，不想在学校待下去。于是，他不听老师劝告，也不顾家长劝阻，坚持要求休学。

第二节　大学生人际交往障碍及调适分析

一、大学生人际交往存在的问题

马克思说过："良好的人际交往有助于大学生个性发展和深化自我认知。"大学生人际交往整体来说是积极健康的，但也存在一些问题。部分大学生不同程度的存在人际关系失调，乃至出现严重人际交往障碍，给他们的生活、学习、情绪、健康带来不良影响。大学生在人际交往中主要存在 6 个方面的表现。

(一) 心理失衡

学生进入大学发现现实中的情况与自己想象中的大学有所差别，导致他们对周边环境不满，新的陌生环境使他们心理失衡，以致不愿与同学交往。一方面，新生离开家乡、父母、朋友，在面对新的校园环境时容易产生孤独、恋旧感；来自全国各地的新同学又有着不同的文化背景和生活习惯，个性脾气、思想观念都有区别，人际交往中，容易产生矛盾和冲突。另一方面，在与别人交往时，"我"字优先，只顾及自己的需要和利益，强调自己的感受，而不考虑别人。在与他人相处时，不顾场合，不考虑别人的情绪，自己高兴时，就高谈阔论，眉飞色舞，手舞足蹈；不高兴时，就郁郁寡欢，谁都不理，或是乱发脾气，根本不尊重他人，漠视他人的处境和利益，总是以自我为中心。

(二) 自我封闭

当代大学生大多是独生子女，在家父母关心有余，导致子女对父母依赖性强，以自我为中心。这部分同学通常有迫切的人际交往欲望，但不知如何与人相处，不善表达，说话过于耿直让人难以接受，交往过程中容易出现挫败感，使自己苦恼于如何让别人接纳、喜欢并信任自己。另一种情况是虽然愿意与他人交往，但由于性格原因却无法让别人了解自己。这样的人一般性格内向孤僻，形成了一种自我封闭的状态。

(三) 交往迷茫

具有害羞心理的人在交往中通常表现出腼腆、动作忸怩不自然、说话声音小，但同时他们也渴望交往，渴望理解与友谊。与人交往时胆怯、自卑、害怕被人看不起。他们心理与行为不符，回避与人接触，不得不交往时表现出紧张、恐惧。因此，他们经常陷入焦虑、痛苦、自责中，影响着身心健康。校园就是个亚社会，每天自然少不了待人接物，然而待人接物并不简单，大学校园汇集着来自五湖四海、四面八方的同学，风俗习惯、观点看法难免不一样，正是这些风俗习惯和观点看法的不同，使我们的生活总是充满着小摩擦，总是不能风平浪静。

(四) 功利交往

不当交往一开始给人感觉不错，但持续性效果不佳，甚至关系倒退。例如：有些同学讲话不会察言观色，讲话时不注意场合，容易使对方难堪。不良交往是怀着利用别人的心理与人交往，他们在交往中缺少真诚和信用，也不懂得尊重对方，而是从自己的利益出发，自私自利。尽管这类交往手段方法多，但是很难赢得别人的信任和友谊。任何人在交往过程中都有这样那样的目的、想法，都有使自己通过交往得到提高、进步的愿望，这些都是好的。但如果过多过重地考虑交往中的个人愿望，利益是否能够实现和达成，实现的可能性有多大等，就很容易被拜金主义、功利主义等错误思想腐蚀拉拢，使个人交往带上极其浓厚的功利色彩。

(五) 江湖义气

有些学生热衷于江湖义气，不惜为哥们两肋插刀，大有豪气冲天的勇者风范。而实际上，这是对革命同志关系的玷污。在平时交往中，不能搞小团体、小圈子，应当坚持团结合作，珍惜互相之间的情谊，这样才能做到“人伴贤良智更高”。

(六) 面子问题

大学生的许多人际冲突，都是发生在没有什么原则问题的小事情上，往往是一次无意的碰撞、不经意的言语伤害，本来只要打个招呼、说声道歉，也就没事了，但双方都“赌气”，不打招呼，不道歉，而是出言不逊，结果争吵起来。更有甚者，一个不让，一个拔拳相向，头破血流，事后懊悔不迭。双方都在用不适当的方法维护自尊，即典型的面子心理，仿佛谁先道歉就伤了面子，谁在威胁面前低了头，谁就孬种，于是层层升级，以悲剧而告终。

二、大学生人际交往主要的心理障碍

(一) 认知引起的交往障碍

大学生自我意识强，但社会经历有限，心理上的不成熟导致不能够全面了解一个人的整体面貌，对人的认知往往带有理想化色彩。这主要表现在以下 5 个方面：

(1) 晕轮效应。也称光环效应，是由美国心理学家凯利(H.Kelly)提出，指的是当认知者对一个人的某种特征形成好或坏的印象后，他还倾向于据此推论该人其他方面的特征。例如：名人效应，我们通常会购买自己喜欢的明星打广告的产品，而明星代言的产品也比同类没有明星代言的产品销量更好。类似“爱屋及乌”的原理。

(2) 首因效应。也称第一印象效应，由美国心理学家洛钦斯(A.S.Lochins)首先提出，指的是交往双方形成的第一次印象对今后交往关系的影响，也即是“先入为主”带来的效果。如果一个人初次见面给人留下良好印象，那么人们就愿意和他接近，彼此也能较快地取得相互了解，并会影响人们对他以后一系列行为和表现的解释。

案例：

一位心理学家曾做过这样一个实验：他让两个学生都做对 30 道题中的一半，但是让学生 A 做对的题目尽量出现在前 15 题，而让学生 B 做对的题目尽量出现在后 15 道题，然后让一些被试人对两个学生进行评价：两相比较，谁聪明一些？结果发现，多数被试人都认为学生 A 更聪明。由此得知，人们对第一印象，日后往往很难改变，而且人们会寻找更多的理由去支持这种印象。有的时候，尽管你的表现并不符合原先留给别人的印象，但人们在很长一段时间里仍然会坚持对你的最初评价。由此可见，第一印象对人际关系的发展真的很重要。

(3) 刻板印象。主要表现为机械地把交往对象归入某一类群体，然后把对该类群体的习惯认知推及交往对象身上，而不管该人的实际差异，容易形成偏见，进而影响顺利地人际交往。

(4) 投射效应。是指以己度人，个人认为自己具有某些特质，其他人也和自己有相同的特质，把自己的感情、意志、特性投射到外部世界的人、事、物上，并强加于人的一种心理。通俗讲就是“以己之心，度人之腹”。比如：心地善良的人总也不相信有人会加害于他；而敏感多疑的人，则往往会认为别人不怀好意。

(5) 角色固着。是指个人把自己的身份局限于特定的角色当中，不善于变通身份。例如：有的人从小到大在班里都是班长，上了大学当班长后依旧用小学的管理方式管理同学们，往往得不到别人的理解，反而自我感觉费力不讨好。

案例：

小 A 与小 B 是大学同学，同在一个宿舍生活。入学不久，两个人成了形影不离的好朋友。小 A 活泼开朗，小 B 性格内向，小 B 逐渐觉得自己像一只丑小鸭，而小 A 却像一位美丽的公主，心里很不是滋味。她认为小 A 处处都比自己强，把风头占尽，时常以冷眼对小 A。大学三年级，小 A 参加了学院组织的服装设计大赛，得了一等奖，小 B 得知这一消息先是痛不欲生，而后妒火中烧，趁小 A 不在宿舍之际将小 A 的参赛作品撕成碎片，扔在小 A 的床上。小 A 发现后，不知道怎样对待小 B，更想不通为什么她要遭受这样的对待？

(二) 人际交往的情感障碍

(1) 自卑。自卑是指自我评价低，浅层的感受是别人看不起自己，而深层的理解是自己看不起自己，即缺乏自信。有自卑感的人，在社会交往中办事没有胆量，没有主见，遇到挫折就怨天尤人。

(2) 怯懦。主要见于涉世不深、阅历较浅、性格内向、不善言辞的人。由于怯懦，在社交中即使自己认为正确的事，经过深思熟虑之后，却不敢表达出来。这种心理别人也能观察出来，然后对自己产生异样看法，不愿与自己成为好朋友。

(3) 害羞与孤独。过分的害羞，使大学生在交往中大大约束自己的言行，不能有效地表达自己的情感和意愿，往往在交际场所或大庭广众之下，羞于启齿或害怕见人。由于过分的焦虑和不必要的担心，使得人们在言语上支支吾吾，行动上手足失措。长此下来，会不利于与他人正常交往，妨碍人际交往。

(4) 嫉妒。这是指在意识到自己对某人、某物品的占有或占有意识受到现实的或潜在的威胁时产生的一种心理体验。西班牙作家塞万提斯指出："忌妒者总是用望远镜观察一切，在望远镜中，小物体变大，矮个子变成巨人，疑点变成事实。" 忌妒是对与自己有联系的、而强过自己的人的一种不服、不悦、失落、仇视，甚至带有某种破坏性的危险情感，是通过自己与他人进行对比，而产生的一种消极心态。

(5) 猜疑。具有猜疑心理的人，往往先在主观上设定他人对自己不满，然后在生活中寻找证据。带着以邻为壑的心理，必然把无中生有的事实强加于人，甚至把别人的善意曲解为恶意。这是一种狭隘的、片面的、缺乏根据的一种盲目想象。

(6) 敌视。敌视是一种严重的心理障碍，个人总是以仇视的目光对待别人。这种心理可能来自童年时期的家庭环境，由于受到虐待感觉被人仇视，从而仇视一切人的心理。对不如自己的人以不宽容表示敌视；对比自己厉害的人用敢怒不敢言的方式表示敌视；对处境与自己类似的人则用攻击、中伤的方式表示敌视。

(7) 逆反。有些人总爱与别人抬杠，以说明自己标新立异，对任何一件事情，不管是非曲直，你说好，我就认为坏；你说对，我就说它错，使别人对自己产生反感。

(8) 做戏。有的人把交朋友当作逢场做戏，处处应付，爱吹牛，爱说漂亮话，与某人见过一面，就会说与某人交往有多深。这种人与人交往只是做表面文章，因而没有感情深厚的朋友。

(9) 冷漠。有些人对各种事情只要与己无关，就冷漠看待，不闻不问，或者错误地认为言语尖刻、态度孤傲就是"人格"，致使别人不敢接近自己，从而失去一些朋友。

(10) 贪利。有的人认为交朋友的目的就是为了"互相利用"，见到对自己有用、能给自己带来好处的朋友才交往，而且常是"过河拆桥"。这种贪图财利，沾别人光的不良心理，会使自己的人格受到损害，从而失去一些朋友。

(三) 人际交往的人格障碍

人格障碍是另一种常见的人际交往障碍。所谓人格，是指人在各种心理过程中经常地、稳定地表现出来的心理特点，包括气质、性格等。人格的差异带来交往中的误解、矛盾与冲突，人格不健全可直接造成人际冲突。

1. 性格差异

性格差异通常致使交往过程中产生误解与冲突，人格不健全可直接造成人际冲突。不同气质类型的人对同一事物的处理方式不一样，抑郁质的人做事沉闷，这会使得胆汁质的人烦躁着急，造成双方互相抱怨和不满。而同类型气质的人也容易产生矛盾。

案例：

小 A，大二年级女生，住校生，自述近期一直情绪低落，总是觉得很压抑，总是想哭，不知不觉就会泪流满面，有人在的时候还是会感觉很孤单，没人的时候又会觉得害怕。觉得很难很好地进行学习和生活，因而来寻求心理辅导，希望自己可以摆脱这种状态。

进一步了解情况得知，小 A 的家庭和睦，家庭关系较好，很恋家，性格比较内向，气质上属于黏液—抑郁质混合型，沉静、内向、对问题感受和体验深刻、持久；反应迟缓但深刻；注意力稳定而不容易转移。

2. 性格缺陷

性格缺陷指性格某一方面的反应呈现出不合理或者不积极的反应，和正常人不一样，不想和别人一样：别人都那样做，偏偏自己这样做的一种性格表现。包括无力性格：在平常的学习、工作中，有疲乏的感觉，体力和精力明显不足，经常有身体不适，情绪不愉快，缺乏克服困难的勇气和精神，对压力容易产生过敏反应。偏执性格：性格很固执，敏感多疑，容易嫉妒他人，考虑问题时总以自己为中心，喜欢责备他人。分裂性格：性格非常内向，有孤独感，情感很冷漠，社会适应能力不良，人际关系差，喜欢独处，不愿与他人交往。强迫性格：强迫追求自身的绝对安全和身体健康，有一定程度的强迫思维和强迫行为。不适应性格：这种性格的人社会适应能力差，不善于处理人际关系，概念、判断、思维能力不足。火爆性格：为人不灵通，遇到一点点小的刺激就能诱发愤怒和激情，让人受不了。癔症性格：心理发展不成熟，感情丰富，热情有余，稳重不足，容易接受暗示，好表现自己。

3. 寝室人际关系现状

大学生寝室是学生最为集中、滞留时间最长的社区；是学生生活休息、思想交流、信息沟通、情感传递的主要场所；是大学生人际关系建构的重要阵地；但也是人际关系紧张的高危地带和主要矛盾的集散地。成都高校调查寝室人际关系现状：有 60.9%的学生认为寝室里有自己最不喜欢的人，33%的学生认为寝室里的室友不能互相关心、相处不融洽。现阶段大学生寝室人际关系不和谐有以下 3 种表现。

(1) 贫富差距产生的心理鸿沟和感情隔阂。

随着高等教育的大众化，高校学生家庭经济状况差异很大，有的学生家庭优越，每月消费都在千元以上，而有些来自偏远农村的学生甚至连基本生活都没有保障。由于长期生活环境的影响使得这两类人的世界观、价值观、人生观存在很大的差异，经常会在一些观点上产生摩擦。经济条件比较好的同学往往有一种优越感，有时表现得比较自我；而家庭贫困的同学内心又比较容易自卑敏感，因此宿舍里这两类人很容易形成敌对的战线。

(2) 个人不良生活习惯产生的关系不和。

在集体生活的寝室里有的同学极不注意个人卫生，随便吸烟，从来不叠被子，床上又脏又乱，东西乱扔，袜子衣服穿完不洗，踢了球一身臭汗也不洗澡，甚至上厕所常常忘了冲马桶，集体卫生从不关心，坐享其成。这些恶习有时候会引发舍友间的矛盾冲突。还有些同学生活作息时间紊乱，常常深夜点蜡烛看书、聊天、打电脑游戏等，这些在不恰当时间的活动行为侵犯了舍友的权利，有时就成为寝室人际关系不和的导火线。

(3) 过分亲密导致的狭隘“依赖型”人际交往矛盾。

人与人之间的交往需要保持适度的距离，过于亲密的交往会占用别人与他人交流的时间和空间，从而导致对交往的厌烦。在寝室生活中有些同学独立性较差，过分依赖别人，学习生活、业余消遣都要跟着别人。这种狭隘的“依赖型”人际交往破坏了人际交往的基本原则。久而久之，随着厌烦情绪的累积，矛盾也会逐步产生。

案例：

“求求你不要对我太好。”小茜对她的好朋友发出了内心感叹。初看起来，这种人际关系让人觉得很另类，但听小茜的解释，确实觉得她的无奈让人理解。寝室的君君和她一直很要好，无论小茜当时是否愿意，君君都要拉着小茜一起锻炼、上学、吃饭、看电影等，过于亲密的交往使得小茜失去了和别人交流的时间与空间，狭隘的人际交往让小茜觉得空虚，且对君君的“友好”烦恼不堪。像君君这样的“依赖型”朋友在大学里并不少见，但过多地占用别人的时间是对自己也是对别人的不负责。

(4) 小团体主义破坏寝室人际关系。

在部分寝室里有些同学过于争强好胜，功利心和虚荣心太强，喜欢拉帮结派在寝室里结成小集体，孤立其他人，不顾及他人感受，我行我素，这种状况长期下去也很容易导致寝室气氛压抑沉闷从而导致寝室人际关系紧张。

案例：

我是一名女生，今年20岁。上高中的时候我学习很刻苦，除了学习没有其他的爱好，也没什么朋友。因高考成绩不理想，补习了一年。考入大学后，班主任安排我当寝室长，我也想好好与寝室同学相处。但时间一长，我发现自己真的无法和室友们相处，我习惯早睡，她们却喜欢聊到深夜；我比较爱干净，她们却喜欢乱丢乱搭，把寝室搞得乱七八糟。我以寝室长的身份给她们提出一些建议和要求。她们不但不听，反而恶言相骂。就这样我与室友经常因为一些琐事发生争执，我认为自己是对的，但她们并不理睬，几乎没人跟我说话。现在我和室友的关系很糟糕，已经到了孤立无援的地步。

三、大学生认知偏差的调适

(一) 综合评价他人

一个人的语言通常反映这个人的内心，但有时人会修饰自己的内心，他所说的话不直接表露他内心所想。这就需要听者善于听“弦外音”，真正听明白对方的意图。人的内心活动是可以通过行为表现出来的。一个人的内心控制力再强，其行为也总会有所反映，因此我们评价一个人应当综合他的一贯行为表现，不能仅凭一两件事或最初、最近的表现来判断人。

(二) 客观评价他人

每个人都喜欢凭自己的喜好与人交往。在交往中也会不自觉地将个人的爱好强加于他人。这就造成了我们在认知他人时会带有某些主观的成分。但在实际生活和工作中，我们遇到的人并不一定都是我们喜欢的人，所以我们应从他人的实际特点和具体情况出发去认知，对其有一个客观的评价，确定比较合适的交往方式。

四、大学生自我认知的调适

(一) 全面认识自我

人贵有自知之明。如果一个人能够全面地、正确地认识自己，客观地、准确地评价自己，就能够量力而行，确立合适的奋斗目标，并为实现这一目标而不懈努力。一是通过分析他人对自己的评价来认识自我。这是自我认识的一条重要途径。大学生应正确对待他人对自己的评价，从分析他人对自己的评价中进一步认识自我。二是通过与他人的比较来认识自我。通过比较来认清自己的优势和劣势，长处和短处，达到取长补短，缩小差距的目的。三是通过自我比较来认识自我。人们不仅可以通过与他人的比较来认识自我，也可以从比较自己的过去、现在和将来中认识自我。四是通过自己的活动表现和成果来认识自我。大学生可以通过自己参加各种活动时的动机、态度，在活动中的表现，以及取得的成就来分析认识自己。

(二) 积极认可自我

大学生如果以积极的态度认可自己，便会形成自尊，如果以消极的态度拒绝自我，便形成自卑。自卑的产生不利于人际交往的进行。一是要积极准确地评价自我。积极准确地评价自我是促使产生自尊感，克服自卑感的关键。对自己的长处要充分发握，对自己的短处要正确对待，既不能护短，也不因某些短处而灰心。二是要正确对待挫折和失败。一个人在成长过程中，难免会有失败，要有勇气面对挫折，认真总结教训，树立不达目的不罢休的信心。

(三) 努力完善自我

自我完善是个体在认识自我、认可自我的基础上，自觉规划行为目标，主动调节自身行为，积极改造自己的个性，使个性全面发展，以适应社会要求的过程。一是确立正确的理想自我。正确的理想自我是在自我认识、自我认可的基础上，按社会需要和个人的特点来确立自我发展的目标，并通过实现这一目标而努力地完善自我。二是努力提高现实自我。不断战胜旧的自我，重塑新的自我，既要努力发展自己，又绝不能固守自我，要积极主动地为社会服务，勇于承担重任；既注重自我价值的实现，又不仅仅追求个人价值，在为他人和社会服务、为国家和民族作贡献的过程中实现自我价值。三是认真进行自我探究，逐步获得积极的自我统一。自我统一意味着“主体我”和“客体我”的统一。大学生在认真探索人生的过程中，将逐步获得积极的自我统一，实现自身的价值。在获得自我统一的过程中，首先要分析和确认“理想自我”的正确性和可行性，然后与现实自我相对照，最后有针对性地、有计划地解决二者之间的矛盾，缩小差距，最终获得统一。

第三节　建立和谐人际交往的艺术

每个人在交往中都或多或少地出现这样或那样的问题，改善人际关系，加强人际交往，对大学生的学习、生活和心理健康都有重大意义。

一、掌握人际交往的基本原则

(一) 真诚

“人之相知，贵相知心。”真心诚意地去赞美他人往往能得到回报，获得赞美的人心情愉悦，也会对赞美他的人产生好感。因而要擅长发现别人的优点，形成赞美他人的习惯，不吝啬夸赞。赞美是出于善意，对别人身上的优点和长处进行肯定，是真诚流露。

（二）信任

美国哲学家和诗人爱默生说过：“你信任人，人才对你重视。以伟大的风度待人，人才表现出伟大的风度。”在人际交往中，信任就是要相信他人的真诚，从积极的角度去理解他人的动机和言行，而不是胡乱猜疑，相互设防。信任他人必须真心实意，而不是口是心非。

（三）宽容

与人相处，难免发生摩擦冲突，宽容往往会起到“化干戈为玉帛”的效果。不以自己的标准来要求朋友，准许性格、爱好方面的差异，不企图去改变别人。不吹毛求疵，对待朋友要看其长处，善于在交往中发现朋友的优点并虚心学习。要豁达大度，胸襟开阔，正确对待朋友间的矛盾；能听取不同意见，勇于接受相反意见和批评；正确对待失败与挫折，承受各种磨炼。

（四）自信

俗话说：“自爱才有他爱，自尊而后有他尊。”自信也是如此，在人际交往中，自信的人总是不卑不亢、落落大方、谈吐从容，而决非孤芳自赏、盲目清高。

（五）热情

在人际交往中，热情能给人以温暖，能促进人的相互理解，能融化冷漠的心灵。因此，待人热情是沟通人的情感，促进人际交往的重要心理品质。做到“一日三省吾身”。时常检讨自己的言行，对朋友的过失和缺点给予善意提示、指正，诚信帮助朋友改正；不可过于挑剔，更不能恶语伤人。热情向朋友提供帮助，伸出友谊之手，在帮助朋友的时候，不能摆出有恩于人而念念不忘的姿态；对于别人给予的帮助，不论受益大小，都应该向朋友表示出诚恳的谢意。

案例：

蔡某，女，20岁，某大学二年级学生。主诉为“我入学已一年半了，但和同学关系总是处不好。不知从什么时候起，周围的人好像都不喜欢我，讨厌我。有的人一见到我就掉头走开；有的人还在背后嘀嘀咕咕议论我。为此，我心里很烦，不知道周围的人为什么不喜欢我。老师，您能不能告诉我一个人怎样才能获得他人的好感与尊重呢？”

二、提高认识，掌握人际交往技巧

（一）学会沟通，注意语言

大胆实践培养交往能力。沟通主要指人与人之间的信息交流过程，它是交往的基础。交往的含义比沟通更广泛。一个人每天约百分之七十的时间都是在做这样那样的沟通。在情感上，我们同样是通过沟通来丰富自己的。我们欣赏绘画、摄影作品，看电影、电视，阅读散文、诗歌、小说，实际上都是在体验创作者的创作情感历程。受作品启发，我们在欣赏过程中还会产生出许多作品中没有或超越作品的情感体验和思想，在情感体验的性质上，沟通的过程使积极的情感体验加深，使消极的情感体验削弱。快乐与别人分享，快乐就增加一倍；而痛苦与别人分担，痛苦就减轻了一半。沟通的过程，使人生真正变得丰富多彩，使人的有限生命走向无限。英国作家萧伯纳曾经打过一个很好的比方，他说："假如你有一个苹果，我有一个苹果，我们彼此交换以后，每个人都还是一个苹果。但是，如果你有一种思想，我有一种思想，我们彼此交换后就有两种思想，甚至思想发生碰撞，还可以产生出两种思想之外的其他思想。"

另外语言交往要注意方法。首先说话讲究节制与节奏。节制即不要打开话匣子就收不住，注意言多必失。再一个切勿交浅言深，注意节奏即发表看法等三秒，话到嘴边留半句。如果到了需要你发表看法或表达意见的场合，不要迫不及待地将自己的想法一股脑全盘托出，可以稍等几秒，一边用来考虑说话内容是否严密合理，一边用来观望下有没有和你持相同意见的人率先站出来。再有就是话到嘴边留半句，细心观察生活你就会发现，很多矛盾与大坑往往都是因为你多说了一句话造成的，这些话在你看来无伤大雅，但说者无心，听者有意，容易伤人伤感情。

交谈时考虑对方的感受与心理。如今大学生都标榜张扬个性，然而一味追求自己的交流快感与表达欲的满足，不考虑对方感受的话，不仅会使你的双向传播变成单向的自说自话，更会使你的沟通效果大打折扣。

(二) 擅长倾听，准确反馈

作为大学生的我们，如果说哪一项能力对我们而言很重要，"口才好"绝对是大多数人都渴望具备的能力。"能说"确实是沟通不可或缺的重要部分，清晰表达观点需要好口才。但只是能说，一味能说，可以有效沟通吗？通过调查研究发现，好的沟通中占主要成分的不是交谈、说话，而是倾听。善于倾听的人，是在告诉对方，你是一个值得我倾听讲话的人，表现出了对他人的尊重，提高对方的自尊心，加深双方的感情。善于倾听的沟通者更容易受到欢迎和信赖。反而言之，一个只会说不会听的人，以自我为中心说话的人，会让人觉得不尊重他人，与这类人沟通通常不觉得愉快也无法得到收获。

第一，眼睛要注视说话的人，将注意力始终集中在别人谈话的内容上。不要打断对方，在对方未提问时，不要随便发表自己的看法。通常情况下，对方判断我们是否在认真倾听他说话，是根据我们是否看着他来做出的。如果在对方说话时我们的眼睛盯着别处，对方就会认为我们对他的谈话不感兴趣，从而打击他谈话的积极性。

第二，有效的倾听还要做到设身处地，即站在说话者的立场和角度看问题。要努力领会对方所说的题中之意和言辞所要传达的情绪与感受。有时候，说话者不一定会直接把他的真实情感告诉我们，这就需要我们从他的说话内容、语调或肢体语言中获得线索。

第三，恰当运用肢体语言。在与人交谈时，即便我们还没有开口，我们内心的真实情绪和感觉就已经通过肢体语言清楚地展现在对方眼前了。如果我们在倾听时态度比较封闭或冷淡，对方自然就会特别注意自己的一言一行，比较不容易敞开心胸。

(三) 管理情绪，端正态度

当人们在陌生环境里感到紧张、羞怯时容易引起焦虑情绪，并处于高度紧张的自我防卫状态，使得他人觉得你对他不信任，从而阻碍了彼此关系发展。例如：新生入学，由于对周围人和事物都缺乏了解，在较长时间里处于自我防卫状态，直到熟悉了周围环境和同学，才得到放松，开始适应。不卑不亢，是最应该首先确立起的人际交往的正确态度，这也是一个大前提。

1. 管理压力

为了让你的情商发挥作用，你必须能够利用情绪对行为的建设作用。当你压力过大时，你就会失去对自己情绪的控制，也就失去了深思熟虑和适当行动的能力。面对把我们带出舒适区的压力，我们会变得不知所措，失去对自己的掌控。有了管理压力和保持情绪的能力，你就能学会接受令人沮丧的信息，而不会让它挫败你的想法和失去自我掌控。你将能够做出选择，控制冲动的感觉和行为，以健康的方式管理情绪，采取主动的态度，履行承诺，并适应不断变化的环境。

2. 管理核心情感

研究表明：你当前的情感体验很可能是你早年生活经历的反映。你管理核心情感的能力，如：愤怒、悲伤、恐惧和快乐，往往取决于你早年情感经历的质量和一致性。如果你在婴儿时期的主要看护人理解并重视你的情绪，那么也许你的情绪已经成为生活中的重要资产。但是，如果你在婴儿时期的情感经历是困惑、威胁或痛苦的，这将很可能导致你试图与自己的情感保持距离。但是，能够与你的情感相联系，与你不断变化的情感体验保持时时刻刻的联系，是理解情感如何影响你的思想和行为的关键。

3. 注意非言语线索

非言语线索(包括面部表情、身体动作、声音特征、空间距离、沉默现象等)，能让你知道别人的真实感受，他们的情绪状态是如何时刻变化的，以及对他们来说什么才是真正重要的。同时，你传递给别人的非语言信息对改善你的人际关系有很大的作用。你也可以有效地使用非言语行为进行沟通。

4. 善用幽默

用幽默和玩笑来缓解压力。幽默、欢笑和玩乐是缓解压力的天然良方。它们会减轻你的负担，帮助你正确看待事情。笑能让你的神经系统保持平衡，减轻压力，让你平静下来，让你的思维变得敏锐，让你更有同理心。

(四) 建立亲密关系，与人合作

在多元社会，我们要容纳且尊重人与人之间的异同，在保留个性的情况下和谐相处。首先，要把握交往距离。人际关系从初步建立到逐渐发展，交往层次由浅到深，从吸引对方注意，选择和初期交流，确定交往可否继续；然后由于交往双方共同特征发现，沟通更为广泛，程度加深，倾向于正式交往阶段；第三步是交往双方产生信任感、安全感至亲密关系形成。亲密关系是个人爱和归属感的满足，是人们情感正常发展和实现自我的必要前提。因此，建立亲密关系，有助于人们身心健康。

合作是人际交往能力中很重要的一部分，学会合作对于提高人际交往能力有很大帮助。秉持善良、仁爱和诚信之心，无私奉献；做人做事，总有失败或困顿的时候，但始终以真挚之心，以孜孜不倦的态度刻苦钻研，终将获得志同道合的朋友。

(五) 学会独处

学会独处，并不是不社交，而是放弃一些无效社交。能够愉快地独处的人，必定内心丰盈，愉悦源自自己的内心，便不会去在意别人带来的情绪，注意点放在自己认为重要的事情上。掌握独处能力，不向别人索取，做好自己。拥有独立人格，发展健康的关系，做到能独乐乐，也能众乐乐。学会独处，摆脱依赖心理，独立完成工作任务，进行更好的自我增值，将更多的时间放在学习与思考中，思考自己内心真实的需求。“解忧杂货店今日不营业！”如果把每个人比作商店的主人，在人际交往中，我们则要学会适时关门。只有学会关门，你才有机会为自己的人际关系减负。李敖曾在采访中说过：他每天都会给自己留一个小时，把手机放到房外，端上一杯茶，走入书房，给自己独处的时间。在书房里，或是整理文集，或是阅读书籍，总之不让自己受到干扰，反省自己，思考人生。叔本华曾说：“只有当一个人独处时，他才可以完全成为自己。”

(六) 改善寝室人际关系

人际关系的建立无疑对大学的学子们在今后的社会中能够更好的发展起到了关键性的作用。随着社会的不断进步，人际关系更趋向于社会化，这样，人际关系的培养对于同学们尤为重要。寝室作为同学们学习和生活的重要场所，已成为大学生步入社会前的交往“预演”，培养良好的寝室人际关系不仅有利于大学生的生活、学习，而且有利于培养大学生良好的生活习惯和健全的心理素质，对大学生的价值观念和处世哲学的形成有着深远的影响。所以如何能更好地构建大学生寝室人际关系对同学们有着很重要的意义。在此，提出一些建议，使同学们能够更好地构建和谐的寝室人际关系。

(1) 摆正心态，换位思考，从自身找原因，宽宏豁达。

社会的复杂性导致个性的丰富性，这必然引起个体之间冲突的加剧，所以要与周围的人保持良好的人际关系，就必须学会求同存异，具备宽宏豁达的心理品质，多为别人着想，做到以诚相待。常言道：“大度集群朋。”做一个宽宏豁达的人是有一定难度的，但大学生在日常的生活、交往中一定要注重这种品质的培养，以求更好地适应生活、适应社会。同学们应该学会换位思考，将心比心，以诚换诚，才能达到心灵的沟通和情感的共鸣。

(2) 掌握一些人际关系沟通技巧。

交往中的技巧犹如人际关系的润滑剂，它可以帮助人们在交往活动中增进彼此的沟通和了解，缩短心理距离，建立良好的人际关系。很多存在人际关系障碍的同学都是由于沟通技巧的缺乏所造成的，因为缺乏交流和人际交往的技巧，往往容易对人际交往失去兴趣，并造成在人际交往的场合被动、孤立的境地，而且容易因不能恰当表达自己的想法而限制了自己的发展。所以应采取主动的、积极的方式，去逐步改善自己的人际交往问题，而不应一味地回避。事实上，社交技巧是多种多样的，如增强人际吸引力、幽默、巧妙批评语言艺术等等。对大学生来说，在树立了人际交往的勇气和信心之后，在人际交往中应掌握的技巧主要是培养成功交往的心理品质和正确运用语言艺术。成功交往的心理品质包括诚实、守信、谦虚、谨慎、热情助人，尊重理解，宽宏豁达等等。语言艺术的运用包括准确表达，有效倾听，巧用幽默等等。这些都有助于大学生提高交往艺术，取得较好的交往效果。

(3) 加强自身的修养，注重人格的塑造和能力的培养。

一个品质好、能力强的人或具有某些特长的人更容易受到人们的喜爱。人们欣赏他的品格、才能，因而愿意与之接近，成为朋友。所以，若想要增强人际吸引力，更友好、更融洽地与他人相处，就应充分健全自己的品格，施展自己的才华，表现自己的特长，使自己的品格、能力、才华不断提高，做一个知性和善解人意的人，使得在身边的朋友都能感受到你的真诚和热情。

思考与收获

1. 请用人际交往理论来分析自己体会最深一次的人际交往实践。
2. 如何运用本章所学到的知识和方法来处理宿舍人际关系？
3. 你在人际交往中存在哪些问题？
4. 人际交往中是否要无条件地相信对方？
5. 通过本章程的学习，你认为自己的交往能力可以在哪些方面有所改善？

心理训练

一、寻找志同道合的你

同学根据对自己的描述和对其他同学的了解，寻找和自己具备的特点相同最多的同学，组成一组。两个人互相谈谈令自己最开心的事情、自己最得意的事情，自己的失败等等，并记住对方一个“特殊的日子”。

二、“我猜你猜”

班长在心中默想一人，但不说出他的名字，此人必须是班级里的成员，然后请其他同学来猜他的名字。在猜的过程中，同学们可以向班长提问，但班长只能回答“是”或“不是”，最先猜出的人为胜利者。然后由胜利者在心中默想班级中的一人，其他成员来猜，以此类推。

第七章　在爱中成长

——大学生恋爱与性心理

❖ 名人名言 ❖

我遇见你，我记得你，这座城市天生就适合恋爱，你天生就适合我的灵魂。

——杜拉斯

❖ 心灵测试 ❖

下面所列的是一些关于爱情的常见说法，请你选择自认为较为合理的项目，借以了解自己的爱情观。同时，希望在阅读完本章节内容之后，你再回过头来看一看，结果是否一样。(A. 赞成；B. 不赞成)

1. 恋爱是人的本能，无需学习，生来就会。(　　)
2. 大学生恋爱只是积累经验，不为婚嫁。(　　)
3. 信息时代恋爱应该“速食”。(　　)
4. 爱情功夫茶要慢慢“品”。(　　)
5. 失恋是人生的失败。(　　)
6. 失恋是新机会的开始。(　　)
7. 不求天长地久，但求曾经拥有。(　　)
8. 爱就要地老天荒，生死不渝。(　　)
9. 爱情是排他的、专一的。(　　)
10. 网恋是虚拟的，不可信。(　　)

第一节　何 谓 爱 情

爱情，一个动人的词汇，许多哲学家、心理学家、诗人、教育家都对它做过不一样的诠释：苏格拉底说爱情是爱一切的善，是一种动人的欲望；休谟说爱情是人的自然本性，是美貌、肉欲、好感三种情感的结合；黑格尔说爱情是男女双方心灵和精神上的统一；马斯洛说爱的需要涉及给予和接受爱，我们必须懂得爱，必须能教会爱、创造爱、预测爱；弗洛姆说爱是我们对所爱者生命与成长的主动关切，没有关切就没有爱；海德说爱是深度的喜爱。

一、爱情的定义

爱情是人际吸引的强烈形式和最高形式，其基本内容涉及生物因素、精神因素、社会因素三个方面。生物因素是指爱情基于生命繁殖本能，也就是性本能，和性生理的成熟度有关，是基于男女两性之间的性吸引，从而具有与之相结合的强烈愿望。精神因素主要是指爱情是一种高尚的感情，也就是说爱情是以男女两性之间的共同信念、理想、追求和优良的道德品质为爱情的基石，健康的爱情会愉悦身心，使人产生美好的心理体验，让人在生活、学习和工作上积极向上，充满活力。社会因素是指爱情是一种社会现象，它一方面要受社会道德、法律规范制约，另一方面爱情还将涉及繁衍后代的社会功能。

二、关于爱情的理论

(一) 爱情三元理论

美国心理学家罗伯特·斯腾伯格(Robert J. Stemberg)提出了爱情三元理论。他认为爱情存在三个要素：亲密、激情和承诺。

1. 亲密

两人彼此分享自己的内心世界，得到对方的接纳，感觉亲近、温馨的一种体验。它包括十个基本要素：① 渴望促进对方的幸福；② 与对方在一起体验到快乐；③ 对对方高度的关注；④ 在需要帮助时能指望对方；⑤ 互相理解；⑥ 与对方分享自我和自己的占有物；⑦ 互相提供情感方面的支持；⑧ 互相尊重；⑨ 与对方进行亲密的沟通交流；⑩ 重视对方在自己生活中的价值。

2. 激情

男女之间本能的异性吸引与生俱来。激情是一种“强烈地渴望跟对方结合的状态”。通俗地说，就是见了对方，会有一种怦然心动的感觉，和对方相处，有一种兴奋的体验。性的需要是引起激情的主导形式，自尊、照顾、归属、支配、服从也是唤醒激情体验的源泉。

3. 承诺

承诺由短期的承诺和长期的承诺两方面组成。短期承诺就是要做出爱不爱一个人的决定。长期承诺则是要做出维护这一爱情关系的承诺，包括对爱情的忠诚和责任心。

以上三种成分的不同结合，便得到八种不同类型的爱情。

(1) 无爱：三个因素都不具备。

(2) 喜欢：只有亲密关系。在一起感觉很舒服，但缺少激情，也不一定愿意厮守终身。

(3) 痴迷的爱：只有激情体验。认为对方有强烈的吸引力，除此之外，对对方了解不多，也没有想过将来。

(4) 空洞的爱：只有承诺。

(5) 浪漫的爱：有亲密关系和激情体验，没有承诺。

(6) 伴侣的爱：有亲密关系和承诺，缺乏激情。

(7) 愚昧的爱：有激情和承诺，没有亲密关系。

(8) 完美的爱：同时具备三要素。

(二) 约翰•李的爱情彩虹图

加拿大社会学家约翰•李(John. Alan. Lee)将男女之间的爱情分成六种形态：情欲之爱、游戏之爱、友谊之爱、依附之爱、现实之爱及利他之爱。

(1) 情欲之爱建立在理想化的外在美，是浪漫、激情的爱情。其特点是一见钟情式，以貌取人、缺少心灵沟通、热烈而专一、靠热情维持。

(2) 游戏之爱视爱情为一场让异性青睐的游戏，并不会将真实的情感投入，常更换对象，且重视的是过程而非结果；不承担爱的责任，寻求刺激与新鲜感。

(3) 友谊之爱是一种细水长流、稳定的爱，例如：青梅竹马般的感情。这种爱情以友谊为基础，在长久了解的基础上滋长着，能够协调一致解决分歧，是宁静、融洽、温馨和共同成长的爱情。

(4) 依附之爱者对于情感的需求非常大。依附、占有、妒忌、猜疑、狂热，在恋爱中情绪不稳定。这种爱控制对方情感的欲望强烈，将双方牢牢地捆在爱情这条绳索上。

(5) 现实之爱者则是会考虑对方的现实条件，以期让自己的利益获取增加而付出成本减少的爱情。这类爱情理性高于情感，表现出受市场调节的现实主义态度。

(6) 利他之爱带着一种牺牲、奉献的态度，追求爱情且不求对方回报。是无怨无悔、纯洁高尚的自我牺牲型爱情。

(三) 爱情的依恋理论

爱情依恋理论将爱情与童年依恋联系研究。婴儿时期与人建立的依恋关系，会使个体形成一个持久且稳定的人格特质，这项特质在个体与异性建立亲密关系时自然流露出来。

社会心理学家哈杉和谢弗将成人的爱情关系视为一种依恋的过程， 分三种类型：

(1) 安全依恋：与伴侣的关系良好、稳定，能彼此信任、互相支持。绝大多数人的爱情属于安全依恋。

(2) 逃避依恋：害怕且逃避与伴侣的亲密。例如：法国电影《天使爱美丽》中的艾米丽。

(3) 焦虑/矛盾依恋：时常具有情绪不稳定、极端反应的现象，习惯妒忌且希望与伴侣的关系是互惠的。《过把瘾》的男女主人公就属于这类。

在他们的研究中发现，三种不同的爱情依恋风格在成人中所占比例分别为：安全依附约占 56%，逃避依附约占 25%，而焦虑/矛盾依附约占 19%，与婴儿依附类型的调查比例相当接近。

巴塞洛缪和霍洛维茨以上述爱情依附风格理论的概念为基础，发展出一种四类型的爱情依附风格理论，他们以正向或负向的自我意象和正向或负向的他人意象两个不同的向度来分析，得到四种类型的爱情依附风格：

(1) 安全依恋：由正向自我意象和正向的他人意象所造成。

(2) 焦虑依恋：由负向自我意象和正向的他人意象所造成。

(3) 排除依恋：由正向自我意象和负向的他人意象所造成。

(4) 逃避依附：由负向自我意象和负向的他人意象所造成。

三、大学生恋爱的主要特点

(一) 大学生恋爱的心理特点

爱情是大学生活中最为复杂微妙而又丰富多彩的一章，虽说大学生在生理上已经成熟，但在心理方面仍存在很多不成熟的因素，也反映出一些共同的心理特征：

1. 自主性强

大学生在恋爱问题上，个性突出，重感情、易冲动。他们认为，真正的爱情是两个人之间的事，所以一般不考虑对方的经济地位、职业、家庭等社会问题，也不愿受传统、世俗、父母等外界因素的干扰。在一味追求真爱的过程中，容易丧失对恋爱的理性思考，也很难听进朋友或旁人的劝诫。自主性强、约束性差；情感性强，理智性弱。因此，虽然很多同学恋爱率高，但成功率低。

2. 恋爱动机简单

对于大学生而言，恋爱只是因为需要爱和被爱，未必关乎未来的婚姻，也不见得需要“择一人终老”。有的人甚至是为了弥补内心的空虚、孤独，随大流或从众。个别学生在择偶时很少把恋爱行为与婚姻结合起来考虑，缺乏责任感。还有极少数的学生为了显示自己的魅力，同时和几位异性暧昧交往，却始终不明确恋爱关系。有调查表明，在回答“你认为大学生谈恋爱的主要原因是什么?”这一问题时，“彼此被对方的某些优点所吸引”占44.35%，“孤单寂寞，内心空虚”占25.77%，“在难受无助之时有人依靠”占15.46%，“看到大家都有男朋友或女朋友”占10.30%。由此可见，大学生的恋爱动机在于过程本身，至于结果并不太在意。

3. 自控与耐挫力较弱

一旦陷入热恋之中，大学生往往表现出在情感上对恋爱对象过分依赖。面对感情挫折，就会情绪失控，痛苦万分，并沉浸在较长的心理阴暗期，给自己学习、生活造成严重影响。有关于大学生失恋问题的调查中，在失恋影响的范围、程度、时间三个方面，排在首位的分别是：“对爱情观和婚姻观影响”最大占64.9%、“挺痛苦的，但是不至于想自杀”占54.4%、“需要一年才能恢复的”占23.4%；从失恋造成的情绪反应和躯体反应两个方面，选择最多的是“感觉寂寞孤独”占68.9%和“入睡困难”占51.9%；对失恋会产生的问题行为调查结果发现：64.9%的同学选择“一切正常”，其他选择依次为“旷课逃学”“选择自我伤害”“有过自杀念头”“有报复行为”。

4. 不成熟性与波动性

当前，大学生的恋爱呈现低年级化，人数呈上升趋势。很多同学摆脱了高考的压力，刚走进大学校门便迫不及待地谈恋爱。由于社会阅历不深，很多学生对于自己的人生目标和需要，还没有一个很清楚的概念，对于恋爱问题同样如此。在选择恋爱对象上，往往重外表，轻内在；在恋爱方式上，往往重形式，轻内容；在恋爱行为中，往往重过程，轻结果；重享乐，轻责任。加之经济上尚未独立，恋爱过程中感情和思想易变，缺乏妥善处理恋爱中情感纠葛的能力，易造成恋爱的周期性中断或对恋爱对象的选择漂泊不定，恋爱的成功率很低。

5. 对待学业与感情的矛盾性

虽然大部分同学认为大学阶段应以学习为主，但在实际中却很难恰当地处理感情与学业的矛盾问题。很多人深陷情网，强烈的感情冲击一切，学业、工作、人际交往均受到严重影响；有些同学利用一切时间，“加班加点”谈恋爱，晚上也发微信、打电话到很晚，致使上课时无精打采、瞌睡连连；有些同学干脆逃课，一心一意谈恋爱；有些同学天天沉浸在二人世界，忽略了身边的朋友和室友；有些同学因为伴侣抱怨，退出了自己喜爱的部门和社团……从此，爱情逐渐成为生活的唯一的重点和追求，却也错过了许多成为“最好的自己”的时间。

(二) 大学生恋爱关系的表现形式

1. 持久稳定型

处于持久稳定型关系的大学生从恋爱开始就向往一种从一而终的恋爱过程，他们对爱情充满信心，对未来的生活充满憧憬。这种类型的同学在恋爱关系中，很愿意为对方付出，也深信并坦然接受对方的爱，因此他们一般能从恋爱到最后走在一起。

2. 不断变化型

不断变化型的恋爱主要有两种表现形式：主动型和被动型。主动型就是说，他们在恋爱的过程当中，不断地变化男女朋友。有些同学虽然在大学阶段中谈过多次恋爱，但每次的恋爱时间都很短。在这一类学生的内心中渴望建立一种亲密关系，但一旦拥有之后又惧怕这种关系的失去，或者害怕在这种关系中受到伤害。他们往往会主动去解除这种关系。这可以视为一种矛盾的恋爱关系类型。而被动型表现出两个人之间是彼此相爱的，但都对自己没有信心。在他们内心里体会的只是一种梦幻，怕这种梦幻终究会破灭，所以选择长痛不如短痛。

3. 多重关系型

有些同学会同时爱上几个人，也有人会被几个人同时爱上。多重关系型的大学生或许是感情丰富，或许是敢恨敢爱的。但从道德标准的角度去衡量，是违反了一般的道德规范的。从心理学角度来看，同时对几个人产生好感是完全可能的，但是爱情具有排他性。处在这种关系类型的大学生往往不能正确地面对这个事实，很有可能对自己的恋爱关系的处理产生许多矛盾和问题，甚至造成严重的后果。

4. 若即若离型

处于若即若离型恋爱关系的大学生之间彼此有一定的好感或者是喜欢，两人经常在一起相处，在对方的陪伴中，从心理上和情感上能获得一定的满足，表面上好像是爱情，但更多的像“友人以上，恋人未满”。当他们有一天找到自己真正爱的人之后，这种关系便会自然地改变。对于他们双方也许会有些失落，但不会有太大的伤感。

5. 幻想型

实际上幻想型的大学生是没有真正谈过恋爱，或是失恋后很长一段时间内都没有恋爱的。他们常常会幻想自己的理想伴侣，总是期盼能与一段浪漫、动人的爱情不期而遇。通过编制这样的一种恋爱的梦境从心理上来补偿自己现实中恋爱关系的缺乏，用幻想的完美爱情来满足内心需要。另外，失恋后有些同学仍保留着恋爱中的物件，或是经常去他们曾经在一起的地方，通过这样的方式来弥补内心的空虚，来回忆以前的美好时光。

四、大学生恋爱的动因分析

（一）生理和心理的自然发展是大学生恋爱的内在动因

1. 生理需求

大学生的年龄一般在 17～22 岁，已跨过青春期并进入成年期，其生殖系统发育趋于成熟，性激素的分泌影响生理平衡，因而对性的体验十分敏感。满足性冲动是促使青年投入恋爱活动的重要诱因。在性意识发展到热恋阶段时，性欲需求日益强烈，性冲动集中投射到选定的特殊对象上。从心理上看，心理发育以生理发育为基础，同时还受社会因素的制约。一般来说，大学生的心理发育比生理发育滞后，成熟期更长，从而形成了生理早熟与心理晚熟的反差。在这个阶段，他们大多心理发育不稳定，观察力不强，气质、兴趣、爱好等易发生变化；情绪起伏不定，遇事偏激冲动；他们既有成人感，有独立生活的意愿，又受心理局限，不时地流露出程度不同的孤独感。因此，有些大学生就在结交异性中寻找精神寄托。

2. 心理需求

大学生的心理需求主要表现在三个方面：首先是社会情感的需求。亲密关系的需要在青年前期开始显露。这时的青年不再像儿童那样满足于血缘的亲近感，而会有意识地结交一些个人密友。大学生到了青年中、晚期，亲密关系的需要进一步发展，倾诉烦恼、排解寂寞、通过交流完善自我等多重目的使青年对亲密关系的需求空前强烈，亲密关系发展的顶点就是爱情。其次是归属的需求。马斯洛在“需要层次理论”中，认为“归属和爱”的需要是人的重要需要，它促使大学生渴望被别人或群体认可和接纳，并努力提升个人吸引力，积极主动地参与人际交往，极大地增加了恋爱的可能性。最后是大学生个性意识的增长。随着年龄的增长和接受信息量的激增，其自我意识迅速增强，这扩大了他们思维活动的自由度；独立、宽松的大学生活环境又扩大了他们行为活动的自由度。在校园中他们求知成才为立足社会做准备，而恋爱也成为今后建立家庭的一个探索过程。

（二）校园环境和社会环境是大学生恋爱的外在动因

1. 特殊学习环境

大学生在共同的校园中学习、生活和交往，彼此间年龄、知识层次相近，爱好、思想观念相似，容易互相吸引，萌生爱意。同时，大学校园中恋爱的现象比较公开和普及，远离家乡、父母的同学便会羡慕恋爱中的同学有人安慰、陪伴、照顾；而有些人为了证明自己并非不如旁人，也盲目效仿，寻求异性朋友。

2. 社会环境

随着社会的发展，大学生与社会产生联系的途径越来越多，频率也越来越高。国内的创作环境逐渐宽松；中外技术、文化的交流融合，让同学们受到了国内外很多文艺、影视作品的影响，其中爱情题材不在少数。同时，互联网的广泛应用，大量关于恋爱及两性的作品、案例、讨论等，使大学生眼花缭乱，难辨是非。其中，黄色小说、网站的一度泛滥甚至给个别恋爱观不正确的学生带来负面的影响，导致他们玩弄感情，甚至做出一些违规违法的行为，最终造成无可挽回的后果。

案例：

小张的寝室住着6个女生，先后有3名女生交了男朋友，周末经常约看电影、逛街、聚餐。回到寝室后，经常互相讨论自己的恋爱过程和感受，令小张非常羡慕。正好高年级的一位男生说很喜欢和她在一起，并希望能进一步发展关系。小张虽然并不是很了解这位学长，但为了打发时间，也为了向那些炫耀男朋友的室友证明，自己并不是不如她们，她接受了那个男生的追求。从此，两人开始形影不离。在路上走时，两人经常搂在一起，非常亲昵。一次晚自习课后，小张在教室半躺在男友身上，男生用手摸着她的脸，丝毫不顾及左右，结果被辅导员狠狠地批评了一顿。小张认为这是自己的恋爱自由，老师是针对自己，从此开始逃课，不管不顾地谈恋爱，最终成绩一落千丈。

第二节　大学生恋爱中常见的困扰及调适

大学生迫切需要爱情，但未必懂得爱情，也未必能把握爱情。感情的道路并非一路坦途、一帆风顺，他们经常会遭遇恋爱带来的心理困扰。学会正确分析这些心理困扰，掌握消除它们的艺术，这对于总结经验教训，摆脱精神痛苦，争取恋爱的成功和婚姻的美满，都是有积极意义的。

一、完美主义

进入青春期后，伴随着性意识的觉醒，我们的内心自然会产生对异性的渴慕，在投入爱情时带着太多的理想主义的成分，甚至是严重的完美主义倾向，常常把自己的理想投射到所爱的人身上，或把对方想象成世界上最完美的人。从某种意义上来说，我们是和自己谈恋爱。而这些理想又与对方的实际情况不相符合，当热情消退，面对现实时，失望也就随之而来了。

完美主义是一种人格特质，其个性中具有凡事追求尽善尽美的极致表现的倾向。心理学家巴斯科(Basco)认为，具有完美主义性格的人通常有下列几种特性：注意细节；要求规矩、缺乏弹性；标准很高；注重外表的呈现；不允许犯错；自信心低落，追求秩序与整洁；自我怀疑；无法信任他人。

完美主义者对爱情要求很高，主要表现在：坚定地秉承“宁缺毋滥”的择偶观，踏破铁鞋也要找到自己的理想型，否则宁愿孤独终老；面对一个不太理想的恋人他们总是要努力改变她(他)，使之符合自己心目中的完美标准，而这种努力注定是两败俱伤的结局。

如何克服爱情中的完美主义倾向呢?

1. 聆听内在的心声

完美主义者心目中理想爱人的形象，曲折地反映了他们小时候对理想父母的要求。所以，他们应更了解、关注自己那“内在的小孩”，接纳他(她)的委屈和需要。

2. 相信自己，也信任对方

完美主义者经常自我怀疑，因此会把希望寄托在别人身上，在他们眼里，这个替代自己实现理想的人必须是一个“完美”的人才行。同时，他们又缺乏对恋人生活方式的基本信赖，所以会不断地要求和改造对方。信赖是人的安全感的最主要来源之一，在一段丧失了信赖的关系中，人是不会感受到幸福的。而信任他人必然建立在对自我充分信任的基础之上。

3. 从心理上承认有不完美才是真实的人生

金无足赤，人无完人。不要让完美限制了每个人和每段感情的更多可能。

4. 掌握弹性，懂得取舍

不要把标准定得太高、太死，适时地变通一下。也不要过多地注意细节，求大同存小异。

5. 不要让完美主义倾向变成心理负担

其实每个人或多或少都有一些完美主义倾向，并不需要太过担心，只要你把握得当，对完美的追求可以成为人成长的动力。

二、爱情至上

爱情至上的错误在于摆错了爱情在人生中的位置。除了爱情，生命中还有许多需要大家用心对待的，比如学业、事业、爱好、父母、朋友等，恋爱中的人都不能忽略，他们都与爱情密切相关的这一事实。黑格尔曾对此做了明确的否定，他说“爱情至上主义把爱情看成生活中唯一重要或至高无上的事，不仅要抛弃其他一切，和心爱的人逃到沙漠里去，使自己和世界隔绝，而且走到做爱情的奴隶、为它牺牲一切人类尊严的极端。”

恋爱之初，激情的成分较多，一日不见如隔三秋，是正常的心理现象。但同时也该懂得，爱也不是孤立的，若自己不顾一切，为爱而爱的时候，实质上已是情欲至上；若自己抛弃一切，爱情已无所依附，也变成了虚空。因此，当两性交往最初的好奇与兴奋逐渐消退，情感趋于平和稳定，就应把注意力和交往范围从“二人世界”扩展出去，在学习和社交中加深与巩固爱情。

1. 爱自己多一点

如果你觉得自己不重要，就没有谁会重视你，你不爱你自己，也不会有人真心来爱你。

2. 志存高远

爱情是人生列车上的轮子，并不是火车头。人生永久的动力来自对远大目标的追求。

3. 各负其责

恋人之间的互相关心照顾是应当的，但不要越俎代庖，把对方的一切都包揽到自己身上，理清各自的责任，承担自己的责任。

4. 协调好相关关系

一要协调学习与恋爱的关系。共同确定学习目标，合理规划确保学习所必需的时间，把爱情转化为学习的动力，相互鼓励、相互促进，一起成长。

二要协调爱情与友情的关系。过于沉溺于“二人世界”，不仅会走向自我封闭，也会禁锢对方的言行举止，甚至无端的猜疑、跟踪、干涉恋人的人身自由。自我会因为失去空间而难以成长，两个人的感情也会产生窒息感。

三要协调与周围环境的关系。恋爱是一种社会行为。恋爱行为不只是对恋爱中的双方有影响，还关系到社会伦理、双方的家庭和各自身处的环境，包括周围的同学。因此，千万别因为自己情难自禁，深夜在宿舍煲电话粥或在公共场合拥抱、接吻，干扰、影响到别人。

三、相处太难

约翰·格雷(John Gray)在《男人来自火星，女人来自金星》一书中以男女来自不同的星球这一生动、形象的比喻来说明男性和女性无论是在生理还是心理上，无论是语言还是情感上，都存在巨大的差异。而男性习惯“聚焦式”看待世事，女性则是“发散式”看待周围的一切，这一认知特点更是导致双方在思维模式、做事方法、交流形式上截然不同，也造成了不少冲突和伤害。经营美满两性关系的关键，在于理解和引导这些差异，而不是试图改变或忽略它们。

1. 不断学习

美好的爱情并非一蹴而就，可以通过相关的书籍、视频、讲座来丰富自己的认知，对自己的情感经历或别人的情感故事，及时地反思，帮助自己提高爱的能力。

2. 正确面对

回避不是办法，只会拖延解决问题的时间，甚至激化矛盾。

3. 聆听沟通

争吵也许是沟通的一种方法，但是聆听更有助于增进相互间的理解。

4. 理解尊重

既不仰视，也不俯视。因为只有在平等的框架中，才会有真正富于建设性的关系。

5. 耐心守望

人与人之间的关系，讲究的是“路遥知马力，日久见人心”，遵循的是循序渐进、水到渠成的缓慢逻辑。两个男女的牵手，更需要时间磨合。

四、不会拒绝

爱是一种很主观的情感，爱谁、不爱谁，是爱的拥有者的主观意愿，与爱的对象无关。是否接受爱也是一种很自主的行为，与你爱不爱我无关。

当面对一份自己不能接受的爱情的时候，要及时果断地告知对方，切忌优柔寡断，或拖泥带水，给对方留有幻想。因为这不仅是对对方的折磨，也会给自己留下隐患，所谓“当断不断，反受其乱”，所以要大胆说“不”。

1. 面谈

面谈时要注意选择适当的场合、合适的方式。首先肯定对方对自己的欣赏与关爱，假如采取诅咒、谩骂的方法，会激起对方的仇恨，使矛盾激化；若对方性格刚烈、占有欲强，切记不能在偏僻的地方。

2. 通过信息表达态度

此方法有更大的缓冲余地，措辞也能更冷静、得体。

3. 寻求第三方的帮助

可以选择一个与对方共同认识、了解的，最好是对方信得过又非常尊重的人，委托其转达自己的态度。这个中间人可以顺势对对方进行开导、安慰。切勿给对方造成自己损坏他(她)名声，伤害其自尊的感觉。

五、单相思

爱情是两个人自主自愿的行为，但也有人会陷入单相思之中，即一方满怀倾慕之情，但是对方并不知晓或者对方不愿意接受。有的单相思的人，并不了解对方，而是不断地在对方身上描画理想的色彩，编织了一个爱情梦想把自己深套其中。单相思的人非常希望得到对方的爱，常把对方的亲切和蔼、热情大方当作爱的表示，并坚信不疑；把对方的拒绝看作矜持或对自己的考验，更加坚定不移。

性格内向、敏感、富于幻想、自卑感强的人容易产生单相思。喜欢一个人没有错，但长期的情感付出得不到回应，能从内部消耗一个人的精神力量，从而造成心灵创伤。过于偏执的单相思对人的影响非常大，会使人丧失自尊，严重影响人的知觉判断和理性选择，同时也干扰了所恋对象的学习和生活，有时甚至会走向极端，以伤人的方式终结单恋。因此需要尽快调整自己，走出单相思的困境。

1. 自我分析

排除主观因素对认识的干扰，求得正确的认识，摆脱不现实的幻想。问问自己到底爱的是谁？需要什么？为什么这样底气不足？

2. 弃暗投明

直抒胸臆，直率地表达感情，直接地了解对方，也坦诚地让对方了解自己，把暗恋变成明恋，免得一厢情愿，劳而无功。即使被拒绝后会有失望和难过的情绪，但对于自己是一种内心的解脱，也是一种及时止损的行为。

六、失恋

失恋是大部分人恋爱的必修课之一，也是很多同学严重的心理挫折之一，会引起难堪、耻辱、悲伤、孤独、绝望、报复等一系列的心理反应。如果这些不良情绪得不到及时的排解、转移，容易导致失恋者抑郁、自卑的情结，严重者甚至采取报复乃至自杀等方式来了结心中的恩怨。那么，如何化解失恋的伤痛呢?

1. 及时宣泄

可以找亲人或知心好友倾诉你心中的烦恼，也可通过痛哭、呐喊、文字、音乐等适合自己的方式，消除失恋带来的心理压力及负面情绪，恢复心理平衡。

2. 情景转移

主动置身于开阔的环境，轻松、欢乐的氛围之中；或有意识地潜心于自己感兴趣的事情中，用新的乐趣来冲淡、抵消过往带来的郁闷和无助感。

3. 选择遗忘

收起对方的照片、爱情信物等让人睹物思人的物品，尽量地不回忆，朝前看。

4. 分析原因

冷静分析失恋的原因，通过理性的思考引导自己从情感困境中走出来，重拾信心。

5. 自我安慰

世上没有最好的，只有最适合的，感情也是如此。现在的错过，表明彼此并不是真正适合的伴侣，莫愁前路无知己。

6. 升华

升华是遇到挫折时常用的也是最高层次的办法。把挫折造成的心理不平衡转化为动力，用高尚的理想和情操来激励自己，努力把精力投入到学习、工作、事业中去。

7. 与不良心理对话

对自卑心理说：失恋是恋爱生活中的正常现象，与不适合的人分开，不是无能或无吸引力的表现，也不是自己的错误；对报复心理说：一念成佛，一念成魔，一时的失去不值得让自己陷入终生的悔恨；对绝望心理说：爱情不是生命的全部，亲人、朋友、自己的理想与志向，未来有无限可能……

七、网恋

随着网络的普及，大学生在虚拟的网络空间发现可以同时满足自己对爱及安全感的需求。与现实恋爱相比，网恋超越了空间和时间的限制。一方面，择友范围扩大；另一方面，避免了相处时的尴尬和约束，男女双方可以更加肆无忌惮地表达自己，敞露心扉。

网络世界虽然是虚拟的，但使用网络的人是真实的，人的情感也是真实的。如果网恋的双方都投入全部情感，这在本质上与传统的恋爱方式并无不同，只是把场景从现实社会转移到虚拟的空间。遗憾的是，由于网络的虚拟性，网恋的双方或一方传递虚假的信息和情感大有人在。况且，即使是网络中建立的感情，也终归要回到现实中来，往往很难经得住真实与琐碎的生活的考验。因此，大家对待网恋应该更为慎重。

1. 不要随便与网友见面

见面是恋爱关系从虚幻走向现实的第一步。因此，在网上的关系无论多么甜蜜，真正见面，还是要有一个彼此适应的过程。同时，从现实方面考虑，无论是男生还是女生，在这种情况下适当的矜持与谨慎，能够最大限度地保护自己。

2. 见面前最好经过电话沟通

文字可以显示一些诸如个人性格、修养、爱好等的信息和内容，但它毕竟是比较平面和单薄的信息交流手段。而见面之前电话沟通或视频聊天，至少能够较为直观地感受到对方气质、谈吐、性情等个人信息，同时也为进一步的接触打下基础，做好心理准备。

3. 见面地点别选太僻静的场所

尽可能选择商场、广场等公共或室外场所，或者邀请同学、朋友陪同。热闹的人气不光能冲淡见面的尴尬，还能让不怀好意的人不能轻易地做出不轨举动。若对方提出要去僻静的地方便于独处，在没有绝对把握的情况下要坚决拒绝。

八、性是一把双刃剑

爱情是基于性而产生的，任何一个恋爱中的人都绕不过性这个话题。大学生正处在一生中性动力最旺盛的时期，而又缺乏理智经验和一定的生活条件，所以性心理的冲突显得尤为突出。

有的同学认为同居等于提前体验婚姻生活，是成人化的体现；有的大学生生活依赖性强，借着同居彼此温暖照顾；而有的大学生利用同居享受不需负责任的性……无论什么理由，但请清醒地认识到：性可以提升爱情的温度，明白责任，了解异性，获得生命的充实感，但它也可能被一些人变成一种控制、交换或者随意的、不负责任的行为，最终葬送爱情。

1. 不要等到最后一刻才说“不”

如果自己不愿意发生婚前性行为，应该在与恋人平时的交往过程中让他(她)知道。在沟通过程中，应该要用坦然的态度获得对方的理解。如果因为拒绝了对方发生性行为的要求，而让对方冷落自己，那更应该重新审视自己这段感情的出发点究竟是什么。

2. 向他(她)表达自己的感激

如果对方尊重你的原则和行为，应该及时感谢他(她)的理解和包容。

3. 不必为对方不好的感受而内疚

如果对方自己过去的经历使他(她)感觉自己感受伤害，就不必归咎于自己的坚持。如果他(她)感到受伤害，那么自己可以耐心倾听对方的感受。谈论这种被伤害的感觉是非常重要的，可以进一步加深彼此的信任和亲密感。

4. 不要喝太多的酒

酒精会促使人不能理智地思考，以及控制自己的行为，容易失去自我保护的意识和能力。

案例：

大二学生小李，是一个内向、漂亮、憧憬浪漫感情的女孩，她的男朋友小张是与她同乡且同校的大三学生，确定恋爱关系已一年多。小张高大英俊，成绩优秀，对小李更是关怀备至，相处的日子里，彼此都给对方带来了许多美好的回忆。小李浑身上下都洋溢着幸福，她觉得自己的一生应该交给这样的男子。小张即将毕业，于是，两人决定利用假期拜访双方父母，双方父母欣然同意他们继续交往，小李心里异常高兴。

假期返校后，小张忙于找工作，到处奔波，两人在一起的时间变少了。小李觉得很失落，经常抱怨小张。令小李没想到的是，小张竟向小李提出了分手。理由是小张觉得小李在面对自己找工作这么重大的事情时，不仅没有给自己帮助，还给自己增加了很多精神负担。而且在假期的相处中，小张也觉得小李不够成熟，两人不适合结婚。小李觉得小张一定是在考验自己，不相信这个事实，想着男友肯定过不了多久又要来哄自己。但迎接小李的是男友没多久又交了新女朋友的残酷事实，小李一次次地与男友谈话，希望男友能回到自己身边。但小张去意已决，且对小李的态度越来越冷淡。看着身边的人成双成对，想起曾与小张在一起的花前月下、海誓山盟，小李觉得心灰意冷，陷入了深深的悲伤中不能自拔，学习成绩一落千丈。

有一天，小李在校园中偶遇小张与现任女友携手而行，神态亲昵。小李顿觉五雷轰顶，万念俱灰，转身跑向教学楼楼顶，纵身而下。小李用自己年轻宝贵的生命为她的爱情故事画上了句号。

第三节　爱　与　性

当代大学生具有全新的思想观念和较高的文化素养，但由于受传统观念根深蒂固的影响，因此对于爱情与性的关系虽然敏感却又羞于启齿。在面对性生理的成熟和尚未完全成熟的性心理之间，性的生物性需要与社会伦理、性道德之间的矛盾冲突，加上性知识的缺乏，使大学生陷入苦闷与彷徨之中。

一、性

“性”这个词是从拉丁语一词演变而来。无论在中国还是在西方，已经存在几千年，“性”的科学含义可以概括为人类的性是以生物繁衍的机能为基础，受特定的社会关系影响和人的心理因素支配的性行为。人类的性行为要受社会发展的影响、制约，人类性行为具有自然属性和社会属性。我们不能离开人的社会性去单纯地理解人类性活动的自然属性。

正如马克思所说：“吃、喝、生殖等，固然也是真正的人的机能。但是，如果加以抽象，使这些机能脱离人的其他活动领域并成为最后的和唯一的终极目的，那它们就是动物的机能。”这就是说，自然属性为人类的性活动提供了生理的机能和物质基础，但它还不是人类性的内在本质属性，人类的性和动物的性有着本质区别。人类的性行为在不同的时代、不同的社会发展时期会受到不同的道德观念、制度和法律的制约。现在包括性社会学在内的性科学系统已经成为当代社会文化的一个重要组成部分。无论性文化的色彩如何斑斓而令人陶醉，归根结底它受制于一定的社会条件，社会属性才是人类性的本质属性。

二、性心理健康

（一）性心理健康的含义

关于性健康，目前在学术界有不同的解释。最具有代表性的是 WHO 在一次关于性问题的研讨会上进行的论述："所谓健康的性，是融合了有关性的生理面、情绪面、知识面及社会面，亦以此来提升人格发展、人际沟通和爱等。" 由此可见，性健康涉及性生理、性情感、性知识以及社会等，同时也把与社会有关的整体表现与是否积极增进人际交往与情爱作为性健康的标准。那么，性心理健康指的是个体具有正常的性欲望，能够正确认识与性有关的心理问题，有较强的性心理适应能力，能够与异性进行恰当的交往，能主动摆脱性问题的困扰，增进自身人格的不断完善，促进自身身心健康的发展。

(二) 性心理健康的标准

从以上的关于性心理健康的内涵中可以看出，个体的性心理健康应该符合以下标准：

1. 能够正确认同与接纳自己的性别

性心理健康的大学生，往往能够正视自己的性生理发育、性心理的变化，同时他会自觉地把自己融入社会中去正确地认识自我，能客观地评价自己。

2. 具有正常的性欲望

想要拥有正常的性心理，首先得有正常的性欲望。如果个体连基本的性欲望都没有，那么性心理健康就无从谈起。当然，这种性欲望应该是正常的。那些诸如性变态的各种性欲望，都会对个体的身心造成很大的伤害。

3. 性心理特点与性行为符合性心理发展的年龄特征

不同年龄阶段的人，其性心理也表现出阶段性的特点。如果大学生的性心理与大多数的同龄人格格不入的话，那就谈不上有健康的性心理。

4. 有较强的性适应能力

性适应指的是个体在生长发育过程中的性活动，包括性欲、性意识、性观念及相应的情感、品质和所处的社会环境与文化形态之间形成的一种和谐关系。也就是性生理、性心理、性社会因素在性生活过程中交互作用的一种协调状态。 简而言之，性适应就是个体的性活动与外界形成的一种和谐关系。具有健康的性心理的个体必须有较强的性适应能力，能够正确处理这三者之间的关系。

5. 与异性关系和谐，性行为恰当

个体随着性生理与性心理的不断发展成熟，越来越希望与异性交往，并想与异性保持良好的关系，这是正常的性要求。大学生在日常的学习、生活中，保持独立而完整的人格，与异性交往不卑不亢，能做到相互尊重、相互信任这是性心理健康的很重要的一个方面。在恋爱过程中，难免会触及性行为，大学生应该遵循性道德。这是性心理健康不可缺少的。

(三) 大学生性心理特征

1. 本能性欲与朦胧性

大学生性心理尤其是低年级学生的性心理，通常缺乏深刻的社会内容，基本上还是一种由生理上的急剧变化带来的本能作用。他们往往怀着好奇心，甚至罪恶心理，秘密探求性知识。他们会通过自己童年少年时期所经历、所见过的与性有关的现象来解释性秘密，并对异性产生浓厚的兴趣、好感和爱慕。当心理要求得不到满足时，便借助影视、图书等

力图对性知识有一个明确、系统的了解。然而这种心理变化带来的性意识的觉醒和萌动，还比较懵懂，正是在此基础上，在朦胧纷乱的心理变化中，性意识逐新强烈和成熟起来。

2. 强烈性与文饰性

青年期心理发展的一个显著特点是闭锁性与求理解性，这就导致了其心理外显方式的文饰性。他们明明十分在意异性对自己的印象和评价，但表面上却装作无动于衷、不屑一顾或者做出故意回避的样子；明明心里希望体验，表面上却表现出很讨厌那些亲昵的动作。像这样心理上的需要与行为上的矛盾表现，使他们产生了种种的冲突苦恼。

3. 动荡性和压抑性

青年期是人一生中性能量旺盛的时期，但由于很多大学生性心理还不成熟，尚未形成稳定的、正确的性道德观和恋爱观，自控能力较弱，因而，他们此时的性心理发展极易受外界的不良影响而动荡不安。现实生活中五花八门的性信息传播，尤其是“黄色文化”的冲击，易使大学生的性意识受到错误强化，以致精神空虚，情趣低下，或沉湎于谈情说爱之中，甚至发生性过失、性犯罪。与此相反，另一些人由于性能量得不到合理疏导和升华，从而导致过分性压抑。少数人以扭曲的方式、不良的甚至是变态的行为表现出来。

4. 男女性心理的差异性

大学生的性心理因性别的不同而有所差异。在感情的流露上，男性表现得较为外显和热烈，女性往往表现得含蓄和深沉；在内心体验上，男性更多是新奇、喜悦和神秘，而女性则常常是心慌、羞涩和不知所措；在表达方式上，一般是男性较为主动，女性往往采取暗示的方式。不过，这种差异近年来有缩小的趋势。此外，男性的性冲动易被性视觉刺激唤起，而女性则易在听觉、触觉刺激下引起性兴奋。

三、大学生常见的性问题

(一) 性生理困扰

1. 性体像的困扰

大学生在进入青春期后，体像一般都会发生比较大的变化。如男生的身材长得高大、健壮，音调更浑厚、圆润；女生则身材苗条、匀称，音调柔美、动听等。这个阶段的男女生浑身充满了青春的活力，言行自信大方，具有吸引力。但是也有个别同学在第二特征出现后，体像不尽如人意，且又无法改变时，就会产生焦虑、烦恼、失望的情绪。例如：有些男生觉得自己个头瘦小、声音阴柔；有些女生觉得自己胸部过于扁平等。这些同学可以适当转移自己的关注点，通过从个人知识、能力、气质、性格方面提升自己，弥补外在美的不足。

2. 遗精或月经的困扰

男生对遗精的忧虑和女生对月经的不适，也是大学生生理困扰的重要问题。遗精是男生在无性交状况下而射精的现象。这是标志男子渐趋成熟的、正常的、必然的生理现象。女生一般在月经期或月经前几天，都会感到身体不舒服，如腰酸背痛、怕冷、注意力下降、烦躁、忍耐力下降、易疲劳等不良状态，这也是一种正常的生理反应。

由于很多男生或者女生缺乏生理的基本知识，又受到传统型观念的误导，认为这是自己身体有问题的表现，产生焦虑、恐惧的情绪，影响到自己正常学习和生活。

(二) 性心理困惑

1. 性幻想和性梦的困惑

性幻想和性梦都是青年大学生性心理较为普遍的现象。当大学生对自己钟情的异性的性需求在现实生活中不能获得满足时，性幻想和性梦就有可能发生。性幻想是指个体在清醒或半清醒的状态下，当遇到特定的性刺激物时，自编、自导、自演的与性行为有关的心理活动过程。如看到别人亲昵时，便幻想出自己和心爱的人在约会、拥抱、接吻、性交等活动。这种性幻想能使人性兴奋，有时也能达到性高潮，可以适度缓解个体的性紧张状态。但这种幻想毕竟是自欺欺人的白日梦，往往有时自己会感到荒唐、羞愧，甚至自责。性梦则是人在睡眠或昏迷的状态下，由一定的梦境所诱发的性兴奋或性高潮，期间有可能出现遗精现象。性梦的梦境往往与白天现实生活有或多或少的联系，但总体上是模糊的。大学生通过做梦的形式可以把白天由于性道德和社会规范所压抑的性欲释放出来，有利于恢复性心理平衡。一些同学由于对性梦和遗精知识的不了解，醒来后往往为梦中的经历和遗精而焦虑、自责和后悔。

2. 自慰的困惑

自慰，是指个体在性心理和性生理冲突的情况下，利用手或其他工具来刺激自己生殖器而获得性快感，以获得性满足、释放性欲的行为。青年中(尤其是未婚青年)自慰现象比较普遍。有时自慰是情不自禁或身不由己，但受传统的“手淫有害”的观念影响，一些大学生在每次自慰后都会产生自责、羞于启齿的心理，这种心理困惑如果不能合理调适，有可能形成心理障碍。

3. 与异性交往的困惑

大学生与异性交往一般要经历“对异性感兴趣——渴望与异性交往——恋爱——结婚”的过程。但不少同学在与异性交往过程中经常遇到进退两难的尴尬境况：一方面渴望走近异性，与中意的对象发展友谊和恋情；另一方面又克服不了青春期相对闭锁的心理，缺乏与异性交往的技巧和方法，加之受到封建社会“男女授受不亲”性观念的影响，因而不愿或不敢与异性交往，形成对异性的疏远。即使鼓足勇气与异性交往，通常也显得局促不安，言行举止很不自然。

4. 性别认同的困惑

性心理健康的重要标准之一就是对自己的性别认同。性别认同就是对自己性别的识别和确认。大学生中有一定数量的人对自己的性别不满意，也有极少数同学存在同性恋现象。基于社会、家庭、传统观念不认同的压力，对自己性别不认同的同学往往有一种自轻、自卑、压抑的心理，也很难适应社会生活环境。

5. 性骚扰的困惑

性骚扰问题在我国近年来一直处于上升趋势。我们常见的故意碰擦异性身体的性感部位、故意谈论色情的话题、用色迷迷的眼光盯视异性、打骚扰电话、强奸，等等。一些大学生在遇到性骚扰时，由于缺乏应对的有效方法和经验，往往惊恐万状，不知所措。一些大学生在受到性骚扰时，不是积极地反抗、自卫，而是自责或消极逃避。一般的性骚扰会使人感到慌张、恐惧，严重的会让人极度压抑、冷漠或精神衰退。

(三) 性行为失当

1. 边缘性行为

在大学校园，时常会看到一对对大学生情侣在或明或暗的地方，拥抱、热吻、抚摸或嬉戏，这种相依相偎、卿卿我我的行为就是边缘性行为。诚然，这些边缘性行为有些是大学生在一定情景下真情实爱的表白，但其行为失当主要表现有三点：一是有些大学生不分时间和场合，肆意做出上述亲昵行为，有失社会风尚。二是有些学生行为举止粗俗无礼。三是以身体的接触代替心理的亲密。大学生在边缘性行为发生后，通常感到不安、烦恼或自责。另外，这种过多的亲昵行为会使人产生强烈的性冲动，容易导致性行为的发生。

2. 婚前性行为

(1) 婚前性行为及其原因。婚前性行为是指没有配偶的男女双方在恋爱期间发生的性交行为。婚前性行为不受法律保护、不存在夫妻间应有的义务和责任。大学生发生婚前性行为的原因。

① 热恋心理。两人由初恋进入热恋，感情如胶似漆，难舍难分，海誓山盟。性行为也易随之而来。

② 好奇心理。进入青春发育期的男女，随着体内性激素水平的增高，在身体发生一系列变化的同时，对性也产生了好奇感、神秘感，于是抱着好奇的尝试心理而发生性行为。

③ 迎合心理。一方提出，另一方出于爱或其他原因而迎合。

④ 顺从心理。这是女生的心理。当男友提出性要求时，从她们内心来讲并不想这样做，但又抵挡不住，于是与男友发生性行为。

⑤ 占有心理。怕失去对方而发生性行为。

(2) 婚前性行为的后果。婚前性行为对男女双方都有伤害，但对女方伤害更大。

① 女方要承担可能怀孕的后果。

② 一旦怀孕，做流产的不良后果更使女方身心受损。一是不能正常地恢复身体的健康状况，有的女生为了不让别人知道，手术后不休息，严重影响了健康状况的恢复。二是容易损伤生殖器官。三是可能引起并发症。

③ 在未发生婚前性行为时，恋爱双方是相互平等、自由选择的关系，可发生之后情况则有所不同。一是双方的吸引力逐渐减弱，原以为两性关系很神秘，现在变得“不过如此”。二是女方感情选择转为被动，原来男方十分迁就女方，自女方委身于他之后便产生一种心理优势，对女方开始态度随便。而女方会以一种是“对方的人”了的心态对男方一再迁就、容忍。三是使男方对女方的猜疑开始萌生。男生总希望女友只信任自己，对自己开放，一旦与之发生关系，便又开始猜疑女方是否对别人也如此。这种疑心的放大与扩散，会导致终止恋爱关系或婚后生活不和谐。

男生一般都是性关系的主动者，但他们中间很多人不会轻易为一次性行为做出终生相爱的承诺，性行为不会对他们今后的生活道路产生重大影响，而对女生来说，内心则要复杂得多。虽然大学生在学识和修养上属于较高的社会层次，大多数人对贞操持宽容、理解的态度。但实际上，社会对男女婚前性行为仍反映出双重标准，这显然是不公平的。

（四）性心理障碍

性心理障碍也称性变态，泛指以两性行为的心理和行为明显偏离正常，并以这类性偏离作为性兴奋、性满足的主要或唯一方式为主要特征的一组精神障碍。除此之外，与之无关的精神活动并无其他明显异常。主要包括性身份障碍、性偏好障碍和性指向障碍三种类型，涵盖了性身份异常、性对象异常、性目的异常、性行为手段方法异常等四个方面。包括露阴癖、窥阴癖、恋物癖、异性装扮癖等多种类型。其共同特征是性兴奋的唤起，性对象的选择以及两性行为方式等出现反复、持久性异乎常态的表现。

性心理障碍主要分为性身份障碍、性偏好障碍和性取向障碍三类。性身份障碍，又分为性别改变症、双重角色异装症和童年性身份障碍 3 种。性偏好障碍，主要有恋物癖、异装症、露阴癖、窥阴癖、兽奸癖、施虐癖、受虐案、摩擦癖、性窒息癖、恋尸癖。

许多性心理障碍病人并没有突出的人格障碍，除了单一的性心理障碍表现出来的与一般人的性行为不相同之外，并没有其他的人格缺陷。因此，目前都一致叫作性心理障碍。

性心理障碍的共同特点是：病人产生性兴奋、性冲动及性行为的对象和一般人不一样。他们对一般常人不引起性兴奋的某些物体或情境，如对女人用过的内衣、手帕等，产生强烈的性兴奋，而对正常的性行为方式有不同程度的干扰或减少。

这些性心理障碍的病人并不是道德败坏、流氓成性的人，也并不是性欲亢奋的淫乱之徒，他们多数性欲低下，甚至对正常的性行为方式不感兴趣。他们不结婚，有的结了婚，夫妻性生活也极少或很勉强，常常逃避。他们对一般社会生活的适应是正常的，许多人在工作中尽职尽责，工作态度认真，常受到好评；许多人表现内向、讷言、不善交际、害羞、文静。他们的社会生活和一般人没有什么差别，也有一般人的道德伦理观念，因此，常对自己发生的性心理障碍的触犯社会规范的性行为深表悔恨，但却屡改再犯。

在社会生活中，为了社会秩序的稳定，为了保障普通公民的合法权益，制定了许多社会规范和社会道德规范，对违反者，要追究其法律责任。对于这种法律常识，性心理障碍者也是明白的，但是由于克制力减弱，常会为了寻求自己的性欲满足，不顾社会道德规范，发生危害社会治安的行为，而受到法律的制裁。

对性心理障碍，要积极进行治疗，通过心理和医学的途径减轻乃至消除症状，恢复性心理健康状态。

四、大学生维护性心理健康的途径

（一）掌握科学的性知识

接受系统、完整、科学的性教育是大学生性心理健康发展的首要条件。性包含着丰富的内涵，而性科学是一门综合性的学问，它包括性生理学、性心理学、性社会学、性伦理学、性美学等。性生理学从生理解剖和遗传学上揭示了两性在生理构造上的区别、性器官的功能及性本能的产生，揭示了性的产生、发展和成熟的规律。学习性生理学可以使人们去掉性禁忌，减少性神秘感，降低性压抑。性心理学包括性欲和性爱心理、性别角色心理、恋爱婚姻心理及性变态心理等。了解这些科学知识，能够帮助人们了解自己性心理的发展，学会承担自己的性别角色，正确调控自己的性心理。性社会学揭示了性行为的社会属性，强调人要对自身生理的性进行控制，使其符合社会规范，以促进个人身心健康发展和社会安定繁荣。性美学可以使人们了解如何使个人性行为符合审美需要……大学生只有对“性”建立了科学的认识，才能避免性无知，消除把性仅仅看作生物的本能的片面认识。面对社会文化中的性信息，大学生要提高自我鉴别能力，自觉抵制不良性文化的影响。

(二) 认同自己的性别角色

性别角色意识是一个人社会化成熟与否的重要体现，是心理健康的重要标志。当代大学生应当在生物心理、社会心理和社会、经济、文化参与以及政治方面，进行合乎科学、合乎道德、合乎时代要求的全面的角色认同。大学生应当接纳和欣赏自己的性别角色，发展出应时代要求的优秀个性特点，如坚毅与刚强，友善与关爱等。这些特点是现代人必备的个人品质，它们已经不再专属于传统的男性特点与女性特点。性别角色的认同和胜任是现代人成功适应和发展的重要心理基础。

(三) 对性行为负有责任感

如果性行为只停留在自慰、性梦等方式的自我宣泄，不会影响他人。但是如果性行为涉及另一个人，那么便关系到许多社会责任。性行为可能会给双方造成肉体和心灵上的伤害。在大学生活中，有的因发生性关系而感到自卑后悔，有的堕胎流产，有的甚至受到学校的处分和法律的制裁。当一个大学生在性方面拥有了短时间的兴奋和满足后，需要思考自己能否承担起这“一时之快”之后的沉重责任。每一个成熟的大学生都应了解个人行为给自我、他人和社会带来的后果，尊重自我，尊重他人，对自己的行为负起责任。大学生要增强自己的性道德和性法律意识，用道德和法律规范自己的性行为。

(四) 积极地进行自我调节

性欲是正常的，在科学和正确的性观念指引下，性可以使人们的身心更加健康，生活更加愉快，精力更加充沛。对许多大学生而言，并没有条件通过性交来满足性需求，因此，他们需要适当调控自己的性欲。对于性冲动，可以采取一些积极的、富有建设性的、符合社会规范的方式来取代或升华。例如：通过投入学习、工作和参加各种文体活动以及男女正常交往等多种合理途径，陶冶个人的情操。

(五) 适度地进行异性交往

适度地进行异性交往，可以满足青年期性心理的需求，缓解性压抑。与异性交往有益于完善自我，对个人的恋爱婚姻及成才发展具有积极的作用。但大学生在与异性交往时要注意把握分寸，注意场合，规范言行，正确区分“友情”与“爱情”的关系。大学生更应当学会自我保护，女生晚上尽量不要单独外出，要敢于勇敢地说“不”，要以严厉的态度制止和反抗性骚扰，必要时应向别人求救或向公安部门寻求帮助。对于受到性骚扰的经历，不要过分恐惧和自责，可以向父母、老师、知心朋友宣泄自己的情绪，也可以寻求心理咨询帮助，尽快地排除自己的心理困扰。

案例：

文雅对学校的心理咨询老师进行咨询，自述自己近来心情不好，因为她喜欢班上的一位女同学，并且对她的喜欢是女生对男生的那一种。但在看到一段同性恋情造成严重后果的新闻后，文雅心里很沉重，说服自己尽量不要去找那名女生。但最终发现用了很多办法却依然放不下，自己想找机会向女同学表白，却一直没有鼓起勇气。

心理老师在接到文雅的咨询后，做了以下工作：

(1) 调查。调查她的家庭背景与学校生活，并用焦虑、恐惧量表进行问卷测量。结果发现：从小父母对她管教较为严格，不许她与第 10 名之后的同学交朋友，她小时候有一比较要好的朋友，因其成绩一般被她父母限制而不能交往，从此，她就再不愿意与其他同学交往。在学校时，有一次因作业没完成，被一男老师用棍子敲了一下头，自此不愿意与男生交往。另外，测量结果(SAS 量表)表明，她的得分为 60 分，焦虑症状明显。同时恐惧情绪自测得分为 17 分，表明她的恐惧情绪也较明显。

(2) 分析诊断。由于从小对男性没好感，又加之这位学生刚离家不久，心里不免感觉孤寂。她迫切需要有人能听她的倾诉。随着她的性意识的觉醒，她把这种同学间的友情当成了"恋人"的性质，于是出现了心理偏差。

(3) 具体实施。针对这位同学的状况，心理老师实施了如下措施：从平稳情绪入手调整她的认知偏差，给她解释她们之间的这种所谓的恋爱是一种正常的友谊，而不是真正意义上的恋爱，使她明白这种交往的误区；与辅导员进行交流，安排几个学生(2 男 2 女)在课余时间一起陪伴她。另外，还采取了移情感化法及兴趣引导法，比如：陪她打篮球等。

(4) 效果。通过这一系列措施，她不但在学习上有显著的进步，而且开始同班上的其他同学有了较好的交流。

思考与收获

1. 思考一下自己的爱情观。
2. 爱情与友情有什么区别？
3. 如何提高自己表达爱、拒绝爱、发展爱的能力？
4. 参考本章内容和其他相关书籍，谈谈怎么维护大学生的性心理健康。

心理训练

一、知己知彼

【活动目的】通过活动让学生了解异性交友观念。

【准备材料】大小 4 开的海报纸 10 张，彩色笔 2 盒，语句完成表 10 张。

【操作】

1. 暖身活动

目的：形成活跃轻松的气氛，为即将开展的活动做准备。

所有成员围成一个大圈(可适当男女分开)，每个人伸出左手和右手，用自己的左手顶住左边成员的右食指，自己的右食指顶在右边成员的左手中，然后听故事，当听到故事中出现“乌龟”时，你的右食指应尽快逃脱右边成员的左手，而与此同时尽量用你的左手去抓左边成员的右食指。现在开始：

森林里住着乌鸦、乌贼、乌龟和巫婆，在一个乌云密布的日子，乌鸦来找乌贼一起去乌龟家玩，到了乌龟家，看见巫婆和乌龟在吵架。乌鸦问：“你们为什么吵架?”巫婆说：“它无理取闹。”乌龟说：“巫婆说我跑得慢。”最后在乌鸦和乌贼的劝解下，乌龟和巫婆又和好了。之后，乌鸦、乌龟、巫婆和乌贼一起在乌龟家开心地吃晚饭。

2. 知己知彼的异性交友观念

请男生一组，女生一组(先两人一组，再合成两大组)，完成下列主题写于海报上：

(1) 我眼中的男生是……

(2) 我眼中的女生是……

(3) 我觉得男女生最大的差别是……

(4) 我觉得男女交往会失败是因为……

(5) 我觉得男女交往会成功是因为……

六六讨论法：就(1)～(5)题目，逐一讨论，每题均依下列方式：2 人一组协议出共同答案→4 人一组协议出答案→8 人一组协议出答案(大团体一起讨论)→结论：异同点，总结、整理出本组的男女差异。

3. 语句完成

目的：了解自己在异性心目中的形象。

时间：约 15 分钟。

具体操作：

(1) 我在女生眼中，是一个＿＿＿＿＿＿＿＿＿＿＿＿＿＿＿＿＿＿＿。

(2) 我在男生眼中，是一个＿＿＿＿＿＿＿＿＿＿＿＿＿＿＿＿＿＿＿。

(3) 我对待男女生最大的差别是＿＿＿＿＿＿＿＿＿＿＿＿＿＿＿＿＿＿＿。

(4) 若我和异性交往，会成功顺利是因为我＿＿＿＿＿＿＿＿＿＿＿＿＿＿＿＿＿＿＿。

(5) 若我和异性交往，会失败是因为我＿＿＿＿＿＿＿＿＿＿＿＿＿＿＿＿＿＿＿。

4. 分享

目的：进一步了解异性交友观念。

时间：约 15 分钟。

具体操作：

(1) 讨论上述 5 个问题。(每题 3 分钟)

(2) 再回小组分享每人所得→更真实的自我认知。

二、区分喜欢和是爱

人的交往常常由相识开始，相互产生好感，进行较密切的联系，之后根据交往的情况决定是否确定为爱情关系。但在产生好感后，密切交往前，常弄不清楚相互之间是喜欢还是爱，有可能将友情视为爱情而产生误会。下面的测试可以了解自己到底是喜欢还是爱。

测试 1　下面有 13 个句子，在符合你的句子后打“√”。

(1) 当我和他(她)在一起时，我发觉好像两人都有相同的心情。(　　)

(2) 我认为他非常好。(　　)

(3) 我愿意推荐他去做被人尊敬的事。(　　)

(4) 依我看来，他特别成熟。(　　)

(5) 我对他有高度的信心。(　　)

(6) 我觉得大部分人和他相处，都会对他有很好的印象。(　　)

(7) 我觉得和他很相似。(　　)

(8) 我愿意在班上或团体中，做什么事都投他一票。(　　)

(9) 我觉得他是许多人中，容易让别人尊敬的一个。(　　)

(10) 我认为他是十二万分聪明的。(　　)

(11) 我觉得他是我认识的所有人中，非常讨人喜欢的。(　　)

(12) 他是我很想学的那种人。(　　)

(13) 我觉得他非常容易赢得别人好感。(　　)

测试 2　下面这 13 个句子，在符合你的句子后打“√”。

(1) 他觉得情绪很低落的时候，我觉得很重要的职责就是使他快乐起来。(　　)

(2) 在所有的事件上，我都可以信赖他。(　　)

(3) 我觉得要忽略他的过失是一件容易的事情。(　　)

(4) 我愿意为他做所有的事。(　　)

(5) 对他我有一种想占为己有的想法。(　　)

(6) 若我不能和他在一起，我会觉得非常不幸。(　　)

(7) 假使我孤寂，首先想到的就是要去找他。(　　)

(8) 在世界上也许我关心很多事，但最重要的事就是他幸福不幸福。(　　)

(9) 他不管做什么，我都愿意宽恕他。(　　)

(10) 我觉得他的幸福是我的责任。(　　)

(11) 当我和他在一起时，我发现自己什么事都不想做，只想用眼睛看着他。(　　)

(12) 若我也能让他百分之百的信赖，我觉得十分快乐。(　　)

(13) 没有他(她)，我觉得难以生活下去。(　　)

[测试结果解释]

测试 1 和测试 2 中符合你的情况的句子分别有多少？如果测试 1 中符合你的句子多于测试 2 的，那么你对对方喜欢的成分多于爱，你对他产生的仅是友情而非爱情。

第八章　宝剑锋从磨砺出

——挫折应对及压力舒缓

❖ 名人名言 ❖

故天将降大任于斯人也，必先苦其心志，劳其筋骨，饿其体肤，空乏其身，行拂乱其所为，所以动心忍性，增益其所不能。

——孟子

❖ 心灵测试 ❖

在生活中，我们每个人都在经历着不同内容、不同程度的压力。以下列出的一些项目都是人们在面临压力时常见的一些反应，请你对照一下自己的情况，符合的填“是”，不符合的填“否”。

1. 虽然经过充分的休息，但还是觉得疲惫。(　　)
2. 有头疼感或头脑不清醒的昏沉感。(　　)
3. 近期出现胃溃疡、口腔溃疡或疱疹等疾病。(　　)
4. 睡眠不好。(　　)
5. 有体重突然减轻或暴食的情况出现。(　　)
6. 总感觉到有很多问题还没有解决，不能集中精力专心办事。(　　)
7. 面对自己喜欢吃的东西，却毫无食欲。(　　)
8. 面对选择时难以做出决定。(　　)
9. 很容易就发脾气，心情总是烦躁不安。(　　)
10. 抽烟、喝酒、上网等成瘾行为多了起来。(　　)

你感觉自己平日的压力程度如何？如果你有一半以上的题目都回答“是”，那你就要留意自己所面临的压力是否超过了自己的承受能力范围了。

第一节　压力与挫折的概述

人的一生，如同一场旅行。古人云：“人生不如意十之八九。”在生活中，我们经常会遇到各种各样的不如意之事，俗称“受挫”，我们也会遇到各种突发状况给我们带来的压力，压力与挫折是我们多数人都不愿意有的心理体验，但是它们恰恰是我们生命当中的常客，合理的应对将为我们带来更好的生活感受。

一、认识压力

(一) 压力的定义

压力是一个外来词，来源于拉丁文“stringere”，原意是痛苦。压力是心理压力源和心理压力反应共同构成的一种认知和行为体验过程。是个体对一定刺激而带来必要的对环境必须做出选择或者改变时的个人感受，压力是一种持续不断的体力和心理付出，时时刻刻消耗着人的耐心、活力和激情。

压力有时也有它积极的一面，能带来生活的乐趣，适当的压力能促进个人成长。压力的大小完全取决于一个人对某事物的认知标准，如果生活当中不使自己消耗过多，不那么紧张，那么压力的积累也就小得多。不管是谁，都或小或大有点紧迫感，存在着这样或那样的压力。

(二) 压力的种类

按压力的轻重程度以及构成可将压力分为以下三类。

1. 单一性压力

在日常生活中，不可避免地会遭遇到各类生活事件，这些事件是人们在生存和发展过程中无法回避的，如考试、困难的任务、亲人亡故、迁居、陌生环境旅游等。如果我们在生活的某一时期内，经历着某一种事件并努力去适应它，而且其强度不足以使我们崩溃，那么我们称这时候体验到的压力为一般单一性生活压力。

在适应此类压力的过程中，付出了努力，只要在衰竭阶段没有崩溃，并且没有再发生任何事件，那么，经历者就会提高和改善自身的某些适应能力。适应力的提升就像我们通常所说的“经一事，长一智”。

2. 叠加性压力

叠加性压力有两类。一类是同时性叠加压力，在同一时间里，由若干构成压力的事件发生，当事者体验到的压力称为同时性叠加压力。比如我们常说的“危机四伏”。

另外一类是继时性叠加压力，两个以上能构成压力的事件相继发生，后继的压力恰恰发生在第一个压力的第二阶段或第三阶段，这时，当事者体验到的压力称为继时性叠加压力。比如：“屋漏偏逢连夜雨”“祸不单行”等。

3. 破坏性压力

破坏性压力又称极端压力，包括战争、大地震、空难、遭受攻击等。此类压力并不罕见。

人在遭遇或对抗重大压力(破坏性压力)后，其心理状态产生失调之后遗症。心理学上称之为创伤后压力失调(post-traumatic stress disorder，PTSD)，也叫作创伤后压力症、创伤后压力综合征、创伤后精神紧张性障碍、重大打击后进症。创伤后压力失调一般包括以下 5 个阶段。

(1) 迷惘呆滞阶段；个体处在迷惘、呆滞当中，感觉迟钝。

(2) 震惊阶段；充满无比之震惊、恐慌、害怕及惊慌，产生手足无措、无所适从、情绪失控。

(3) 失调创伤阶段；会产生怨天尤人及过度自责现象。

(4) 追踪解决阶段；当事人表现为“我需要人帮忙，我撑不住了，我想改善我的状况”。

(5) 长期复健阶段；当事人已准备接受他人及专家之协助。此时应发展心理复健计划，开发社会资源及支持系统，分不同专业予以治疗。

(三) 压力的反应与危害

当人们面临压力时会产生一系列心理、生理的反应。这些反应在一定程度上是机体主动适应环境变化的需要，它能够唤起和发挥机体的潜能，增强抵御和抗病能力。但是，如果反应过于强烈或持久，越过了机体自身调节和控制的能力，就可能导致心理生理功能的紊乱，进而产生身心疾病。

1. 压力的反应

压力反应通常表现在心理反应、生理反应、行为反应三个方面。

(1) 心理反应。压力引起的心理反应有警觉、注意力集中、思维敏捷、情绪的适度唤起。这是适应的反应，有助于个体应付环境。但过度的心理反应，如过分烦躁、抑郁、焦虑、激动不安、愤怒、沮丧、消沉，会使人自我评价降低、自信心减弱，表现出消极被动，形成“习得性无助”或无所适从。

(2) 生理反应。在压力状态下，机体必然伴有不同程度的生理反应，主要表现在中枢神经内分泌系统和免疫系统等方面。比如：导致心率加快、心肌收缩力增强、血压升高、呼吸急促、各种激素分泌增加、消化道蠕动和分泌减少、出汗等。这些生理反应调动了机体的潜在能量，提高了机体对外界的刺激的感受和适应能力，从而使机体能更有效地应付外界环境条件的变化。但过度的压力会使人口干、腹泻、呕吐、头痛、口吃。

(3) 行为反应。压力状态下的行为反应可分为直接反应与间接反应。直接的行为反应是指直接面临紧张刺激时，为了消除刺激源而做出的反应，间接的行为反应是指为了减少或暂时消除与压力体验有关的苦恼而做出的反应，如借酒、烟、麻醉品等使自己暂时缓解紧张状态。

2. 压力的危害

一个人的压力过度时，会对心理和生理等方面造成较大的损害。

(1) 过度压力对身体功能的损害。当人体面临压力危机时，一些器官的功能会加强，消耗的能量增加；而另外一些器官的功能被抑制，能量消耗减少。在压力状态下，人体首先会关闭消化系统。例如：在准备上台或者考试时，你会暂时忘记肚子饿，但消化系统关闭时间过长，会导致胃病和消化功能紊乱。

(2) 过度压力对心理功能的损害。由于生理和心理作用密切相关，我们在生理上越感到衰竭，对压力的心理反应便会越明显。当然，有些人可能会对压力做较长的抵抗，但最终也会因为生理的衰竭而造成功能的失调，甚至崩溃。

(3) 过度的压力会造成认知功能下降。这让人难以进入聚精会神的状态，经常遗忘正在做和谈论的事情，出现中途“思维断路”的现象。

(4) 过度压力对人的情感和性格也会产生非常消极的影响。长期的过度压力会使人的精神萎靡不振，无能力、无价值的消极自我评价会油然而生。已经存在的一些弱点，如焦虑、忧郁、神经过敏会更加恶化。更严重的是，过度的压力可能使人的性格发生根本性的改变。

(5) 过度压力会让人产生挫折感。人在压力之下，一般都会自然地产生抵抗力，如果抵抗奏效，不安或者焦虑就会减弱。如果对抗没有发生作用，就会让人产生挫折感，在挫折情绪的支配下，个体就会出现一系列消极行为：已经有的爱好和兴趣，乃至人生的目标完全丧失，觉得生活无意义，不如“一了百了”。

(6) 压力会影响睡眠。当大学生在生活中遇到压力事件时，无论是急性的或慢性的。情绪处于紧张状态，首先受影响的就是睡眠。当承受的压力较大时，常常躺在床上辗转反侧、夜不成眠，压力反应一再被激起，生理活动一直停留在相当高的水平，神经系统的兴奋一直没有落在睡眠所需要的界限，弄得筋疲力尽。

案例：

2016年10月5日晚，春雨医生创始人兼CEO张锐突发心肌梗死，在北京去世，享年44岁。在此之前，他因为公司业务问题长期失眠，曾坦言自己确实很焦虑。

李开复患淋巴癌：因作息时间不规律和承受压力太大。“他经常和年轻人比赛熬夜，半夜回邮件。跟他工作的人不少都有这样的经历，下半夜两三点给他发邮件，他很快就会回复，他的睡眠质量很差。”他的同事曾说：“他对工作对家人一直都是温和理性的状态，遇到压力的时候，也会自己扛，默默消化掉，医生说这样对身体不好。”

当代社会互联网信息高速发展，也催促着工作和生活节奏的提速，在工作任务增加，休息时间减少的双重压力下，很多当代职场人忽视压力的排解。在拼搏的同时，也需要关注压力的释放和身体的健康。身体是革命的本钱，只有拥有好的身体，才能更好地努力奋斗。这里给大家分享一个心理测试：《生活适应测试》(见表8-1)。

表8-1　生活适应测试

序号	内　　容	得分
1	家庭增加新成员，如有兄弟姐妹结婚，或者生宝宝，父母再婚等。	
2	家人团聚情况改变，如原本计划的家庭聚会因故取消。	
3	家庭成员健康发生变化，如父母健康状况下降或生病。	
4	亲人去世。	
5	要好的朋友死亡。	
6	自己受伤或者生病。	
7	考上大学，大学毕业，因故辍学。	
8	换了个新学校。	
9	杰出的个人成就。	

续表

序号	内　　容	得分
10	经济状况发生变化。	
11	生活习惯改变。	
12	社会活动改变。	
13	睡眠习惯改变。	
14	娱乐方式改变。	
15	饮食习惯改变。	
16	休假。	
17	搬家。	
18	过节。	
合计		
计分方法：每个事件根据对其评估的严重程度，持续时间和发生次数计分。影响程度：无影响计 0 分，轻度计 1 分，中度计 2 分，重度计 3 分，极重计 4 分；影响的持续时间三个月计 1 分，半年以内计 2 分，一年以内计 3 分，一年以上计 4 分；如果时间是一过性的，记录发生的次数，如果是事件是持续性的，根据持续的时间超过半年即两次。		
分数计算及解释： 某个事件的压力值 = 该事件的影响程度分数 × 该事件的持续时间分数 × 该事件发生次数 消极事件压力值 = 所有被评价为坏事的压力值相加之和 总压力值 = 所有事件的压力值之和 总压力值的高低反映一个人所承受的精神压力的大小，因为负性的生活事件对个体的身心健康影响较大，因此负性事件压力值与一个人身心健康水平有关。 通过对上述事件的评估，你有没有总结出什么样的事件更容易被你评价为压力事件，更容易让你很有压力的感觉呢？		

(本测验结果仅供参考，若有需要请咨询学院心理指导老师等专业人员)

二、认识挫折

(一) 挫折的定义

挫折，是指人们在有目的的活动中，遇到阻碍人们达成目的的障碍。心理学上指个体有目的的行为受到阻碍而产生的必然的情绪反应，会给人带来实质性伤害，表现为失望、痛苦、沮丧不安等，挫折易使人消极妥协。

例如：为准备英语四、六级，你苦背单词，努力做真题，本以为胜券在握，可是考试成绩出来后发现，自己不但没能通过考试，而且分数还没那些一点也没复习的同学考得好，于是你心生郁闷，甚至觉得不公平，暗自生气。

(二) 挫折的构成要素

挫折的组成要素有挫折情境、挫折认知和挫折反应。

1. 挫折情境

个人做事总是有目的的，但是很多时候，事情不会完全按照我们所设想的那样发展。我们所希望的只是众多可能出现的结果之一，其他结果的出现尤其是不希望出现的结果出现，往往会造成这样的挫折情境。

挫折情境就是那些对达到目的或者实现愿望造成困难、阻碍或者干扰的情绪，它包括机体内外的客观环境条件。例如：着急去火车站赶车，可就是打不到出租车；想要竞选班干部，结果一上台演讲就说不出话了；考试的时候，明明前一天刚看过的东西就是想不起来等。

2. 挫折认知

光有挫折情境还不足以构成挫折。例如，之前我们举的三个例子，着急去火车站打不到车，个体若想赶不过去就算了，改签搭乘下一班车；竞选班干部时说不出话，可以将这次经历当作对自己的一个提醒，说明自己的心理素质有待提高；考试时想不起来曾经复习看过的内容，说明自己复习不够充分，还需要更加努力。

由此可见，当遇到挫折情境，目标受阻的时候，是否感觉受挫还取决于我们对挫折情境的看法。挫折认知指我们对阻碍目标或者愿望实现的情境的认知和评估，包括对实际存在的困难和阻碍的评估。每个人对造成挫折的情境评价不同，感受也不尽相同。我们说一个人心态好，很多时候指的就是他对挫折的认知。

挫折认知也包括对想象中的阻碍目标或愿望实现的困难的评估。我们在做事情的时候，会预先对可能发生的状况进行预测，然后思考如果这样的情况发生，要怎么解决处理。可是有的时候，我们自己会夸大可能遇到的困难和阻碍，这个时候也会妨碍实现目标和愿望，让我们有受挫的感觉。比如，上述那个竞选班干部的例子，也许之所以在上台之后说不出话是因为上台之前一直忐忑不安，焦虑紧张，觉得自己肯定不行，过分夸大了可能面对的困难。

3. 挫折反应

人们受挫的时候可能会心情变糟，如想打车打不到的时候我们会着急、烦躁；演讲的时候说不出话，我们会感到懊恼、郁闷；考试的时候想不起来看过的内容，我们会焦虑，甚至会产生愤怒，捶胸顿足等。挫折反应即一个人的需要或者愿望得不到满足，并且将之知觉为挫折时所产生的反应，不仅包括情绪上的反应，也包括行为上的反应。比如：有些人受挫时可能会暴跳如雷，甚至破口大骂，做出一些冲动行为；而有的人则可能在压抑自己的情绪之后寻找克服困难和阻碍的办法。

挫折情境、挫折认知和挫折反应三个要素共同构成挫折。其中，挫折认知是核心因素，挫折反应的性质及程度，主要取决于挫折认知。一般来说，挫折情境越严重，挫折反应就越强烈；反之，挫折反应就轻微。但是，只有当挫折情境被主体所感知时，才会在个体心理上产生挫折反应。如果出现了挫折情境，而个体没有意识到，或者虽然意识到了但并不认为很严重，那么，也不会产生挫折反应，或者只产生轻微的挫折反应。因此，挫折反应的性质、程度主要取决于个体对挫折情境的认知。

挫折反应和感受是形成挫折的重要方面，个体受挫与否，是由当事人对自己的动机、目标与结果之间关系的认识、评价和感受来判断的。对某人构成挫折的情境和事件，对另一人不一定构成挫折，这就是个体感受的差异。正如巴尔扎克所说："世上的事情，永远不是绝对的，结果完全因人而异。苦难对于天才来说是一块垫脚石，对于能干的人是一笔财富，而对于弱者是一个万丈深渊。”

(三) 挫折的产生原因

产生挫折的原因一般来说主要来自两个方面，第一是主观因素，第二是客观因素。

1. 主观因素

主观因素是指个人生理和心理上的条件与需要发生冲突，个人所具备的智力、能力、容貌、身材以及某些生理上的缺陷所带来的某些限制，导致不能胜任某项工作或学习而遭到失败，产生挫折感。心理上的原因则更为复杂，最主要的原因是动机不能实现，需要得不到满足时的情绪与自己抱负水平不等值。如果一个人把自己估计太高，期望水平超过个人的实际水平，期望不能实现，这时就容易产生严重的挫折感，有些甚至表现为自不量力，去追求一些根本就无法实现的目标，这必然会造成挫折感。

2. 客观因素

由于外界事物或情况阻碍人们达到目标而产生挫折，这里又可分为自然物理因素和社会人为因素。自然物理因素主要是指达到目的的一些硬件达不到，比如：要搞好学习，交不起学费，没有生活费，没有电脑，买不起工具书，生病时无法医治等。社会人为因素是指个体人际关系极为紧张，在工作或学习岗位根本无法施展自己的才能，管理不当等。

(四) 有关挫折的理论

关于挫折产生原因和个体反应，中外学者提出了不同的看法，在研究过程中逐步形成了不同的有关挫折的理论。

1. 多拉德和米勒的挫折——攻击理论

挫折——攻击理论亦称“挫折——攻击假说”。研究和解释攻击行为或侵犯行为的一种理论。(见图 8-1)美国心理学家多拉德(J.Dollard)和米勒(N.Miller)1939 年在《挫折与侵犯》一书中首次提出，他们认为攻击是由于目标行为受阻造成的，当一个人产生挫折感时，会体验到愤怒的情绪，如果他以攻击性的方式宣泄自己的情绪，那么个体就学会了攻击，在以后再遇到挫折的时候，这个人也可能会做出攻击行为，该理论提出后，被犯罪心理学用于解释犯罪的原因。认为许多犯罪行为是由于犯罪人遭受某种挫折后产生的攻击行为。

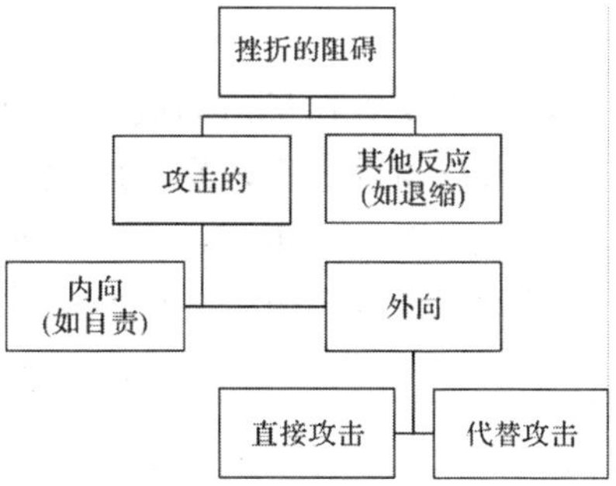

图 8-1　挫折——攻击理论

2. 艾利斯的 ABC 理论

ABC 理论认为，不是挫折事件和挫折情景本身造成了挫折的感受，而是我们头脑中的不合理信念影响着人对挫折事件和挫折情景的看法，产生了相应的不适情绪，最终产生了挫折感受。不合理的信念就是那些我们觉得好像理所当然，但如果进行理性分析会发现其并不合理的观念。例如：人生应该是完美的；自己应该受到所有人的喜爱；人不能做错事情，否则别人就会不喜欢自己；做事就要做到最好，否则还不如不做等等。

ABC 理论主张：真正造成心理冲突和心理困扰、让人产生挫折体验的是人们内心中那些不合理的信念。因此，如果想要降低个体的挫折体验，提高其挫折承受力，应该从改变他的不合理信念入手，将不合理的信念转化为合理的信念。

3. 罗森茨威格的挫折学说

罗森茨威格(Franz Rosenzweig)认为，当人们的动机受到阻碍的时候，就产生挫折。当一个人受挫时，主要的反应形式有三种：

(1) 被困难左右，只看到挫折带来的阻碍，被困难吓倒。

(2) 自我防御，给自己辩护，保护自己不受伤害。

(3) 继续为需要奋斗，不畏困难，继续探索，力求满足需要。

在遇到挫折时，反应的方向也有三种：

(1) 指向外部，将受挫的原因归结到外部，产生对他人或者外物的故意或攻击。

(2) 指向自己，将受挫的原因归结为自己，产生对自己的敌意或者攻击，如内疚、自责。

(3) 容忍，不怨天尤人，也不暗自责己，寻方设法，曲线救国。

在此基础上，罗森茨威格提出了“挫折耐受力”的概念，并将之定义为“抵抗挫折而没有不良反应的能力”。

案例：

多灾多难的塞万提斯

塞万提斯，西班牙 16 世纪著名作家。他的代表作《堂吉诃德》风行于世，被称为不朽之作。塞万提斯一生多灾多难，出身没落贵族，家庭贫寒，从小就跟父亲外出奔波谋生。22 岁参军，在与土耳其海战中，左手致残。后曾被海盗俘获，卖到阿尔及利亚为奴，历经艰辛。被父母赎身获得自由后，曾在海军中充任军需，后又蒙冤入狱后生活无着，当时一家 7 口人过着饥寒交迫的生活。他就在这样的困境中写出了《堂吉诃德》《努曼西亚》《惩恶扬善故事集》《加拉黛亚》《巴尔那斯游记》《八个新的喜剧和八个新的幕间闹剧》等一批有影响的作品。

如果你正处在学习的低谷，如果你正面对学习的挫折，请不要埋怨、更不要气馁。读一读名人挫折的故事，想一想他们所取得的成就，悟一悟其间的奥秘，也许你就会明白世界上本就没有心想事成，一个人的成就往往是在挫折的磨砺中逐渐锻炼出来的。在这里给大家推荐一个挫折承受力的测试(见表 8-2)。

表 8-2　挫折承受力测试

序号	题　　目	是/否
1	你认为自己是个弱者吗？	
2	你是否喜欢冒险和刺激？	
3	你生活在使你感到快乐和温暖的班级吗？	
4	如果现在就去睡，你是否担心自己会睡不着？	
5	生病时你依旧乐观吗？	
6	你是否认为家人需要你？	
7	晚睡两个小时会使你第二天明显的精神不振吗？	
8	看完惊险片很长一段时间内，你一直觉得心有余悸吗？	

续表

序号	题　　目	是/否
9	你常常觉得生活很累吗？	
10	你是否有一些无话不说的知心朋友？	
11	当考试成绩不理想时，你会感到非常沮丧吗？	
12	你认为自己健壮吗？	
13	当你与某个同事闹意见后，你一直无法消除相处时的尴尬吗？	
14	大部分时间，你对未来充满信心吗？	
15	你有一个关心、爱护你的家吗？	
16	当你在课堂上回答不出问题时，你在课后还会久久地感到烦恼吗？	
17	每到一个新地方，你是否常常会出现问题？如吃不下饭、睡不着觉、拉肚子、头晕等	
18	即使在困难时，你还是相信困难终将过去吗？	
19	你明显偏食吗？	
20	当你与父母发生不愉快时，你是否曾想离家出走？	
21	你是否每周至少进行一次所喜欢的体育活动，如登山，打球、游戏等？	
22	你觉得自己有些神经衰弱吗？	
23	你认为你的老师喜欢你吗？	
24	心情不愉快时，你的饭量和平时差不多吗？	
25	看到苍蝇、蟑螂等小昆虫，你会感到害怕吗？	
26	你相信自己能够战胜任何挫折吗？	
27	你是否常常和同学交流看法？	
28	你常常因为烦心事而躺在床上久久不能入睡吗？	
29	在人多的场合或者在陌生人面前说话，你是否感到窘迫？	
30	你是否认为，自己受到的挫折和别人相比，根本算不了什么？	
合计		

分数解释：根据你的回答，对照以下标准，2、3、5、6、10、12、14、15、18、21、23、24、26、27、30 这 15 题，回答“是”计 1 分，回答“否”计 0 分；其他题，回答“是”计 0 分，回答“否”计 1 分，各题得分相加，统计总分。

(1) 如果你的总分在 0～9 分，说明你的心理承受能力差，在遇到挫折的时候容易灰心，经常有挫折感。

(2) 如果你的总分在 10～20 分，说明你的心理承受能力一般，通常能够轻松承受一些小的压力，但遇到大的打击时，还是容易产生心理危机。

(3) 如果你的总分高于 20 分，说明你的心理承受能力强，可以在各种突发事件中保持良好的心态。

如果你的挫折承受力较差，或者一般，那么就非常需要学习一些提高自己挫折承受力的方法，以便自己在未来的学习和生活中能够更好地应对挫折。但并不是说，挫折承受力高，就不需要提升自己的挫折承受力了，提高自己的挫折承受力同样有助于在日后的学习和生活中成功应对挫折，降低应对挫折需要消耗的物质和精神资本。

(本测验结果仅供参考，若有需要请咨询学院心理指导老师)

第二节　大学生常见的压力及挫折分析

一、大学生常见的心理压力与挫折

大学生在学校生活中压力与挫折并存，鉴于挫折情景在本质上属于一种负面压力源，因此在下面的叙述中将二者结合起来进行分析。大学生的心理压力主要表现为学业压力、人际压力、就业压力、生活压力、恋爱问题等方面，所遭受的挫折也与这些压力相关，接下来我们逐一进行分析。

(一) 学习压力与挫折

我国高等教育尤其是高等职业教育，在教育教学上，一方面要考虑全面发展，各种基础课、专业课、选修课等一起上阵，另一方面又要考虑企业需求，不断更新专业课程，融入实习实训环节，让学生更具备职业竞争力，在这过程中，不可避免地增加了知识点的覆盖面和难度。很多学生在学习过程中往往对实践教学类、技能提升类等课程深感兴趣，而忽视了基础理论知识和发展能力类课程的学习，加之实习实训硬件条件和使用时间有限，很难保证每个人的学习愿望，久而久之导致理论学习与动手实践相脱节的情况。

另外，很多学生盲目跟风追求职业技能证书、计算机等级证书及英语等级证书等，认为证书越多越好，到处培训报名考试赶考，由于基础不牢及学业冲突，没有合理规划自身学习和考试安排，最终导致屡考屡不中，备受挫折。

大学生们应该意识到，高等职业教育的培养目标是它在人才培养模式上与其他普通高校不一样，高等职业教育更加重视培养应用型、技能型高级人才，强调“实用”“适用”，理论知识强调“必需”“够用”，因此课堂知识的扩充主要靠自身。如果单纯满足于教师课堂传授的知识，就很可能陷入“一知半解”的境地。必要的等级证书和职业证书是大学生求职就业的重要筹码，但是考试要根据自己的实力与精力而定，切不可盲目跟风。

(二) 交往压力与挫折

马斯洛需求层次理论是行为科学的理论之一，由美国心理学家亚伯拉罕•马斯洛(Abraham Harold Maslow)于 1943 年在《人类激励理论》论文中提出。马斯洛认为，人有五种基本需要，即生理需求、安全需求、社交需求、尊重需求和自我实现需求，良好的人际交往对满足人的基本需要具有积极的作用。人际交往具有双重性，当人际交往和谐、有效时，它给人以愉快、满足、成功、光明；而当人际交往失调、受挫时，它给人以烦恼、失望、痛苦、阴影。

人际交往不适的问题给大学生造成了很大的心理压力。一方面，大学里人际交往范围增大，来自不同家庭、环境的同学汇聚一起，不同的生活习惯、个人爱好、性格特点等都会使人际关系变得更为复杂，容易在心理上因不善沟通而产生压力。大学生的人际交往日趋社会化、复杂化，但大学生的生活习惯和思想观念又越来越个性化。在人际交往过程中，他们常常因不能克制自己、不懂得尊重别人而产生摩擦，而且因为过于理想化，在发生人际矛盾时，他们容易产生怀疑他人、怀疑自己的心理。同时由于缺乏处理人际关系交往摩擦的经验，很多大学生在出现与他人的矛盾后未能及时有效地处理，造成人际关系紧张，形成强烈的挫折感。另一方面，由于社会的原因，部分高职大学生自认为没有考上“理想的大学”，在别人眼里“会不会低人一等”，由此把自己封闭起来，不愿意交往或在交往过程中存在自卑心理。

案例：

来长沙某高校念热门专业的大一学生小蕾(化名)，老家是北方的，来长沙人生地不熟，开学一学期后就几次找到辅导员老师要求退学。“小蕾写得一手好文章，还弹得一手好钢琴。入校不久，她就因文笔出众，被校内文学团体破格吸收为会员。”小蕾的辅导员说，听说她要退学，大家都很吃惊。小蕾要退学的理由主要是：觉得同学们瞧不起她，总在背后议论她，以至于她感觉“大家都挺虚伪的，一回到寝室，就胸口发闷”，甚至觉得“活着没意思”。老师们也描述说，当小蕾讲到这一点时，就变得烦躁不安，最后竟然泪流满面”。

人对环境的适应，主要是对人际关系的适应。有了良好的人际关系，人才有了支持力量，有了归属感和安全感，心情才能愉快。小蕾主要由于在适应大学的人际关系环境中遇到了挫折，在人际交往中出现人际关系敏感问题，对同学比较敏感和多疑，心里感到紧张和不安，进而觉得自己与周围的人格格不入，产生心理压力，遂产生退学想法。

现实生活中，人际关系的交往是我们的重要的社会属性，会直接影响到我们对社会的感知和情绪的建立，我们所说的高情商其中也包含了社交关系能力，下面介绍一个测试人际交往能力的测试法(见表 8-3)。

表 8-3　人际交往能力量表

序号	题　　目	得分
1	我上朋友家做客，首先要问有没有不熟悉的人出席，如果有，我的热情就明显下降。	
2	我看见陌生人常常觉得无话可说。	
3	在陌生的异性面前，我常觉得无话可说。	
4	我不喜欢在大庭广众面前讲话。	
5	我的文字表达能力远比口头表达能力强。	
6	在公众场合讲话，我不敢看听众的眼睛。	
7	我不喜欢广交朋友。	
8	我的好朋友很少。	
9	我只喜欢与合得来的人接近。	
10	到一个新环境，我可以接连好几天不讲话。	
11	如果没有熟人在场，我感到很难找到彼此交谈的话题。	
12	如果要“主持会议”与“做会议记录”这两项工作中挑一样，我肯定挑后者。	
13	参加一次新的集会，我不会认识多少人。	
14	别人请求我帮助而无法满足对方的要求时，常感到很难对别人开口。	

续表

序号	题　　目	得分
15	不到不得已，我决不求助于人，这倒不是我个性很强，而是感到很难对人开口。	
16	我很少主动到同学、朋友家串门。	
17	我不习惯和别人聊天。	
18	领导、老师在场时，我讲话特别紧张。	
19	我不善于说服人，尽管有时我觉得我很有说服别人的理由。	
20	有人对我不友好时，我常常找不到合适的对策。	
21	我不知道怎样与嫉妒我的人相处。	
22	我同别人的友谊发展，多数是别人采取主动态度。	
23	我最怕在社交场合中碰到令人尴尬的事。	
24	我不善于赞美别人，感到很难把话说得很自然亲切。	
25	别人在话中嘲讽我时，除了生气，我别无他法。	
26	我最怕接待工作，同陌生人打交道。	
27	参加集会，我总是坐在熟人旁边。	
28	我的朋友都是同我年龄相仿的。	
29	我几乎没有异性朋友。	
30	我不喜欢与地位比我高的人交往，我感到这种交往很拘束很不自由。	
得分		
评分标准：1.完全不符　2.基本不符　3.难于判断　4.基本符合　5.完全符合 分数解释：采用我国学者马建青编制的人际交往能力自测量表。该问卷采用五点计分。得分越高表示人际交往能力越低，总分超过120分则说明社交能力存在很大问题。该问卷在本研究中的整体内部一致性系数(Alpha 系数)为0.88，经过效度检验，问卷的结构效度为0.87。		

(本测验结果仅供参考，若有需要请咨询学院心理指导老师)

(三) 经济压力与挫折

随着社会普遍重视教育及生活条件的逐步提升，很多家长开始加大教育投入，同时教育产业化发展，包括在线教育、培训指导、技能考试等等的兴起，也让家庭教育开支不断加大，这种情况对于来自不同家庭条件的大学生而言尤其突出。相互之间攀比让很多家庭经济收入低微或者有特殊情况的大学生感到巨大的经济压力，他们因为经济原因而存在心理上的落差，同一个寝室，那些家庭经济困难的大学生，在与他人的共同生活中更容易产生自卑心理。

目前国家在大学生资助方面每年投入了大量经费，给那些家庭经济困难但成绩优秀的学生予以奖助学金，各大高校也纷纷出台资助政策、提供助学贷款及勤工俭学岗位，切实地解决了一部分家庭经济困难学生的基本生活学习困难。但我们在提供经济帮助尽可能解决困难大学生的就学问题同时，大学生为了还贷和自卑心理困扰，很多学生还是有很大的心理负担。因此，许多大学生用更加刻苦地学习来抗衡这种生活的压力，而这同时又加重了学习的压力。

(四) 性与爱的压力与挫折

性与爱是广大青年大学生不可回避的生活话题。一方面在大学校园里，谈恋爱的大学生比较多，失恋的和感情困扰的学生自然也就比较多了，另一方面是因为刚成年的大学生，对性与爱的知识缺乏，自我管理能力较弱，但又充满好奇。性与爱的挫折和压力的主要表现为单恋、失恋、意外怀孕等。失恋给大学生的心理造成了很大的压力，在有的人看来甚至可以算是重大的人生挫折，很多失恋的大学生都有强烈的情绪反应，如焦虑、抑郁、冷漠，对任何事情不感兴趣等，他们无心学习、痛苦不堪，有的因此而得了神经症，如焦虑症、抑郁症、神经衰弱等；有的甚至患上精神分裂，后果非常严重。大学校园里很多极端事件往往与大学生失恋密切相关。尽管国家法律并不禁止大学生结婚，但是因为年龄的原因，经济不独立或者感情尚不成熟，广大大学生一般是未婚者，因恋爱中冲动而为的怀孕不仅仅只是一个意外，由于它在一定时间内必须面对、必须处理，所以这对当事人形成的压力是巨大的，包括心理压力、生理压力，还有经济压力，特别是女生承受着更多的痛苦。

(五) 就业压力与挫折

首先是整体就业环境不佳。2019 年，由于全球经济不确定性加剧和国内经济下行压力不断增大，再加上员工成本持续上升，许多公司不得不缩减员工的数量。其次是每年毕业生都在持续增加。据教育部统计，2020 年应届高校毕业生有 874 万，比 2019 增加 40 万。再次是 2020 年年初爆发了“新型冠状病毒”疫情，让各行各业都受到了损失。疫情对就业造成的影响是最直接，也是最大的。餐饮、娱乐、服务、旅游等第三产业所涉及的职位目前很多几乎处于停滞招聘状态。

国家层面目前虽然已经出台了很多政策、办法来支持企业的生存，但目的是减少企业倒闭的比例，在一定程度上减少损失。国内 99%的企业由中小企业组成，小企业倒闭的可能性比很多大企业大得多，在疫情的猛烈冲击下，许多小企业很可能因此而倒闭，企业一旦倒闭，员工就会失业。大量失业人员进入招聘市场，无疑增大了就业难度。

再看一下一线城市学校的数据，很多学校企业招聘数量下降到 40%的水平，那么也就意味着，之前可能三四个人竞聘的职位，现在会有 10 个左右的人竞聘。不论是宏观还是微观来看，2020 年疫情之后的就业形势都会比较严峻，大家一定要做好心理准备，关注国家出台的系列帮助就业创业的政策，切实可行地制定和调整自身的职业发展规划。

二、压力与挫折承受力的影响因素分析

压力与挫折如同人生的双刃剑，它究竟是使你备受伤害，还是使你倍增勇气？受很多因素的影响，前面我们谈到，有的人面对压力和挫折时总是惊慌失措，有的人则常常能镇定自若，这是因为对于压力和挫折的承受能力存在个体差异。影响一个人对压力和挫折的承受能力有多种因素，它不仅包括导致压力和挫折的事件、情境，还包括当事人的自我强度以及社会支持度等一些起调节作用的因素。

(一) 挫折承受力

之前我们提到过，挫折承受力是美国的心理测验专家罗森茨威格最早定义的“抵抗挫折而没有不良反应的能力”，是指人们在遇到挫折时，能够忍受和排解挫折的程度，也就是人们适应挫折、抵抗和应对挫折的一种能力。挫折承受力包括挫折耐受力和挫折排解力两个方面。挫折耐受力是指人们受到挫折时经受得起挫折的打击和压力，保持心理和行为正常的能力。挫折排解力是指人们受到挫折后，对挫折进行直接的调整和转变，积极改善挫折情境，解脱挫折状态的能力。

挫折的耐受力和排解力是两个既有联系又有区别的概念。两者的联系在于它们都是对挫折的适应能力，共同组成挫折的承受力。耐受力是适应的前一个阶段，是对挫折消极被动地适应，表现为对挫折的负荷能力，为排解力提供基础。排解力是适应的后一个阶段，是对挫折的主动适应，表现为对挫折情境的改造能力，是对耐受力的进一步发展。耐受力是接受现实，能够减轻挫折情绪反应的强度。排解力是改变现状，促使需要的满足和目标的实现。

(二) 压力源的性质

人们之所以对压力有不同的反应，首先是因为不同的压力源给予人的压力量是不同的。所谓不同的压力源是指压力的强度、压力的持续时间和压力的可控性的不同。面对强度大持续时间长而且不可控的压力，人们对于压力的反应就会大一些，有时甚至很难承受以致崩溃。比如：亲人突遇车祸死亡的压力量与室友偶尔打鼾的压力量显然是不同的，当事人因此而表现的压力反应自然也会不同。面对重大压力的刺激而出现较强烈的反应是正常的，关键不是你有没有压力，而是你有没有面对压力的承受能力和处理策略。

(三) 当事人的自我强度

一个人的自我强度影响挫折承受力。面对同样的压力或挫折为什么人的反应却大不一样呢？这是因为压力虽同而人不同。所谓人不同是指当事人的自我强度不同。人与人之间是存在个体差异的，有的人性格刚强，有的人性格柔弱；有的人见多识广，有的人孤陋寡闻；有的人经历坎坷不言愁，有的人一帆风顺不知福；有的人自尊自信，有的人自卑自贱；有的人乐观开朗，有的人悲观狭隘，等等。这些不同的人在面对同样的压力事件或挫折情景时他们对问题的认知评估、应对技能、自我胜任感都是不同的，而那些性格刚强、见多识广、历经坎坷不言愁、自尊自信、乐观开朗、渴望挑战、喜欢冒险的人由于更有内在的力量，且更具有自我强度，而不易被压力或挫折所击倒。

(四) 社会支持系统

每个人都是有局限的，没有谁能一个人解决所有的困难，没有人是永远的“擎天柱”。也就是说社会支持是非常必要的。所谓社会支持是指当我们面临困难或威胁时，在自己的社会关系网络中获得的、来自他人的物质和精神上的帮助与支援。心理学家安托露丝(Toni Antonucci)把婚姻关系、与家庭成员的关系、与朋友的关系称为“人生护卫舰”。社会支持系统就像一个缓冲器，它是广大大学生面对人生挑战的一个保护层，可以缓解压力情境所产生的伤害，也可以化解压力所造成的压抑后果，这种支持是具体可感的，它在很大的程度上决定着我们内心的安全感。

一个完备的支持系统包括家人、亲友、同学、同事，邻里、老师、合作伙伴，等等，当然，还应当包括由陌生人组成的各种社会服务机构。每一种系统都承担着不同的功能：亲人给我们物质和精神上的帮助，朋友较多地承担着情感支持，而同事及合作伙伴则与我们进行业务交流。近年来，越来越多的研究显示，亲密的可信任的亲情和友情关系是压力有效的缓冲器。总之，正是由于这个社会支持系统给予了各种我们所需要的工具性支持与情感性支持，使我们在困难的重压之下倒不下去，撑了过来。而有的人就因为没有这样的支持系统，或者是由于特殊的历史条件使他们得不到应有的支持而倒在压力之下。如果平时就注意建立具有积极意义的社会支持系统，学习一点应对压力的策略，在面对压力的时候能抱着一种健康的心态，那么压力对于你或许就是促使你尽快成长的推进器。

第三节　挫折承受力的培养及舒缓压力的策略

挫折和压力是我们人生之旅上的波折和考验，是人生的伴侣，一方面它能够带来不适感，打击我们，让我们身心痛苦；另一方面它也给了我们磨砺和成长的机会。借助挫折我们逐步培养自己的承受能力，面对压力我们逐步锻炼自己的抗压能力，这些对于未进入社会的我们是非常重要的人生成长经验，直接决定了我们的工作和社会生活的适应力。必须与压力同行，和挫折共舞，这将是我们真实的人生。因此，学习乐观、勇敢地面对压力和挫折，积极理性地舒缓压力化解挫折已经成为我们每个人的人生必修课。

一、大学生挫折承受力的培养方法

(一) 正确认识挫折，培养顽强意志

有无正确认识对于个人能否承受挫折具有重要意义，而最要紧的就是要充分认识挫折的普遍性与双重性，同时培育不怕艰难困苦的意志品质。

在这个竞争的社会，科技日新月异，信息高速发展，竞争越来越激烈，大学生经常面临挫折的挑战，既然知道挫折是生活的一部分，就该努力提高自己的容忍度，不必想摆脱挫折。要思考的是如何正面迎接挫折的挑战，承受挫折，化解挫折并超越挫折。要想出类拔萃定要有足够顽强的意志品质，以积极乐观的心态与挫折共舞。

挫折是我们每个人必须应对的难题，一个懂得辩证思维的人，知道事物相互转化的道理，不会让自己深陷挫折与不幸中，而会以拼搏精神奋发努力、利益最大化地汲取人生幸福。

案例：

澳大利亚天生无四肢励志演讲大师尼克·胡哲的故事

2012年，年仅29岁的尼克·胡哲(Nick Vujicic)已经在25个国家给超过300万人做过

励志演讲。2011 年，尼克·胡哲出版了励志畅销书《人生不设限》，告诉大家他如何从一无所有到一无所缺，他用自己的行动证明了什么叫“永不放弃”。

尼克·胡哲 1982 年 12 月 4 日出生于澳大利亚墨尔本。他的身体出生时就没有双臂和双腿，只在左侧臀部以下的位置有一只带着两个脚趾头的小“脚”，被称为“海豹肢症”，多年来一直未能在医学上得到合理的解释。这个天生没有四肢的畸形儿一出生就吓坏了所有的人，他的父亲甚至冲出产房大声呕吐起来。直到尼克四个月大的时候，母亲才第一次抱起这个小小的婴儿。

8 岁以前，尼克·胡哲只关注“自己没有的那一切”。10 岁的时候，他曾想将自己溺死在浴缸里，但就连“自杀”也是一项无法完成的任务：肺占据了他身体体积的 80%，他总是“像一件救生衣一样竖直地浮在水面上”。

经过长期训练，残缺的左“脚”成了尼克·胡哲的好帮手，不仅帮助他保持身体平衡，还可以打球、打字。他要写字或取物时，也是用两个脚趾头夹着笔或其他物体。在 19 岁第一次充满动力的演讲之后，尼克·胡哲开始了他的演讲生涯，与数百万人分享了自己的故事、经历。尼克·胡哲说，他第一次向 300 人演讲时，紧张地“身体发软”，但今天，已是两家的励志演讲机构的负责人。目前，演讲已成为他的职业，世界各地的演讲邀请达到 3 万多个。

特别令人惊喜的是，尼克·胡哲于 2012 年情人节前夕终于如愿以偿，与女友宫原佳苗结束多年的爱情长跑，幸福地步入婚姻殿堂，再一次向世人证明“人生不设限”。

尼克·胡哲是不幸的，天生的肢体残缺让他备受歧视缺乏关爱，但他及时地选择直面挫折，将自己的不幸化为努力生活的动力，并积极感染他人，他为身边的人树立了积极的榜样，在这过程中也锻炼了自己，通过顽强的意志改写了自己的命运。

(二) 合理应用挫折防卫机制

挫折防卫机制是指人在遇到挫折时，有意无意地寻求摆脱由挫折产生的心理压力，减轻精神痛苦，恢复正常情绪和心理平衡的自我调节和自我保护的方式。

挫折防卫方式是多种多样的，常见的有升华、补偿、认同、隔离、幽默、折中、文饰(合理化)、压抑、投射、反向、攻击、隔离、退行、转移等。

1. 升华

个体将遇到挫折或者愿望无法满足时产生的愤怒、不甘等情绪，以外部世界能够接受的，有利于社会发展、文明进步的方式表现出来，并且因此而创造出一定的社会成就，这就是升华，即通常所说的“化悲痛为力量”。

歌德在年少的时候追求自己心仪的女孩子，却遭到对方的拒绝，最后成就了《少年维特之烦恼》；曹雪芹数十年的辛酸泪化成了《红楼梦》；旧中国的动荡和混乱造就了文学巨匠鲁迅。生活的苦难和磨砺让人内心痛苦，却也给了人走向成功的动力。当人们将苦难与悲痛化作前进的动力时，不仅可以宣泄和消除心中的不良情绪，也有助于个人的自我实现。

2. 补偿

补偿是指人们在实现目标的过程中受到挫折，或由于自身的某种缺陷而达不到既定目标时，以其他可能达到成功的活动或自己的特长来替代，通过新的满足来弥补原有欲望得不到满足和目标达不到而造成的痛苦。如：齐齐哈尔 19 岁的姑娘田甜，一个高位截瘫的少女，其生活都不能自理，只能用嘴咬着笔，却学会了计算机，精通 flash，在北京组建了自己的“田甜电脑动画工作室”。她做的动画卖给了中央电视台，她的网站很受欢迎，她以月薪 7000 元实现了自立，中央电视台东方时空栏目为她做了专访节目。总之，天无绝人之路，条条大路通罗马。

3. 认同

认同是指个人在现实生活中无法获得成功或满足时，将自己比拟成理想中的成功者，模仿他的言行举止及穿着等，借此从心理上分享别人成功后的欢乐，以减轻个人因挫折而产生的焦虑，并维护个人自尊的心理防卫方式。例如：有人把自己和在某项事业中获得成功的人物或有名气的单位联系在一起，从而求得一些间接的光荣，借此来减轻挫折的不利影响。

认同机制的另一种表现是个人为了迎合提供需要满足的保护者，如父母、师长、主管等，在思想及行为上模仿他们，将自己与他们视为一体，照着他们的希望行动，以便减少挫折。

4. 幽默

幽默是指当一个人身处困境或尴尬局面时，通过含蓄、双关、俏皮的语言，以渡过难关或解脱困境。幽默是通过委婉曲折的方式来表达人们的思想的，这种表达方式不仅能避开冲突的锋芒，比较容易为另一方所接受，同时它也能引发喜悦和快乐，创造一种轻松愉快的环境气氛，从而缓解紧张情绪和心理冲突，因此，幽默是一种积极而高尚的心理防卫机制。但幽默作为一种精神现象，与人的智慧和心理成熟程度联系在一起，它以笑为载体，却蕴藏着严肃的思考和真诚的情愫。人格比较成熟的人才可以在适当的场合，运用适当的幽默，打破窘境，改变困难局面。从医学的角度来说，幽默是有益于身心健康的。

5. 折中

折中是指当两件事发生矛盾时，通过采取调和的办法，以避免厚此薄彼而引起挫折的心理防卫方式。例如：当对某个问题的处理产生截然相反的意见时，在不违背原则的前提下，宜采取折中处理的办法。

6. 文饰(合理化)

文饰(合理化)是指当人们的行为未达到目标，或不符合社会规范时，为了减轻痛苦，缓解紧张，避免尴尬，提高自身价值或争取社会认可，使内心获得平衡而寻找种种理由或值得原谅的借口替自己辩护或开脱。文饰作用是人们在日常生活中使用最多的一种挫折防卫机制，如：阿 Q 被欺负，不敢还手时说“儿子打老子”。合理化策略主要包括酸葡萄效应、甜柠檬效应和推诿。

(1) 酸葡萄效应。酸葡萄效应指的是将自己想要得到，却得不到的东西说成是坏的，简单地说就是只要不是自己的就都不是好的。比如：自己运动能力比较差，为了保持自尊说那些在体育方面比自己强的人四肢发达头脑简单；自己学习成绩不理想，就说那些比自己学习好的同学书呆子，死学！

(2) 甜柠檬效应。甜柠檬效应简单地说就是只要是自己的就是好的，也许东西本身并没有那么出众，但因为是自己的，所以就大加赞扬。比如：自己家的小孩眼睛小却说眼睛小，聚光有神；自己长得胖，却说身材丰满。

(3) 推诿。俗称找借口，因为害怕受到责备耻笑，或者为了减轻心理上内疚感，而将事情的原因推到不可控的外部因素或者可以原谅的主观因素上。比如：古语常说的“谋事在人成事在天”。

7. 压抑

压抑是指人们在受到挫折后，把意识所不能接受的、使人感到困扰或痛苦的思想、欲望感情或体验压抑到潜意识中，尽量不再想起，不去回忆，主动遗忘，以保持内心的安宁，使自己免于痛苦。一般来说，压抑的结果虽可减轻主体的某些焦虑，而获得暂时的心理安全感，但被压制的欲望并不因此而消失，而是深埋于个体的潜意识里，一有机会便会爆发。所以，压抑情绪并不能真正地解决问题，而只是暂时性地搁置问题，让问题不至于冲突或者爆发，在某些场景是可以使用的。例如：当与他人产生冲突时，暂时压抑自己激动的情绪、言语和行为，可以很好地避免事态升级和意外发生。

但如果多次压抑，超过挫折容忍度，可能导致心理失常或心理疾病，影响个人性格健全地发展。所以，遇到挫折、失败最好找值得信赖的对象一吐为快，想办法把内心的不满、不愉快的情感宣泄出来。

8. 投射

投射是以自己的想法推测别人的想法，把自己的思想、感受、行动推到别人身上，把自己不喜欢或不能接受的性格、态度、习惯、欲望、信念转移到别人身上，认为别人就是如此，以此减轻自己的内心焦虑，逃避心理上的不安。例如：对别人有成见，到处散布别人有意“整他”等等。

9. 反向

对于自己内心的观念、想法和情感，人们并不总是可以完全接纳，有的时候可能会拼命地压抑那些自己无法按捺的观念、想法和情感，唯恐表现出来被别人发现。但正是由于过度压抑，结果往往会以相反的方式表现出来，这就是反向形成，也包括一个人为了控制自己无法满足的欲望和冲动而表现出的相反的行为。比如：明明很讨厌一个人，但在见到对方时却表现得十分热情，甚至热情到连自己都觉得不可思议；明明喜欢一个人，但见到对方的时候却爱答不理，有时候还会出言挤兑对方。

区分真实的情感和反向形成的情感的标准就是行为表现是否过分，即行为表现是否超出其本应该有的程度。比如：跟一个人没有那么亲密，却表现得异常亲热，自己都觉得难以理解，这个时候就要考虑是不是有反向形成的作用，是不是因为自己心理对这个人有极大意见或者非常讨厌他而刻意压抑的结果。

10. 攻击

攻击是指个体受到挫折后，产生强烈的敌视心理和愤怒的情绪，为了发泄自我的不满情绪，在言行上表现出对抗性或破坏性的行为反应。攻击可分为直接攻击和转向攻击。

直接攻击是指个体受挫后，把攻击矛头直接指向造成挫折的人或物。个体在生命早期经常采取这种攻击方式以应付挫折环境。这种攻击方式往往不为社会团体或组织所允许，于是就有了变相的攻击方式，这就是转向攻击。转向攻击的表现有三种。

(1) “迁怒”。“迁怒”是指个人发现引起挫折的真正对象不能攻击，就将愤怒的情绪发泄到其他的人或物上去的现象。

(2)“无名烦恼”。“无名烦恼”是指挫折的来源不明，没有明显的对象可以攻击，或者受挫者不知如何攻击，而使情结陷入低潮状态的情况。

(3)“自罪”。“自罪”是指对自己缺乏信心或悲观者，经常将攻击对象转向自己，责备自己。攻击行为作为一种心理防卫机制，风险很大，这是应该关注的。

11. 隔离

隔离是指个体有意切断意识与不愉快事情的直接联系，以减轻或躲避心理上的痛苦。

12. 退行

如一些人在遇到较大的打击或挫折的时候会以种非常幼稚的行为进行反应，这就是退行。例如：忽闻亲人离去时，有的人可能会一下子呆住，不知所措，只知道哭泣；一个中年妇女在大街上跟人吵架，吵着吵着突然躺在地上像小孩子一样撒泼；《天龙八部》中的老顽童周伯通的很多孩童式的行为也属于退行的表现。

13. 抵消

抵消是指人们在发生不愉快的事情之后，为了弥补内心的缺失感、愧疚感、罪恶感等情感，可能会进行一些象征性的活动，或者仪式性的动作以使自己的内心平静，降低紧张焦虑的情绪。研究表明，类似于基督教的洗礼，通过洗礼可以使人们内心中的罪恶感减轻。简单地说，抵消就是一个人犯了错，可以通过一些象征性或者仪式性的活动，让自己的内心感觉好受一点。如考试没考好，心里觉得对不起爸爸妈妈，让他们失望了，回家之后拼命帮爸爸妈妈干活，这样做之后心里似乎好过了一些。

14. 转移

转移是指把一种情境下是危险的情绪或行为，不自觉地转移到另一种安全的情境下释放出来，以求得心理平衡。例如：工作受到了领导的责难，心头有火却不敢、也不能对领导发，于是就找出气筒(或物品、或自己惹得起的人)发作。

挫折防卫机制具有两面性。一方面，它在一定的程度上能够帮助人们提高和保持个人自尊，躲避或减轻焦虑情绪，缓解心理压力，可以起到使人适应挫折，减轻精神痛苦，促进发展的作用。例如：“升华”是最有积极性和建设性的，“补偿、幽默、认同”等也有积极意义，积极的挫折防卫机制是把挫折变为前进动力的重要方式。另一方面，挫折防卫机制如果使用不当，或者过度，不仅不能减轻紧张和焦虑，反而可能破坏心理活动的平衡，会使人逃避现实，降低对生活的适应能力，妨碍个人的社会适应，从而导致更大的挫折，还有可能造成心理异常和行为偏差，甚至心理疾病，如那些具有掩饰性、逃避性、攻击性的防卫机制。因此，学会合理、适当地运用挫折防卫机制是我们应对挫折的重要方法。

案例：

你是第几只狐狸

农夫果园中的葡萄熟了，住在附近的狐狸们经不住诱惑纷纷来到葡萄架下打起吃葡萄的念头。

第一只狐狸发现葡萄架比它的个头高出很多，它根本够不到葡萄，但又不愿放弃这难得的机会，于是它就站在葡萄架下冥思苦想。就在它努力想办法的时候发现葡萄架旁有个梯子，农夫曾经用过它。于是，它学着农夫的样子爬上葡萄架，顺利地吃到了葡萄。

第二只狐狸也发现了身高的问题，它想了想，觉得这个葡萄肯定是酸的，又不好吃，倒不如不吃。于是，它心情愉快地离开了。

第三只狐狸刚刚读过《钢铁是怎样炼成的》，并深受启发。当它看到高高的葡萄架时便暗暗对自己说："只要我努力不断向上跳，一定能够成功吃到葡萄。"结果它越跳越低，最终在葡萄架下累死。

第四只狐狸一看葡萄架竟然比自己还高，恼羞成怒，一边使劲儿撕咬葡萄藤蔓，一边叫道，"不让我吃我就咬断你，看我到底能不能吃到!"结果让农夫发现，它也被拍死了。

第五只狐狸发现以自己的身高根本无法吃到葡萄，于是满地打滚痛哭不止，边哭边叫："我就要吃葡萄，我就要吃葡萄!"

第六只狐狸看着葡萄架想：既然我吃不到葡萄，别的狐狸肯定也吃不到，那我还有什么可遗憾的呢?

第七只狐狸看到高高的葡萄架，内心顿时一片灰暗，感慨自己连近在眼前的葡萄都吃不到，真是时运不济，命运多舛，这么一下心情更不好了，最后郁郁而终。

第八只狐狸绞尽脑汁用了无数方法也没能吃到葡萄，在它听到别的狐狸吃到葡萄的消息时，一怒之下撞死在葡萄架上。

第九只狐狸发现自己够不到葡萄，但他听说柠檬的味道可能跟葡萄差不多，心想："吃不到葡萄，那我就吃柠檬吧，反正味道也差不多。"于是，它满心欢喜地去寻找柠檬了。

第十只狐狸发现以自己现有的能力是无法吃到葡萄的，于是它决定努力学习给自己充电，报了一个动物技能课程进修班，学习采摘葡萄的技术，最后如愿以偿。

第十一只狐狸也发现了同样的问题，它眼睛一转，计上心来，他将几个同伴骗到葡萄架下打晕，然后踩着他们的身体吃到了葡萄。

第十二只狐狸是个漂亮的狐狸美女。它知道自己是无论如何也够不到葡萄的，于是找了个聪明的男朋友，她的男朋友就是那只学会使用梯子的狐狸。这样她也吃到了葡萄。

第十三只狐狸因为吃不到葡萄对葡萄架心生不满，于是怪罪起葡萄架来，它说这个葡萄架太好高骛远了，内心其实并没有表面看上去那么漂亮。发泄完后，它平静地离开了。

第十四只狐狸发现自己无法吃到向往已久的葡萄，又看了看落在地上已经腐烂的葡萄和别的狐狸吃剩下的葡萄皮，作呕吐状道："真恶心，哪只狐狸想吃这种东西呢？"

第十五只狐狸看到自己摘不到葡萄，也愤懑不已，就回到家奋笔疾书，最后出版了一本惊世巨著《十八只狐狸吃葡萄背后的故事》。

第十六只狐狸来发现吃不到葡萄后，心中焦虑不已，经常胃疼，消化不良。

第十七只狐狸看了看高高的葡萄架说："不就是葡萄吗，有什么了不起？我爷爷就吃到过，所以我也一样行!"

第十八只狐狸看着葡萄架心想："我吃不到葡萄，别的狐狸来了也吃不到葡萄，那我们何不集中力量一起摘葡萄呢？"于是，它动员所有想吃葡萄的狐狸搭成狐狸梯，最终大家都吃到了葡萄。

第十九只狐狸在葡萄架下转了一图，对它的同伴道："你一定特想吃葡萄！我就不一样，我一点也不想吃。”

第二十只狐狸低着头从葡萄架下走过，边走边嘟囔：“没看见！没看见！我什么也没看见。葡萄一点也不好吃，我也不爱吃葡萄。”

请同学们看看，你是哪只狐狸呢？其实这不是测试，只是希望大家换位思考，每只狐狸的挫折防卫机制分析如下：

第一只狐狸直面问题，不逃避，然后解决问题；

第二只是“酸葡萄效应”；

第三只是“固执”；

第四只是“付诸行动”；

第五只是“倒退”；

第六只是“合理化”；

第七只是“抑郁”；

第八只狐狸因比较而心生不满，即生活中常见的“不患无，而患不均”；

第九只是“替代”；

第十只是“问题指向应对策略”；

第十一只是“损人利己”的问题解决方式；

第十二只是“补偿”；

第十三只是“抵消”；

第十四只是“反向形成”；

第十五只是“升华”；

第十六只是“转化”；

第十七只是“认同”；

第十八只是“合作”的问题应对方式；

第十九只是“投射”；

第二十只是“否认”。

二、大学生舒缓压力的策略

（一）正确面对和认识压力

1. 直面并正确看待压力

人生处处存在着压力，尤其在现代这个竞争的社会，科技日新月异，信息层出不穷，竞争越来越激烈，压力越来越大，正如前面所述，大学生活充满了各种压力。从某种意义上说，压力、成绩和进步是同义词，一切进步都需依赖压力的刺激。萧伯纳说：“当我死时，我希望自己彻底耗竭。因为我越努力工作，就越有生命力。生命本身就会令我喜悦。我不认为生命是迅速燃尽的蜡烛。相反地，它是灿烂的火把，我活着的时候必须高举它，在送给下一代之前，它要越亮越好。”的确，既然活着，就该努力扩展自己的载压量，要想出类拔萃，就一定得有足够深厚的压力容量，以积极乐观的心态拥抱压力。

压力是大学生活的一部分，那么就不必想摆脱压力，只能思考如何正面迎接压力、处理压力和挑战压力，剑桥大学的心理学家罗伯尔有一种说法：“压力如同一把刀，它可以为我们所用，也可以把我们割伤，那要看你握住的是刀柄还是刀刃。”压力是我们每个人必须应付的难题，一个懂得如何缓解压力的人，不会让自己被压力所压垮，不会让自己深陷一种痛苦之中，而是将压力巧妙地转化利用，以利益最大化地汲取人生幸福。

案例：

李同学是某大学大三学生，原本成绩优异，准备考专升本。可是由于和小女友闹别扭，女友向其提出分手，李同学求复合未成功后，觉得受不了失恋的打击，不愿上学。在家待了一周后，经家人苦劝返回学校上课。可是，由于落下一周的课程，回校后感觉跟不上进度，老师课后为其补习，但李同学还是觉得学习困难重重。两周的苦苦坚持之后，李同学请假回家，声称自己在家复习。当李同学的父母找到心理老师求助时，孩子已在家一个月了。询问孩子在家状况，父母回应，偶尔看看书，喜欢看足球比赛。父母为孩子目前的状态感到担忧，眼看马上就要专升本考试了，父母非常渴望孩子能早日返回学校，而不是在家里混日子，无奈亲朋好友劝说无功。

从以上这个案例来看，该生最开始由于情感挫败内心接受不了而出现请假在家的行为表现。当其愿意重新返回学校读书时，又因为落下功课，跟不上课程进度，感到束手无策、焦虑恐慌等，再一次选择回家自学，然而自学效果非常不理想，在家表现出得过且过的状态。由此可知，学生目前已不存在情感挫折压力，其主要面临着学业压力，在这个紧张的复习阶段，周围快速而紧张的学习氛围对该生造成了很大的压力。学生自己的内心素质相对不够强大，面对繁重困难的学业，不能勇敢面对，也不能合理规划时间，坚持努力克服。

由于外在的学业引发的压力似乎很难轻易摆脱，那么就允许它存在，学着接纳它。这种接纳的心态很重要，在某种程度上，可以帮助我们平静下来。同时我们可以尝试着改变内在。可以通过回顾自己以往的成功经验，找到遗失的自信；或者通过喜爱的影视等学习、感受恒心和毅力的力量，帮助自己培养困难面前愈挫愈勇的精神。最后，还是需要学生直面学习压力本身，采取问题应对策略，讲究策略、方法。根据具体课程内容，厘清重难点，制定学习规划。同时依据不同学科特点，寻找适合自己的学习方法。

2. 做个压力日志，学会控制压力

不同的人因为不同的事情而感到压力。要解决压力问题，大学生首先要弄明白自己生活中究竟哪一部分失控了，也要知道哪一部分处理得很好。寻找压力来源的最好办法，就是做个压力日志，主要记录两个方面：一是每时每刻的压力种类和大小；而是自己为什么会感受到压力，如何感受到的，什么时候感受到的。

然后逐步开始控制压力，有学者在对压力的研究中，区分了压力以及外界刺激，发现压力与外界刺激之间存在着有趣的联系：在没有外界刺激的情况下，人们也会感到压力，同样，外界刺激可能根本不存在压力状态。当处于某一环境中，你所拥有的技能与信念决定你是否从中感到压力，技能可以改进，信念可以修正，而环境也可以改变，所有这些意味着大学生拥有“控制压力”的力量。

3. 改变思维方式

有研究表明，生活事件能否影响身心健康问题，除了取决于刺激事件的性质、强度和频度还受于个体对事件的认知和评价以及所拥有的社会支持系统的缓冲作用。对事件认知和评价又受到年龄、性别、文化程度、生活阅历、人格特征、文化背景等多种因素的影响。因此，当大学生遇到问题时，要善于树立科学的思维方式去理性思考问题。

所谓压力处理，可分成两部分：第一部分是针对压力源造成的问题本身去处理；第二部分是处理压力所造成的反应即进行情绪、行为及生理等方面的纾解。

(1) 警惕非理性的行为方式。通常一般人面对自己无法顺利处理的压力源时，常采取非理性的处理方式，如：逆来顺受、逃避、紧张或鲁莽行事，然而这样的行为和态度，往往无法有效地处理问题，有时还会惹来更大的麻烦。由于问题处理过程是压力调节最重要的把关者，一旦处理过程出了问题，压力严重程度就可能大增或持续时间更长，即可能造成严重的情绪、生理和行为的伤害，导致各种心理疾病的发生，甚至引发精神病体质，形成各类精神病。面对压力源要警惕自己是否在用非理性的行为方式处理。

(2) 培养理性的处事态度。较理想的处理问题的态度为冷静面对并解决问题，步骤如下：

第一步，认清压力时间的性质。

第二步，理性思考并分析问题的来龙去脉。

第三步，确认个人对问题的处理能力。

第四步，积极寻求能帮助解决问题的资讯，包括如何动用家庭及社会环境支持系统。

第五步，运用问题解决技巧，拟订解决计划。

第六步，积极处理问题。

第七步，若已完全尽力，问题仍无法在短时间内克服，则表示问题本身处理的难度甚高，可能需要长期奋战不懈，那就做好长期处理的心理准备。

案例：

杜丽压力的变化

杜丽哭了，当她走出运动员通道那一刻，丢失首金的她终于控制不了自己的情绪，掩面痛苦地哭了出来。

8 月 9 日，2008 北京奥运会射击女子 10 m 气步枪决赛在北京射击馆进行。中国枪手杜丽卫冕失败，以 499.6 环的成绩获得第 5 名，从雅典奥运会以黑马姿态顺利射下首金，到如今在家门口期待卫冕，如此的转变让杜丽压力倍增。

在赛后接受采访的时候，她表示："在主场作战的确感觉到了压力，在场上打的时候感觉不是很清楚，决赛的时候总是静不下来。"这种"静不下来"的压力在决赛中一度左右了杜丽，每一次发枪，她都能感觉到看台上甚至是电视机前殷切的希望。可惜的是，这份希望实在太大了，杜丽的肩膀已经无力承担。不过，接下来杜丽还将参加女子 50 m 步枪"三姿"的争夺，"四天后我还有另外一项比赛，我将用成绩证明我自己。"8 月 14 日，杜丽以总成绩 690.3 环创造射击女子 50 m 步枪三种姿势决赛奥运会纪录。杜丽说，"这 5 天的等待她觉得比备战奥运会的 4 年时间还要长。"丢掉北京奥运会首金，当观众几乎忘了这位在雅典奥运会上"回眸一笑百媚生"的山东姑娘时，杜丽却以超常发挥的最后一枪，为中国射落第 19 金。关于首金的得失，国人已议论得很多了，无非是“主场、卫冕、首金”的三重压力，压力之下发挥失常，未能卫冕的杜丽面对央视记者的镜头，留下了决堤般汹涌的眼泪，这些眼泪或许卸下了杜丽所有的心理负担。5 天后，杜丽依然哭了！她的眼泪感动了全场的每一位观众和的竞争对手埃蒙斯。

请思考以下的问题：

杜丽输了，输给了谁？杜丽赢了，又赢给了谁？

怎样理解杜丽所面临的压力的转化过程？

杜丽前后两次落泪，有何变化

谈谈你对“只能用眼泪来释放巨大的压力”的看法

(二) 采取积极方式应对

1. 适度宣泄放松自己

面对挫折，有的人惆怅悲观，把痛苦和沮丧埋在心里；有的人则选择倾诉。我们更赞成后者，如果心中苦，不妨找一两个亲近的人，把心里的话倾吐出来，这样，不健康的情绪就得到了宣泄。宣泄是一种自我心理救护，它可以消除困难挫折而带来的精神压力。

宣泄应当适度，“乞丐型”“进攻型”等宣泄方式是不值得采纳的。如果你还想活得有尊严，还想从头再来干点事的话，就不要像鲁迅小说里的“祥林嫂”那样总是述说“阿毛”的故事。那只能说明你还没有从痛苦的阴影中走出来，你的哭泣只能提醒人们注意你曾经的无能。当你醒悟到还有那么多的正经事等着你去干的时候，就没有必要选择电影《秋菊打官司》里“秋菊”的方式，因为过度“打官司”的成本太高，总是“要说法”会影响干正事。用节省下来的时间去做你应该做的正事，也许你早就远离了某次“风雨”的影响

2. 培养乐观豁达的性格

豁达是一种心态，是一种气量，更是一种胸怀。如果具备豁达心胸的人，更容易过上幸福生活。豁达的人经常持有乐观开朗的性格，虽然豁达和乐观联系很紧密，但是两者却有所不同。乐观是对自己、对他人、对生活持有的一种正面的积极的看法；豁达则是一种心胸，是对自己、对他人、对生活的一种包容态度。从更深层次看，两者都是一种待人处事的思维方式和思维习惯，都是可以通过培养后天形成的。如果能够通过后天的培养，使自己或是家庭拥有一个豁达的心胸，对自己、对家庭、对工作、对事业都会有极大的帮助，培养豁达心胸的途径如下：

(1) 宽容环境；不追求完美，做到随遇而安，要知道林子大了，什么鸟都有，环境不是为你而存在的，太阳上依旧有黑子，无菌室照样有细菌，只有以包容的心态看待和接受这些不足和不完美，我们的心才能平静下来。

(2) 宽容他人；现实生活中，许多人在与人交往时，嘴上说的是：“严于律己，宽以待人。”实际上行的却是：“严于律人，宽以待己。”伊索寓言里有个故事说，上帝在人的胸前和背后搭了两个口袋，前面的装别人的缺点，后面的装自己的缺点，所以人们总是紧盯着别人的缺点，却忘记了回头看自己的缺点，这样的习惯往往使我们不能容忍别人。

(3) 宽容自己；遇事努力追求完美，但是不苛求一定完美。凡事只是尽力去做，不埋

恕，不躁进，不过度，不强求。允许自己出错，允许自己失败，给自己一个机会重新再来。

(4) 宽容生活；生活万变，我们要的是适应生活，而不是苛求生活。好事降临的时候我们都在沾沾自喜，坏事到来时我们都在怨天尤人，我们很少思考，好事能够降临到我们头上，为什么坏事不能，宽容生活，看淡挫折，你会发觉，生活依旧是这般美好。

(5) 树立长远目标；人的精力有限，所以人无远虑，必有近忧，眼光放得长远了，收容的世界就扩大了。树立一个远景目标，把主要的精力投入到里边去，我们就不会再去斤斤计较身边的琐事了。

3. 劳逸结合、加强体育锻炼

放松是指身体或精神由紧张状态朝向松弛状态的过程，当压力事件不断出现时，持续数分钟的放松，往往比一小时睡眠的效果还好。比较常见的放松方法有游泳、做操、散步、听音乐等。此外，还可以学习放松训练的应付压力技术，它是机体主动放松来增强自我控制能力的方法。通过放松，有意识地控制自身的心理和生理活动，可以降低机体唤醒水平，增强适应能力，调节因压力反应而造成的心理生理功能紊乱。放松的方式很多，如：全部放松、渐进放松、直接放松、想象放松、静坐放松、呼吸放松、肌肉控制放松等。

坚持体育锻炼可以明显地减轻压力。一方面因为体育锻炼使身体健壮，精力充沛，应付能力增强；另一方面，用以锻炼的时间减少了暴露于压力情境的时间，某些锻炼如散步、慢跑等也提供了一个“空闲”调整的机会，可以对问题加以反思，寻求解决问题的策略。体育锻炼应以适量和娱乐性为原则，过量的运动不但不能减轻压力，本身也会成为新的压力源。

思考与收获

1. 产生挫折的原因主要有哪些？
2. 对于挫折，积极地防御措施有哪些？
3. 压力的主要危害有哪些？
4. 压力应对的主要策略有哪些？

心理训练

一、让我们一起向压力开战

【目的】帮助大学生相互启发，更好地纾解压力。

【操作】

(1) 先请每一个大学生写出自己当前最大的压力，不必署名，交给教师。

(2) 教师将其中带有共性的压力问题挑选出来。

(3) 请大学生讨论其中一种心理压力产生的原因。

(4) 请对这种压力处理较好的大学生自荐上台与大家分享自我调节的妙招。

(5) 接下来再用类似的方法讨论其他方面的压力，一个接着一个地进行，直到结束为止。

二、放松训练：和压力说 Bye-Bye

懂得消除压力对心理健康非常重要，以下有两种常用的身体松弛方法，它们能令我们的新陈代谢及神经系统放松，让我们身心得到休息，因此能舒缓因压力带来的疲倦和不适。

1. 肌肉松弛法

准备好了没有？首先找一处舒适及宁静的地方坐下，然后闭上眼睛，让全身放松，尝试这段时间内什么也不想，把注意力集中在自己身上，我们现在由手部开始，首先我们把右拳握紧，约 3 秒，然后放松 10 秒，你应感觉到右拳肌肉拉紧的同时右臂的肌肉也同样拉紧。肌肉拉紧放松的同时心里也念着一、二、三，放松。重复两到三次，你便可感到右手松弛的感觉。完成右手的练习后，再以同样的方法放松左手、面部、背部、脚部等各组肌肉，使全身也得到松弛。完成整套练习需要 15～20 分钟。

2. 呼吸松弛法

继续放松全身，闭合双眼，把心中的杂念抛开，注意力集中在自己的呼吸上，心里念着一、二、三，停，呼吸，呼吸的节奏，跟随着心里的拍子，吸气，一、二、三，停，呼气。记着拍子不要太慢或太快，顺其自然即可。我们继续专心呼吸，呼吸会自然也慢慢减速，而身心也会因宁静和规律而感到平和。呼吸松弛法可练习大概 5 分钟后，我们可以睁开双眼，伸展身体，接着慢慢起身，甩动双手、双脚以消除残余的紧张。

第九章　生命重于泰山

——面对突发公共事件后的心理调适

❖ 名人名言 ❖

尊重生命尊重他人也尊重自己的生命，是生命进程中的伴随物，也是心理健康的一个条件。

——弗洛姆

❖ 心灵测试 ❖

以下列出了有些人可能会有的问题，请仔细地阅读每一条，然后根据最近一星期以内下述情况影响你的实际感觉，在每个问题后标明该题的程度得分。其中，“没有”选 1，“很轻”选 2，“中等”选 3，“偏重”选 4，“严重”选 5。

题　目	选　择
1. 头痛。	(　　)
2. 神经过敏，心中不踏实。	(　　)
3. 头脑中有不必要的想法或字句盘旋。	(　　)
4. 头昏或昏倒。	(　　)
5. 对异性的兴趣减退。	(　　)
6. 对旁人责备求全。	(　　)
7. 感到别人能控制你的思想。	(　　)
8. 责怪别人制造麻烦。	(　　)
9. 忘记性大。	(　　)
10. 担心自己的衣饰整齐及仪态的端正。	(　　)
11. 容易烦恼和激动。	(　　)
12. 胸痛。	(　　)
13. 害怕空旷的场所或街道。	(　　)
14. 感到自己的精力下降，活动减慢。	(　　)
15. 想结束自己的生命。	(　　)
16. 听到旁人听不到的声音。	(　　)
17. 发抖。	(　　)

18. 感到大多数人都不可信任。（　）
19. 胃口不好。（　）
20. 容易哭泣。（　）
21. 同异性相处时感到害羞不自在。（　）
22. 感到受骗，中了圈套或有人想抓住你。（　）
23. 无缘无故地突然感到害怕。（　）
24. 自己不能控制地大发脾气。（　）
25. 怕单独出门。（　）
26. 经常责怪自己。（　）
27. 腰痛。（　）
28. 感到难以完成任务。（　）
29. 感到孤独。（　）
30. 感到苦闷。（　）
31. 过分担忧。（　）
32. 对事物不感兴趣。（　）
33. 感到害怕。（　）
34. 你的感情容易受到伤害。（　）
35. 旁人能知道你的私下想法。（　）
36. 感到别人不理解你、不同情你。（　）
37. 感到人们对你不友好，不喜欢你。（　）
38. 做事必须做得很慢以保证做得正确。（　）
39. 心跳得很厉害。（　）
40. 恶心或胃部不舒服。（　）
41. 感到比不上他人。（　）
42. 肌肉酸痛。（　）
43. 感到有人在监视你、谈论你。（　）
44. 难以入睡。（　）
45. 做事必须反复检查。（　）
46. 难以做出决定。（　）
47. 怕乘电车、公共汽车、地铁或火车。（　）
48. 呼吸有困难。（　）
49. 一阵阵发冷或发热。（　）
50. 因为感到害怕而避开某些东西、场合或活动。（　）
51. 脑子变空了。（　）
52. 身体发麻或刺痛。（　）
53. 喉咙有哽塞感。（　）
54. 感到前途没有希望。（　）
55. 不能集中注意。（　）
56. 感到身体的某一部分软弱无力。（　）

57. 感到紧张或容易紧张。　(　　)
58. 感到手或脚发重。　(　　)
59. 想到死亡的事。　(　　)
60. 吃得太多。　(　　)
61. 当别人看着你或谈论你时感到不自在。　(　　)
62. 有一些不属于你自己的想法。　(　　)
63. 有想打人或伤害他人的冲动。　(　　)
64. 醒得太早。　(　　)
65. 必须反复洗手、点数目或触摸某些东西。　(　　)
66. 睡得不稳不深。　(　　)
67. 有想摔坏或破坏东西的冲动。　(　　)
68. 有一些别人没有的想法或念头。　(　　)
69. 感到对别人神经过敏。　(　　)
70. 在商店或电影院等人多的地方感到不自在。　(　　)
71. 感到任何事情都很困难。　(　　)
72. 一阵阵恐惧或惊恐。　(　　)
73. 感到在公共场合吃东西很不舒服。　(　　)
74. 经常与人争论。　(　　)
75. 单独一个人时神经很紧张。　(　　)
76. 别人对你的成绩没有做出恰当的评价。　(　　)
77. 即使和别人在一起也感到孤单。　(　　)
78. 感到坐立不安心神不定。　(　　)
79. 感到自己没有什么价值。　(　　)
80. 感到熟悉的东西变成陌生或不像是真的。　(　　)
81. 大叫或摔东西。　(　　)
82. 害怕会在公共场合昏倒。　(　　)
83. 感到别人想占你的便宜。　(　　)
84. 为一些有关性的想法而很苦恼。　(　　)
85. 你认为应该因为自己的过错而受到惩罚。　(　　)
86. 感到要很快把事情做完。　(　　)
87. 感到自己的身体有严重问题。　(　　)
88. 从未感到和其他人很亲近。　(　　)
89. 感到自己有罪。　(　　)
90. 感到自己的脑子有毛病。　(　　)

第一节　突发公共事件的概述

一、突发公共事件与心理危机概念

突发公共事件是指突然发生，给社会造成潜在的重大人员伤亡、财产损失、生态环境破坏以及严重社会危害，危及到公共安全的紧急事件，严重威胁社会系统的行为准则架构和基本价值理念，必须在有限时间内和巨大压力下采取应急处置措施予以应对的自然灾害、事故灾难、公共卫生事件和社会安全事件。

心理危机指的是由于突然遭受严重灾害、重大事件或者精神压力，人们无法利用已有的资源和常用应对机制加以处理的事件，导致当事人陷入痛苦、不安的状态，通常伴有绝望、麻木不仁、焦虑、神经症以及行为障碍。危机出现是由于人们意识到突发事件或紧急情况超过了自己应对的能力，若不能及时控制和缓解，就会造成心理创伤，导致人们在认知、情感以及行动上出现功能失调和社会功能紊乱，严重的会形成创伤后应激障碍，乃至终生困扰。通常人们无法客观地认识自己的情绪。大家都抱有一种："没关系，我自己缓缓就好了"的想法。但这种想法很有可能导致人们陷入焦虑等严重情绪。

例如：2020 年，庚子伊始，经历的一个特殊的农历春节。新型冠状病毒肺炎疫情牵动人心，公众的眼光聚焦在每天的疫情发布上，每一个新增病例都让人揪心。而同样令人担忧的是，一种"情绪的传染"在影响着我们。许多青年表示自己被淹没在负面信息中，情绪过度卷入，又无能为力。社交媒体上也出现了"替代性创伤"的热词。各类谣言、假消息在这个节骨眼上乘虚而入，难以辨别，进一步促发了应激反应。心安定则信心足。我们要齐心合力阻击病毒，也要竭力避免恐慌情绪的传染。应对疫情，需要凝聚人心、输送信心，既不能盲目乐观，更不能无由紧张。全力以赴打赢疫情防控阻击战，需要每一个人持续、积极地参与。必须拥有一颗冷静客观理性的头脑，始终保持足够的信心和定力耐力，众志成城、共克时艰！

二、应对公共突发事件的工作原则

(1) 以人为本，减少危害。切实履行政府的社会管理和公共服务职能，把保障公众健康和生命财产安全作为首要任务，最大限度地减少突发公共事件及其造成的人员伤亡和危害。

(2) 居安思危，预防为主。高度重视公共安全工作，常抓不懈，防患于未然。增强忧患意识，坚持预防与应急相结合，常态与非常态相结合，做好应对突发公共事件的各项准备工作。

(3) 统一领导，分级负责。在党中央、国务院的统一领导下，建立健全分类管理、分级负责，条块结合、属地管理为主的应急管理体制，在各级党委领导下，实行行政领导责任制，充分发挥专业应急指挥机构的作用。

(4) 依法规范，加强管理。依据有关法律和行政法规，加强应急管理，维护公众的合法权益，使应对突发公共事件的工作规范化、制度化、法治化。

(5) 快速反应，协同应对。加强以属地管理为主的应急处置队伍建设，建立联动协调制度，充分动员和发挥乡镇、社区、企事业单位、社会团体和志愿者队伍的作用，依靠公众力量，形成统一指挥、反应灵敏、功能齐全、协调有序、运转高效的应急管理机制。

(6) 依靠科技，提高素质。加强公共安全科学研究和技术开发，采用先进的监测、预测、预警、预防和应急处置技术及设施，充分发挥专家队伍和专业人员的作用，提高应对突发公共事件的科技水平和指挥能力，避免发生次生、衍生事件；加强宣传和培训教育工作，提高公众自救、互救和应对各类突发公共事件的综合素质。

三、突发公共事件的特征

突发公共事件具有紧急性、不确定性、危害性、公共性、蔓延性等特征。突发性公共事件种类复杂，发生频率高，后果非常严重，容易造成一系列的连锁反应，例如：地震、传染病、洪涝灾害、食品中毒、网络瘫痪、化学品污染、工程事故等等，严重危害到人们的生命财产安全和社会生活秩序，对人们的身心健康都存在严重影响。

四、突发公共事件的分类

突发公共事件主要分为自然灾害、公共卫生事件、社会安全事件、事故灾难等四类，按照性质、严重程度、可控性和影响范围等因素可分为四级：特别重大 I 级，重大 II 级，较大 III 级，一般 IV 级。具体分析，可分以下几类。

(1) 自然灾害：水旱灾害、气象灾害、地震灾害、地质灾害、海洋灾害、生物灾害、森林草原火灾等；

(2) 事故灾难：工矿商贸安全事故、交通运输事故、公共设施和设备事故、环境污染和生态破坏事件等；

(3) 公共卫生事件：传染病疫情、群体性不明原因疾病、食品安全和职业危害、动物疫情以及其他严重影响公众健康和生命安全的事件。

(4) 社会安全事件：恐怖袭击、经济安全事件、涉外突发事件等。

对突发事件进行分级，目的是落实应急管理的责任和提高应急处置的效能。I 级(特别重大)突发事件由国务院负责组织处置，如汶川地震、南方 19 省雨雪冰冻灾害；II 级(重大)突发事件由省级政府负责组织处置；III级(较大)突发事件由市级政府负责组织处置；IV级(一般)突发事件由县级政府负责组织处置。我们还制定了专门的分级标准，其中一条共性的、最重要的标准是人员伤亡，死亡 30 人以上为特别重大，10 人至 30 人为重大，3 人至 10 人为较大，1 人至 3 人为一般。具体确定时要结合不同类别的突发事件情况和其他标准具体分析。

案例：

美国当地时间 2016 年 1 月 16 日，在美国亚利桑那州立大学(ASU)二年级就读的中国女留学生江玥，在一起交通事故中，被涉嫌滥用药物的 32 岁美国女子海丽·戴维斯枪杀，该女子不但有犯罪前科，还患有抑郁症。据不完全统计，目前约有 5770 万美国人，曾遇到心理健康问题，尤其是，美国社会还允许私人合法持有枪支，数量已超过2亿支，这就使得美国执法人员在应对暴力事件时对当事人的心理分析和判断更为复杂和关键。为此，美国政府采取了多种措施，加强针对暴力事件的心理干预与危机管理。

第二节　面对突发公共事件产生的心理危机

面临突发的公共事件，个体和群体会产生强烈的心理应激反应，并导致系列的心理健康问题。经研究发现，心理疾患是突发公共事件引起的最为普遍的公共健康问题，包括抑郁、焦虑、创伤后应激障碍(PTSD)、医学无法解释的躯体症状以及污名化等等。突发公共事件依据人们心理承受能力而表现出不同的特征。首先是白色心理，面临突发公共事件的危害，能保持镇定和刚毅，坚信政府与人类自身的团结协作，科学的探索发现有能力战胜肆虐人类的疾病与灾害。其次是灰色心理，随着科技水平的提高，人们对突发公共事件的危害已有些陌生和淡忘，骤然出现的事件往往导致人们惊慌失措，不够清醒和冷静。再者是黑色心理，伴随受难人数增加、尤其是死亡人数出现，有人在短时间内不安甚至恐慌。部分人存在疏离疫区人们和排斥病愈者的冷漠心理，逃避治疗、绝望悲观的惧死心理等非正常心理，更有甚者利用事件的危害恶意散布虚假信息、扩大大众的恐慌心理等已上升为一种犯罪心理和违法行径。具体存在以下几种情况。

一、情绪困扰

面对突发公共事件对健康和生命以及经济的威胁，人们通常会出现焦虑、恐惧、愤怒、抑郁等情绪，这些情绪反应称为“情绪应激”。不同的人，随着自己处境的不同，会出现不同的情绪反应。我们的情绪可能会比以往波动性更大、程度更深、持续时间更久、种类更加复杂。需要注意的是，在突发情况下，我们身上会出现这些情绪反应是正常的。在压力中有着适当的情绪能够帮助我们更好的应对困难。下列是我们在面对压力时可能会体验到的一些情绪反应。

(一) 焦虑和恐慌

焦虑是一个人还没有接触应激源，危险或威胁还比较模糊时产生的情绪反应，是一种莫名害怕、担心和紧张不安为特点的复杂情绪状态。恐惧是人们企图摆脱已经明确的特定危险的逃避情绪。适度的焦虑或恐惧可以提高人的警觉性，促使人们积极投入行动以应对环境挑战，然而过度的焦虑或恐惧，可能会使人产生不适感，甚至出现“疑病症”。

心理恐慌不仅对身心造成伤害，导致神经功能紊乱，机体免疫力下降，增加了感染疾病的危险，同时也对社会造成严重危害，且往往比疾病本身危害更大。从个体角度讲，恐慌会造成认知混乱，判断能力和反应能力降低，不利于有效规避风险。从社会角度来讲，恐慌轻则造成社会波动，重则造成社会骚乱。有些传染性疾病是以飞沫或密切接触为传播途径的疾病，疫情发生期间限制不必要的人群流动，减少交叉感染，是有效的防治措施之一。

案例：

SARS是一种较严重威胁人类健康和生命安全的传染病，加之目前阶段人们对它的了解很有限和开始阶段许多医护人员受到感染，人们的安全需要受到严重威胁，自然会感到恐惧或产生焦虑反应。据较早发生SARS的我国香港地区调查，70%左右的民众有焦虑和恐惧情绪反应。内地的情况也差不多，在寻求心理咨询帮助的民众中，大多数人报告对于SARS感到焦虑或恐惧。恐惧和焦虑情绪反应在SARS病人和疑似病人中是相当普遍的，在奋战于抗击SARS第一线的医务人员中也时有发生。例如：据报道，由于缺少适当的精神准备，一位在抗击SARS第一线的医护人员回到驻地后一天要测量几十次体温；另一位医护人员“见到病人死亡时给吓坏了，嘴里反复念叨：‘坏了，我得非典了，我得非典了。’”这些都是焦虑和恐惧的表现。此外，某些强迫观念和强迫行为，例如：每天洗手上百次，仍然担心自己手上有SARS病毒，也同焦虑和恐惧有关。

（二）怀疑

根据调查数据显示，新冠肺炎疫情开始后，有20%左右的人会担心自己已经被感染新型肺炎了。人们会因为病毒和疫情带来的不确定性对自己或他人的卫生情况和身体健康情况有着更多的怀疑，甚至会在去医院就诊时怀疑各种检查结果和医生。

（三）愤怒

愤怒多见于一个人在追求某一目标的道路上遇到障碍、受到挫折的情境。当人们在压力下遇到挫折，容易变得愤怒、冲动、烦躁、敌对、易激怒，以至于做出一些冲动性或攻击性行为，如：撕扯医务人员的防护服、不服从管理、甚至逃离等。突发公共事件导致人们会因为原先生活、工作、社交节奏和计划被打乱，本来便宜的生活用品价格大幅上涨，信息的不确定性和患者逃离等不稳定因素，感到烦躁、怄火、愤怒。

（四）悲伤、抑郁

抑郁包括一组消极低沉的情绪，如悲观、悲哀、失望、无助、无望和绝望、淡漠等。悲观、悲哀常常是与“丧失”有关的情绪反应，所失去的是当事人所重视或追求的东西。新冠肺炎疫情开始后的数据表明，有超过10%的人会出现抑郁情绪。随着疫情的不断严重和持续，我们可能会对未来感到绝望，对父母不采取防护措施而感到委屈、伤心，仿佛自己无论如何也无济于事。而这些都会令我们感到悲伤，让我们沉浸在痛苦中，觉得对生活失去了兴趣，并变得更容易哭泣。

（五）愧疚

虽然许多人离疫区较远，自己也未患病，但有可能因为来自疫区的新闻，以及身边亲友健康状况的波动而感到愧疚不安，觉得自己做得还不够多、不够好，甚至会认为患病的应该是自己，而不是别人。

(六) 精疲力竭、麻木

当我们长期处于压力中，而自己的应对或他人对自己帮助无法缓解自己的困难时，我们的生理资源或心理资源会被很快耗光，而让我们缺乏继续应对的能力，继而对压力感到麻木。这意味着我们需要花点时间更加专注自己的状态、照顾自己，来让自己恢复起来。若通过各种方式都无法让自己好转，则我们可能进入了应激的第三阶段，是十分值得注意的健康问题，需要寻求专业心理健康工作者的帮助。

(七) 英勇无比

很多人会在事件初期变得情绪高涨，觉得自己无所不能、无懈可击。但我们对突发公共事件严重性的否认和对自己的自恋并不能帮助我们度过事故。这是一个充满安全隐患和风险的表现，十分值得重视。

二、认知反应

当个人处于压力环境中，警觉性提高，注意力更集中，记忆力增强，思维更活跃，这些变化受益于个人对外界的挑战和威胁。但是，过于强烈的应激反应，个人的认知反应就会发生不利变化，会出现记忆困难、注意力不集中、犹豫不决、无法做决定、健忘、效能降低、胡乱联想、偏听偏信等。人们所具有的认知和思维的理性，对于我们有效地应对危机是非常重要的。① 人们的认知理性受到两个方面的挑战，一方面来自风险事件本身的特征；另一方面来自人们认知的局限。② 种种直觉性的、掺杂着过多个体主观情感的认知加工过程，使得个体无法准确、客观的解读外围风险信息，于是认知偏差普遍存在于个体对突发事件的认知过程中，而社会恐慌则是民众风险认知偏差的典型表现之一。③ 真正引发恐慌的是人们对事件的未知而带来的惶恐以及整个社会对风险事件不适宜的反应模式。

三、生理反应

面对突如其来的不可预期、不可控制、生命受到威胁的环境，不少人会表现出以上情绪、认知、行为活动等一系列变化，这些变化可能会带来程度不一的各种躯体症状，如头痛、失眠、做噩梦、肠胃不适、腹泻、高度紧张、亢奋、疲劳及身体疼痛等。如果长时间处于强烈的负性情绪下，会进一步带来身体内环境的紊乱和失衡，还会抑制免疫系统的功能，降低人的抵抗力，使人处于各种疾病的脆弱易感状态。疫情开始后的数据表明，有超过 20%的人因为疫情带来的压力而出现了生理上的反应。

无明确原因的身体疼痛：我们的肚子、头部、肩颈腰背等肌肉处，会因为压力和情绪的影响出现无明确原因(如没有外伤、没有生理疾病)的疼痛。这可能是因为我们的肌肉因为压力和情绪的影响一直保持在收缩状态，从而导致酸痛感。

胸闷、多汗、发冷、颤抖、肌肉抽搐等身体变化：巨大的压力会影响我们的神经系统和内分泌系统，进而让我们体验到这些变化。这实际上是我们的身体在调动资源应对压力的表现，在一定范围内出现并无大碍。

食欲变化：在巨大的压力和情绪下，我们的食欲会降低或升高。如果这种饮食的变化未影响到身体健康，则无需惊慌。

值得注意的是，大家需要将自己在压力中的生理反应与患生理疾病后出现的生理反应做出区分。当大家出现这些生理反应时，需要先停下来看一看，自己近期是否处在了较大的压力或情绪中。而通常，当自己的压力得到缓解时，情绪也会得到相应的缓解。

四、思维反应

压力对我们心理的影响还体现在了我们的思维过程和思维内容上。

思维内容变化：我们会因为怀疑，对自己或他人的各种变化变得更加敏锐，也可能出现往坏处解读各种信息、夸大严重后果和低估自己应对能力的倾向。比如：可能我们咳嗽两下就立刻怀疑自己得肺炎了。这种念头不像以往一样轻易消失，并且我们会感到不能控制地反复去想有关感染肺炎后的严重后果。

记忆力下降：我们对压力和情绪的应对会不停占据我们的大脑资源，让我们分心，所以我们的记忆力会变得不如以往好，会出现爱忘事的情况。“我要干吗来着”可能是我们在这几天经常说的话。

注意力难以集中：因为上述相同的原因，我们也会变得难以集中注意力去做以往能够轻易做到的事。

犹豫不决：压力、情绪和大量的信息会消耗我们的能量，可能让我们在“要不要开空调”这些小事上难以做出决定。

难以交谈想法：由于压力给我们带来的影响，我们在动用大脑能量进行回忆、决策和组织语言上的功能都受到了影响。可能我们心里特明白一件事，但是此时把它说出来却前言不搭后语。

五、行为活动

强烈的负性情绪使个体原有的应对方式失效，不得不采取行动去处理那些不舒服和痛苦的体验。个体在面对威胁或挑战时，通常采取战斗或逃避(fight-flight)的反应策略，要么投入战斗，要么从危险情境中逃脱。在压力中，随着我们情绪、生理和思维的改变，我们的行为也会发生改变。我们可能会变得比以往更安静，难以像以往一样做事。我们也可能变得更好动，停不下来。

回避行为。我们会因为我们对病毒和疫情的担心和恐惧不再去一些我们平时可能会去的地方，比如：医院、超市、菜市场等。适当且必要的回避行为是能够保障我们的安全的。

强迫行为。由于压力，我们会变得怀疑，并想要更多的确定性，所以我们可能因此出现一些强迫行为，比如：频繁、持续地洗手，不断喷洒酒精消毒、不停地检查口罩的佩戴、不停刷手机以获取最新信息等。

依赖行为。另有部分人群，表现为过分依赖他人，要求别人关心自己，生活被动，行为幼稚，出现类似儿童的行为。

睡眠变化。我们的睡眠会随着我们的心理变化而减少或增多，比如：我们会花更多的时间入睡，睡得很浅，半夜经常醒来，做噩梦，或在第二天过早地醒来。

借助物质。我们为了应对压力，可能会比以往更加频繁地吸烟、饮酒，或使用精神类处方药，甚至是毒品，来帮自己缓解或回避痛苦的感受。

过激行为。如此：集体抢购，大量储备现金、药品、食品和防护用品，易与他人发生冲突，甚至出现违法行为或自杀。

人际变化。由于心理变化，我们可能会在与人交往中(无论是面对面时还是在网上)变得更加易怒，发生冲突，或更加疏离，只想要一个人待着，拒绝他人的帮助或无法帮助他人。此外，我们还可能出现一些从众行为，比如：通过吸烟、喝酒、放鞭炮来“消毒”等。

第三节　面对突发公共事件的危机处理技巧

每个人应对危机的反应方式和反应程度取决于个人的生活经历、个性特点、受危机影响的严重程度、得到社会支持的程度等因素。心理危机干预是要针对处于心理危机状态的个人及时给予适当的心理援助，使之尽快摆脱困难。当个体面对危机事件时会产生一系列身心反应，主要表现在生理上、情绪上、认知上和行为上，这种危机反应一般会维持6~8周。心理学家认为，个体陷入危机是一个逐渐的发展过程，处于危机中的个体要经历四个阶段。

第一阶段：打破平衡。当一个人经历危机事件，感受到自己的生活突然发生变化时，其内心的基本平衡被打破了，表现为警觉性提高，开始体验到紧张、担忧的情绪。为了重新获得平衡，个体试图用其惯例的策略做出反应。这一阶段的个体一般不会向他人求助。

第二阶段：尝试解决。经过一段时间的努力，个体发现惯常的策略未能解决问题，于是焦虑程度开始上升，个体开始尝试采取各种办法解决问题。

第三阶段：寻求帮助。如果经过尝试各种方法未能有效地解决问题，当事人内心的紧张程度持续增加，并想方设法地寻求和尝试新的解决办法。这一阶段中，当事人求助的动机最强，常常不顾一切地发出求助信号。

第四阶段：陷入困惑。如果当事人经过前三个阶段仍未能有效解决问题，就很容易产生无助、沮丧和崩溃。

心理危机的应对从两个方面来讲，一是个人的调节，二是专业的帮助。危机事件发生以后，心理危机的应对中个人的调节，很重要的认知是我们只能去做那些我们可以改变的地方；对那些不能改变的，我们要去面对和接受它。在应对的过程中，也能发现积极应对会带来一些创伤后的成长。

因此，我们在危机应对的时候也要有一个基本的态度，还是要信任政府以及社会各界所做的这种积极应对。同时，我们也要看到危机事件确实会给我们带来伤害，但是危机事件也可以让我们能够在经历了这样的一些特殊事情以后，带来新的成长和感悟；也就是PTG (post-trauma growth)，指的就是个体在经历危机事件后，自我知觉或体验到心理上的积极改变。

一、明确自己的身体状况

明确身体状况，这就涉及一个健康的问题。随着人类社会的进步，特别是医疗卫生事业的发展，人对健康的追求已不限于躯体健康这个层面，而更多的是保障自己的心理健康和道德健康。作为我们个体来说，你要清楚地了解自身的身体情况，是在一种什么样的程度内。比如：我们说预警机制持续开启是不是好的，这要因人而异。每个人的心理健康程度，适应能力不同，性格特点不同，以及能力、人格、气质(胆汁质、多血质、黏液质和抑郁质)等不同，所以恢复的程度也不同。因此需要我们准确识别自己的焦虑情绪，如果心理上真的感觉无法适应生活和环境，或无法面对生活中发生的事件，长时间的无法正常的生活，就要尽快求助医生进行治疗。

二、正确认知，减少负性信息

正常的心理有三大功能，一是保障人顺利地适应环境，健康地生存发展。二是保障人正常地进行人际交往，在家庭、社会团体、机构中正常地肩负起责任，使社会组织正常运行。三是保障人正常地反映、认识客观世界的本质及其规律性。异常心理则丧失了正常功能的心理活动。我们在面临生活负性事件的时候，发生焦虑、恐慌后，自己要评估一下是不是在正常范围内，如果感觉有心理问题，可以感觉一下自己处于什么阶段，然后再决定是否寻求帮助。一般心理问题，由现实因素激发，持续一个月或间断持续两个月，内心冲突而体验不良情绪在理智控制下，不严重破坏社会功能，人格无明显异常，不泛化。严重心理问题，由强烈的现实因素激发，间断或不间断持续 2～6 个月，初始情绪反应强烈，多数情况下会短暂失去理性控制，有时伴有某一方面人格缺陷，充分泛化。神经症性心理问题，接近神经衰弱或神经症，恐惧症、焦虑症、强迫症的早期阶段。

了解突发公共事件的真实情况，搜寻正确信息，要定时关注而不是时时关注，多了解这些知识可以增强掌控感，减少恐慌。改变自己的一些非理性的想法；多与自己做正面对话。多去看权威信息发布，不信谣、不传谣。思考和寻找生命的意义。尽量控制自己每天接收负面信息的时间，每天最好不要超过一小时，在睡前不宜过分关注相关负性信息，抵制道听途说。当你每天接收到过多的负性信息时，会让自己脑子里胡思乱想，产生对未来并未发生事情的紧张感，从而让焦虑情绪控制你，这种情绪对当下的状况百害而无一利。而这个时候你需要在脑子内喊一声“STOP!—停！”让所有不好的想法停下来，阻断和摆脱焦虑情绪对你的控制。

三、自我暗示，适当释放情绪

在面对困难时，自我暗示与自我激励都是必不可少的，不论是大声还是小声地自我鼓励，都能帮助你自己克服困难，这是人类所特有的技能。你可以每天早晚面对镜子对自己说：“这会是一段很重要的经历”“我可以很好地控制我的焦虑和紧张”“不好的事情一定会过去”等等。这些心理暗示语会被植入你的潜意识记忆库，从而改善你的情绪。

接纳自己的负面情绪，理性发泄。作为当事人也许会出现应激反应，或许感到害怕、焦虑、生气、甚至失眠、噩梦。不要为自己的应激反应过于紧张，适当脆弱是正常的。学会多角度思考，遇到事情换一种视角思考，就多一种解决问题的途径，避免问题行为的发生。另外，可以通过听音乐、阅读、画画或者写日记等方式进行宣泄，平复情绪。

尝试和他人交流和沟通，沟通是人的基本需要，人不能离开群体而生存，身体和心理的隔离与孤立均有害于心理健康。人们在感情上的联系，互相理解与宽容，彼此关怀与扶持，其所造成的心理环境是人克服困难、进取和奉献的力量源泉。同时，倾诉可以在减轻压力的同时稳定情绪，以此放松身心。

四、规律作息，安排好日常生活

作息、饮食、睡眠都要有规律。在家休息时就想睡就睡，不愿意睡就不睡是不行的，需要有一个规律。这种规律是由生物钟决定的，生物钟一旦被打破，就会影响到我们自身的免疫能力。除了这些还要有合理的饮食，蛋白质、糖、蔬菜等都要均衡摄取。家庭成员之间尤其要注意，互相之间不能没有交流，这个时间也是家庭成员增加交流的很好的机会，要增加成员之间的一种互动，互动可以是聊天，可以是玩扑克等。或者说有的人，本来就想放个假，那么把名著翻出来看一看，找几个大片看一看，平时因为没有时间，这下好了，可以把平时想做却没有时间去做的事在这个阶段完成，这些都叫支持性的心理调适办法，自己就可以去做，每个成员都有能力去完成。

五、适量运动，保持微笑

“闲人的头脑是魔鬼的工厂”，让自己运动起来，减少更多的担心和不好的设想。运动的好处在于帮你减少精神上的紧张，增加心血管机能，增加自我效能，提高自信心，降低沮丧，能增加释放大脑里的内啡肽(人体自我产生天然麻醉剂)和多巴胺(神经传递质，俗称：快乐因子)的分泌等。即使有一天你不幸被隔离，也可在被隔离的地方做做运动，释放压力，调整心态。

试着让自己多一些微笑，心理学上有个很著名的“脸部回馈假说”，只要你经常保持微笑，你的微表情就会改变你的情绪，让你产生愉悦的心情，从而让你远离突发事带给你的焦虑和紧张。

六、巧用精神集中疗法

充分意识到自身所处环境，接受身体发出的各种信号。无论是焦虑、抑郁、快乐、悲伤都会在身体有所表现。例如：紧张时心跳加快，手心出汗；伤心时可能会出现胃口不佳；开心时呼吸顺畅等等，每个人表现形式都不一样。精神疗法的核心是把精神集中在我们的身体表现上，注意自己身体的变化。与转移注意力相似，即把注意力从关注自己的精神状态转移到关注身体的某个不舒服的部位上。例如：你试图用解决问题的方式来摆脱抑郁，往往会让问题变得更严重，因为抑郁是人性的一部分；相反，你把对抑郁的关注转移到身体某个部位，做深呼吸，你会感到身体舒服一些，并产生一种愉悦感，身体感官的快乐能够带来心理状态的变化。

七、放松心情，有氧呼吸

缓慢呼吸，通常叫作深呼吸，深吸一口气，然后屏住呼吸，等一会儿以后把气体缓慢地放出，这个时间需要多长？一般来说5到6秒做一次。我们建议反复练习10到20次，大概3到5分钟的样子就可以了。还有就是肌肉放松训练，肌肉放松训练是我们常用的一种缓解方式。可以躺在床上，也可以坐在椅子上，然后，从头到脚让自己的肌肉，比如说咀嚼肌、肱二头肌、上下肢的肌肉都逐一地进行放松，也可以听一些舒缓的音乐进行放松，等等。还有一个方法叫作蝴蝶拍，就是两手交叉放在胸前，然后两手轻轻拍打双肩，这个时候闭着眼睛缓慢地呼吸，也能够让自身放松下来。

八、及时止损，正念与冥想

如果你周边环境给你造成压力，你应该告诉自己，你已经因为外在的压力产生了很多负面的想法，已经有很多压力了，很多积极正面的能量已经被拿走了，不要因为听到这些讯息让自己有更多的情绪损失，保存好现有的心理能量就好。心理学上把这样一种效应称为“止损”效应。

锻炼你的心智能力，面对突发事件造成的负性讯息时，需要改变我们的思考方式：不要只往坏处看，很多文章也许只是在贩卖焦虑吸引大众的眼球。要留意每日的资讯中积极正面的信息。根据事实，判定自己的担忧是否合理。时常采用正念(即有意识地把注意力维持在当前内在或外部体验上并对其不做任何评价的一种自我调节方法)、冥想(停止大脑对外意识的运作，从而使自己达到一种忘我的境界)的方法去感悟和深入地观察自己，重新肯定自己是一个独立的载体。以合理的态度看待事情，尝试以更广阔的角度了解问题的影响。问题或许会带来短暂的影响，但办法总比困难多，长远而言事情最终能得到改变，并随着时间的流逝成为过去。时刻保持对前景的盼望，即使在危急时期，也不要忽略在我们身边每天所发生的那些美好的事情。

九、人文关怀，帮助你我

人文关怀可以是上级给下级的，特别是领导的理解，比如说警察的不容易，多一些理解、鼓励、关心，包括生活方面的一些照顾。比如：提供一个好的休息环境，在他工作岗位上给他提供“暖宝宝”，带一顿丰盛的午餐，这都属于人文关怀，让他人在紧张的时候能够感受到一种温暖，他的压力会有所缓解。另外，建议和家人定期的通话，比如说一些倒班的，家人不了解情况，他担心，你也会焦虑，怎么办？可以视频电话，也可以语音电话，无论哪一种都可以起到缓解的作用，人需要情感上的支持。

案例：

武汉新冠肺炎期间，当你因为担心自己和家人将会受到感染，担心疫情无法消退，从而感到很大的心理压力时，可以转变思维，从另一个方面思考问题：就算病毒可怕，但只要合理预防不就没事了吗？现在全世界都在共同对抗病毒，消灭它难道不只是时间问题吗？就算我自己感染了病毒，我的父母，朋友不也会一直陪伴着我共同对抗病魔吗？换个角度思考问题，将负面情绪转移走，多想想积极向上的事，用微笑去迎接下一缕阳光，相信黑夜过后太阳总会升起。

第四节　危机过后应该如何生活及心理调适

重大事故通常会带来意外死亡，导致遇难者家属产生“居丧反应”，包括无力主动与人接触、无能的标签化、回避家属死亡现实、过度内疚等。居丧反应期的长短视当事人的心理素质而定，大部分人的反应期为6星期到半年。大部分人会挺过这一阶段，但是也有的人几年、十几年都无法走出丧亲的阴影。除了精神抑郁外，还会产生头疼、心悸、背疼、长期失眠等症状，导致出勤率下降，甚至无法工作。具体有以下情绪反应。

(1) 害怕。即担心突发事件会再次发生，害怕自己或者亲人会受到伤害，只剩自己一个人，害怕自己崩溃或无法控制自己。

(2) 无助。觉得自己是多么脆弱、不堪一击，不知道将来该怎么办。

(3) 悲伤。这是最常见的感觉和情绪，为财产损失或亲人的死伤感到难过、悲痛；大多数人会以大声嚎哭或不断啜泣来宣泄或疏解；少数人以麻木、冷漠无表情来表达。

(4) 内疚。因为比别人幸运而感到罪恶，觉得上天怎么可以这么不公平，以及没有人知道自己的需求，想到逝去的亲人，内心空虚。觉得没有人可以帮助我。恨自己没有能力救出家人，因为比别人幸运而感觉罪恶；感到自己做错了什么，或者感觉因没有做应该做的事情来避免灾难而自责。

(5) 失望。不断地期待奇迹出现，却一次又一次地失望。期待重建家园，希望更好的生活会到来。

(6) 强迫性重复回忆。一直想着灾难的场景或画面，心里觉得很空虚，无法想别的事；灾难的画面在脑海中反复出现，一闭上眼就会看到最恐惧最悲伤的画面。

(7) 过度反应：对与地震相关的声音、气味等感觉过敏，反应过度；感到没有安全感，易焦虑；失眠、做噩梦、易从噩梦中惊醒。

(8) 身体症状。易疲倦，发抖或抽筋失眠，呼吸困难；做噩梦、喉咙及胸部感觉哽塞，心神不宁、恶心；记忆力减退、肌肉疼痛(包括头、颈、背痛)；注意力不集中，子宫痉挛；晕眩、头昏眼花、月经失调；心跳突然加快，反胃、拉肚子等。

通常危机虽已度过，但却在当事人心上留下一块“伤痕”痛点，适应能力下降，任何生活变化都可能诱发心理危机。灾难是一种特殊的生活事件，它常常与危机联系在一起，不仅仅会造成经济的损失也会超出大众的应对能力。灾难事件不可避免地会造成常见的精神卫生问题，如抑郁症、创伤后应激障碍(PTSD)、急性应激障碍等等。例如：2019年热映的《中国机长》中机组人员的原型均患有创伤后应激障碍并接受了治疗。机长刘传建也曾向媒体说过，事件发生后有很大的心理阴影，经常会做噩梦失眠，另外因当时的高空减压，导致经常全身疼痛和关节发痒，甚至很长时间不敢上飞机。另外，有一种情况是部分人们虽然没有亲身经历重大事故，却也容易出现焦虑、抑郁等情况，这属于日常心理问题，也叫精神卫生又称心理卫生，虽然看似不如PTSD的影响大，但也是我们在生活中需要关注的重点。狭义的精神卫生是指精神疾病的预防；广义的精神卫生，则为保障和提高人们的精神健康水平。主要包括：防止和减少精神疾病，提高精神健康水平，使人们精神愉快，能有效地对付各种精神压力，提高精神效能，使人们能最大限度地发挥其心理的潜在力量。因此，危机后积极的心理调适尤为重要，具体可根据以下措施进行调试：

一、悦纳自我，恢复信心

面对既定事实，欣赏自己的长处，认可、容忍自己的短处，以自己的能力水平为根据来拟定自己的发展目标。积极持续做心理保健操，舒展额头，挑起眉毛，翘起嘴角，露出牙齿，拍拍胸脯，挺腰跺脚，保持乐观的心理状态；早晚重复默念："我能行！"进行积极的自我暗示，累积心理力量；与家人、朋友沟通社交，说出内心的想法。

二、从铺天盖地的报道中脱离出来，休息一下

频繁地跟进报纸、电视、网络对于灾难性事件的报道可能会导致你不断暴露于关于创伤的回忆中，让你更加的紧张，难过和焦虑。所以，当你为这些消息感到沮丧的时候，请关掉电视、拔掉网线，把你的注意力转移到你喜欢的、感兴趣的事情上去，让你的心灵休息一下。

三、认真照顾自己，妥善安排生活

尽可能维持正常的生活作息，要有适当的休息，尽量保持生活的稳定性。危机事件的发生会令人手忙脚乱，因此让生活作息维持规律，是处理危机的必要条件。例如：看一些你平时想看又没有时间看的书和影视作品、做一些家务事、玩一些不费脑子的小游戏、运动、深呼吸、抱抱可以慰藉你的物体、泡泡热水澡或冲澡、与人网上聊天等等，找出令你愉悦的事。

四、寻求社会支持和专业的心理帮助

识别那些能够保证安全感和意义感的特定的社会联系；识别那些能够让人更愿意去获得社会联系的环境；制订计划去寻求和获得社会支持；当好朋友和家人需要时自己能提供社会支持。寻求专业的心理援助或精神科帮助；可以先接受远程的心理援助热线服务或网络心理咨询；如果这也帮不到自己可以去附近的精神专科医院或综合医院的心理科就诊，接受面对面的精神心理评估治疗。当出现以下身体、心理警报时，请前往寻求专业人士的帮助：以上强烈的情绪超过两周以上都没有消退的趋势，甚至愈演愈烈。连续两周以上一直感到悲伤，对以前喜欢的事情丧失了兴趣。没有办法照顾好自己，或者自己的家庭。没有办法上班或者上学。酗酒、大量抽烟或者使用违禁药品(毒品)。有自杀的念头。

五、在逆境中寻得收获

福兮祸所伏，祸兮福所倚。从经历的事情中获得好的经验，想办法做点什么——积极接受。多向自己询问一些积极的问题，发现生活中幸福、积极的一面。同时，通过积极问题来唤起自己内心积极的情绪，看到之前没有看到的希望。

案例：

有人做过研究，在美国加利福尼亚，研究者采访了火灾当中的幸存者，他们为失去自己的家难过伤心，但每个人反应都不同。有的人说："我们可以把家人重新集中在一起，重新开始。"但有的人说："我真希望这个火灾没有发生。"还有的人说："那我没办法，这个火灾都已经发生了，我什么都做不了。"由此可以看出，即使深陷困难中，部分人能够看到积极一面，这些能看到积极面的人，往往是灾难后身心各方面恢复最快的。

思考与收获

1. 学习完本章后，在应对突发公共事件时你会有哪些情绪？
2. 如何积极应对突发公共事件？
3. 经历重大事故后，你知道如何做心理调适吗？
4. 面对突发公共事件有哪些心理危机困扰？

心理训练

一、解套

人数控制在5～10人最佳，要有一个比较开阔的空地。参与者围成一个圈；从任何一个人开始要求她(他)将两只手分别与不相邻的两个人相握；然后这两个人再各自与不相邻的人握手，按此顺序继续，直至所有人的手都与其他的人相握；这时，所有人的手连接起来形成一个交错的套，此时要求大家在不松开手的情况下通过移动自己的身体变换自己的位置，来解开交错的套。

二、心有千千结

首先先让一个组的队员们手拉着手围成一圈。大家记住自己的左边和右边分别是谁，记住拉着手时的手形。然后让他们随意走动，相互问好，当主持人喊停时，然后大家一起向圆心靠近，然后让大家都举起左手，右手指向圆心。等每个队员都摆好了这个姿势以后，让他们用自己的左手抓住打乱顺序前左边的同伴的右手。一旦抓住后就不许松开。要大家在不松手的情况下，把自己从"链子"中解开。解开后仍要保持大家站成一个圆圈，面向哪个方向不限。

第十章　左手疯子，右手天才

——大学生常见精神障碍的求助与防治

❖　名人名言　❖

得到他人的关爱是一种幸福，关爱他人更是一种幸福。

——罗曼·罗兰

❖　心灵测试　❖

下面是一组与精神状况有关的陈述，请你根据自己实际的想法选择是或否，借以了解自己的情况。也希望你在阅读完本讲内容之后，回过来再看一看，是否有些想法已发生变化。

1. 经常觉得自己很累？(　　)
2. 经常觉得自己的注意力难以集中？(　　)
3. 自己的情况容易受到波动？(　　)
4. 很难入睡？(　　)
5. 经常觉得自己的记忆力下降了？(　　)
6. 发现自己对什么都不感兴趣？(　　)
7. 总觉得心理咨询没用？(　　)
8. 遇到紧张的事情总是心跳加速？(　　)
9. 觉得自己去心理咨询就是心理有问题？(　　)
10. 心理咨询师就能对学生进行诊断了？(　　)

第一节　心理正常与异常的区分

一、正常心理活动的功能

正常的心理活动具有如下功能:

第一，保障人顺利地适应环境，健康地生存发展。

第二，保障人正常地进行人际交往，在家庭、社会团体、机构中正常地肩负责任，使社会组织正常运行。

第三，保障人正常地反映、认识客观世界的本质及其规律性。变态心理学把丧失了正常功能的心理活动称为异常。

二、心理正常与心理异常的区分

郭念锋认为，区分心理的正常与异常，应该从心理学角度切入，以心理学对人类心理活动的一般性定义为依据。根据心理学对心理活动的定义，即“心理是大脑对客观事物的主观反映”，我们有理由提出如下三条原则，作为确定心理正常与异常的依据:

(一) 主观世界与客观世界的统一性原则

因为心理是客观现实的反映，所以任何正常心理活动或行为，在形式和内容上必须与客观环境保持一致。

如果一个人坚信他看到或听到了什么，而客观世界中，当时并不存在引起他这种感觉的刺激物，我们就可以认定，他的精神活动不正常了，他产生了幻觉。

如果一个人的思维内容脱离现实，或思维逻辑背离客观事物的规定性，并且坚信不疑，我们就可以认定，他的精神活动不正常了，他产生了妄想。

如果一个人的心理冲突与实际处境不相符合，并且长期持续，无法自拔，我们就可以认定，他的精神活动不正常了，他产生了神经症性问题。

这些都是我们观察和评价人的精神与行为的关键，我们又称它为统一性(或同一性)标准。人的精神或行为只要与外界环境失去同一性，必然不能被人理解。

在精神科临床上，常把有无“自知力”作为判断精神障碍的指标，其实，这一指标已涵盖在上述的标准之中。所谓无“自知力”或“自知力不完整”，是指患者对自身状态的错误反应，或者说是“自我认知”与“自我现实”的统一性的丧失。

在精神科临床上，还把有无“现实检验能力”作为鉴别心理正常与异常的指标，其实，这一点也包含在上述标准之中。因为若要以客观现实来检验自己的感知和观念，必须以认知与客观现实的一致性为前提。

(二) 心理活动的内在协调性原则

虽然人类的精神活动可以被分为知、情、意等部分，但是它自身是一个完整的统一体。各种心理过程之间具有协调一致的关系，这种协调一致性，保证人在反映客观世界过程中的高度准确和有效。

个人遇到一件令人愉快的事，会产生愉快的情绪，手舞足蹈，欢快地向别人述说自己内心的体验。这样，我们就可以说他有正常的精神与行为。如果不是这样，用低沉的语调，向别人述说令人愉快的事；或者对痛苦的事，做出快乐的反应，我们就可以说他的心理过程失去了协调一致性，称为异常状态。

(三) 人格的相对稳定性原则

在长期的生活道路上，每个人都会形成自己独特的人格心理特征。这种人格心理特征一旦形成，便有相对的稳定性；在没有重大外界变革的情况下，一般是不易改变的。

如果在没有明显外部原因的情况下，一个人的人格相对稳定性出现问题，我们也要怀疑这个人的心理活动出现了异常。这就是说，我们可以把人格的相对稳定性作为区分心理活动正常与异常的标准之一。例如：一个用钱很仔细的人，突然挥金如土；一个待人接物很热情的人，突然变得很冷漠。如果我们在他的生活环境中找不到足以促使他发生改变的原因，那么，我们就可以说，他的精神活动已经偏离了正常轨道。

三、相关概念的区分

心理正常、心理不正常、心理健康、心理不健康这几个概念只有区分清楚，把它们之间的联系梳理通顺，才能帮助我们更好的识别相关心理问题。

这里说的“心理正常”，就是前面说的具备正常功能的心理活动，或者说是不包含有精神障碍症状的心理活动；而这里说的“心理不正常”，就是前面说的“心理异常”，是指有典型精神障碍症状的心理活动。

很显然，“正常”和“异常”是标明和讨论“有病”或“没病”等问题的一对范畴。而“健康”和“不健康”是另外一对范畴，是在“正常”范围内，用来讨论“正常”的水平高低和程度如何。可见，“健康”和“不健康”这两个概念，统统包含在“正常”这一概念之中。这种区分是符合实际的，因为不健康不一定有病，不健康和有病是两类性质的问题。另外，在临床上，鉴别心理正常和心理异常的标准与区分心理健康水平高低的标准也是截然不同的。

对于是否有病，心理咨询和精神病学都很关心，但动机和目的却不同。前者主要是为了鉴别，后者主要是为了治疗。

当区分正常和异常之后，“心理健康”和“心理不健康”的问题便成了讨论的重点。为了能直观地理解上文，特绘图 10-1，以供参考。

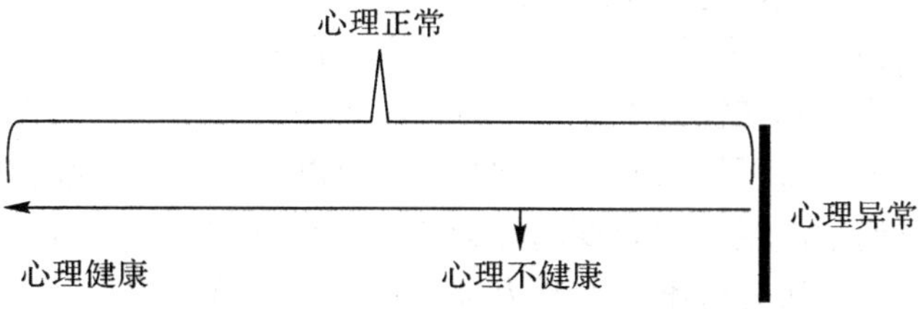

图 10-1　心理健康与不健康的图示

如图 10-1 所示，与“心理健康”这一概念相对应的最恰如其分的概念，只有“心理不健康”，而这两者都属于心理正常范围。我们从临床心理学角度出发，把人的全部心理活动分别使用“心理健康”“心理不健康”“心理异常”这三个概念来表达。理论上，心理咨询的主要工作对象是人的心理不健康状态，这并不是说心理咨询的工作对象仅仅是人的心理不健康状态。如变态心理学所述，针对不同种类的精神障碍，心理咨询所能发挥的作用不同。一名心理咨询师的知识背景、临床技能和技术技能的熟练程度、临床经验的丰富程度、自身的价值观和人生观等，都直接制约了他实际临床工作所能涉及的领域。

四、神经症与不健康心理状态的分界线

在精神科工作中，神经症与正常心理的分界线并不成为一个问题，因为到精神科就诊的病人，几乎都是症状比较重且患病比较长的。但是，在内科或基层保健室里，这个问题就会经常发生。这里，关键在于深入了解病人的心理，弄清楚心理冲突的性质。从现象或事实的角度来说，心理冲突有常形与变形之分。心理冲突的常形有两个特点：是它与现实处境直接相联系，涉及大家公认的重要生活事件，例如：夫妻感情不和，病人长期想离婚又不想离婚，十分苦恼；二是它有明显的道德性质，不论你持什么道德观点，你总可以将冲突的一方视为道德的，另一方视为不道德的，上述的例子便是如此。心理冲突的变形也有相应的两个特点：一是它与现实处境没有什么关系，或者它涉及的一般是生活中的鸡毛蒜皮的事情，一般人认为简直不值得为它操心，或者使不懂精神病学的人感到难以理解，很容易解决的问题为什么病人却解决不了。例如：某病人每天晚饭后就陷于吃药还是不吃药的痛苦冲突之中：吃药怕肝硬化和上瘾，不吃药怕睡不着。这在不懂精神病学的局外人看来是不成问题的，想吃就吃，不想吃便拉倒，实在决定不了可以去问医生，医生叫你吃你就吃，医生叫你别吃就不吃；二是它不带明显的道德色彩。如上例，你不能说吃药和不吃药何者道德何者不道德。心理冲突的变形是神经症性的而心理冲突的常形则是大家都有的经验。显然，如果限于心理冲突的常形，甚至并没有什么痛苦的心理冲突，那么，充其量只是心理生理障碍，而不是神经症。要注意的是，一旦出现头痛、失眠、记忆差或内脏功能障碍，原来不明显的心理冲突便会尖锐化，也很容易发生变形，例如明显的疑病症状。

心理冲突的揭示和分析需要精神病学知识和技巧，这包括三方面：

(1) 病程：不到 3 个月为短程，评分 1；3 个月到 1 年为中程，评分 2；1 年以上为长程，评分 3。

(2) 精神痛苦的程度：轻度者病人自己可以主动设法摆脱，评分 1；中度者病人自己摆脱不了、需借别人的帮助或处境的改变才能摆脱，评分 2；重度者病人几乎完全无法摆脱，即使别人安慰开导他或陪他娱乐或异地休养也无济于事，评分 3。

(3) 社会功能：能照常工作学习以及人际交往只有轻微妨碍者，评分 1；中度社会功能受损害者工作学习或人际交往效率显著下降，不得不减轻工作或改变工作，或只能部分工作，或某些社交场合不得不尽量避免，评分 2；重度社会功能受损害者完全不能工作学习，不得不休病假或退学，或某些必要的社会交往完全回避，评分 3。

如果总分为 3，可以认为还不够诊断为神经症。如果总分不小于 6，神经症的诊断是可以成立的，4 或 5 分为可疑病例，需进一步观察确诊。要补充说明的是，对精神痛苦和

社会功能的评定，至少要考虑近三个月的情况才行，评定涉及的时间太短是不可靠的。

五、心理不健康状态的分类

(一) 心理不健康的第一类型——一般心理问题

诊断为一般心理问题，必须满足如下四个条件。

第一，由于现实生活、工作压力、处事失误等因素而产生内心冲突，冲突是常形的，并因此而体验到不良情绪(如厌烦、后悔、懊丧、自责等)。

第二，不良情绪不间断地持续一个月，或不良情绪间断地持续两个月仍不能自行化解。

第三，不良情绪反应仍在相当程度的理智控制下，始终能保持行为不失常态，基本维持正常生活、学习、社会交往，但效率有所下降。

第四，自始至终，不良情绪的激发因素仅仅局限于最初事件；即使是与最初事件有联系的其他事件，也不引起此类不良情绪。

综合描述，可给出如下定义：一般心理问题是由现实因素激发、持续时间较短、情绪及反应能力在理智控制之下、不严重破坏社会功能、情绪反应尚未泛化的心理不健康状态。单就从不良情绪症状来看，与上述条件类似的案例是大量存在的，但我们只要从刺激的性质、反应的持续时间、反应的强度和反应是否泛化这四个维度出发，就可以区分和鉴别哪些属于一般心理问题，哪些不属于一般心理同题。

(二) 心理不健康的第二类型——严重心理问题

诊断为“严重心理问题”，必须满足如下四个条件。

引起“严重心理问题”的原因，是较为强烈的、对个体威胁较大的现实刺激。内心冲突是常形的。在不同的刺激作用下，求助者会体验到不同的痛苦情绪(如悔恨、冤屈、失落、恼怒、悲哀等)。

从产生痛苦情绪开始，痛苦情绪间断或不间断地持续时间在两个月以上半年以下。

第三，遭受的刺激强度越大，反应越强烈。大多数情况下，会短暂地失去理性控制；在后来的持续时间里，痛苦可逐渐减弱，但是，单纯地依靠“自然发展”或“非专业性的干预”，却难以解脱；对生活、工作和社会交往有一定程度的影响。

第四，痛苦情绪不但能被最初的刺激引起，而且与最初刺激相类似、相关联的刺激，也可以引起此类痛苦，即反应对象被泛化。

综合描述，可给出如下定义：“严重心理问题”是由相对强烈的现实因素激发，初始情绪反应强烈、持续时间较长、内容充分泛化的心理不健康状态。“严重心理问题”，有时伴有某一方面的人格缺陷。在心理咨询临床上，对“严重心理问题”的诊断并不困难，但关键问题是与神经症进行鉴别。

(三) 心理不健康的第三类型——神经症性心理问题(可疑神经症)

在第三种类型的心理不健康状态下，内心冲突是变形的，但是如果根据许又新教授的神经症简易评定法还不能确诊为神经症，那么，它已接近神经症，或者它本身就是神经症的早期阶段。

第二节　大学生常见的精神疾病及其防治

案例：

• 某职业院校一女生，几个月前与自己的恋人分手。之后精神一直萎靡不振，近几天经常一个人喃喃自语，同学们和她打招呼，她时常无动于衷，好像听不到似的，最近总是向同宿舍的同学说有人要害她，甚至下课时，同学们在走廊上讲话她也认为别人在商量怎样加害于她。

• 某学院一位老师有一天在校园里看到一位女同学在学校漫无目的地走着，他上前去问这位同学："你为什么不去上课？"那位同学回答："你为什么不去上课？"这位老师觉得非常奇怪，又问："你是哪个系的？"那位同学回答："你是哪个系的？"这位老师感到有问题，把她带到自己的办公室，让她用笔在纸上写，可是她似乎也听不懂，看到老师在纸上写，她也在纸上写。随后老师陪她来到心理咨询中心。

• 某位同学特别喜欢脸红，同学与他打招呼他脸红，在路上碰到熟人也容易脸红。上课时，老师叫他起来发言时会脸红，甚至有时老师并没有叫他起来，只要看他一眼他也会脸红。他感到很痛苦，因而来到心理咨询室。

以上这些都是在学生心理咨询中心遇到的真实案例，他们的行为表明，他们可能患有精神方面的疾病。

一、精神疾病概述

由于传统思想的影响以及媒体的渲染，人们一提起精神疾病就会和那些"疯子"联系起来。他们手舞足蹈、口中念念有词、打人、衣冠不整，这些都使人们对精神患者充满了神秘感和恐惧感。尽管科学技术已经达到了很高的程度，但是人类患精神疾病者却未见减少。尤其是大学生，由于患精神疾病而休学的事件时有所闻。据《健康报》报道，北京某区 16 所大学中，因精神疾病休学的学生占休学总数的 37.9%，退学的学生占退学总数的 64%。这些数字不能不引起我们的重视。这也提醒我们：无论是在校内还是今后走向社会，大学生们都应该认识精神疾病，学习一些防治精神疾病的知识。

(一) 精神疾病及产生的原因

精神疾病是指在各种生物学、心理学以及社会环境因素影响下，大脑功能失调，导致认知情感、意志和行为等精神活动出现不同程度障碍为临床表现的疾病。主要包括神经症、精神病以及人格障碍、精神发育障碍、器质性、中毒性精神病等。神经症又包括强迫症、恐惧症、焦虑症、神经衰弱、癔症、疑病症等。精神病则是一组严重的精神疾病，狭义上就是指精神分裂症和躁狂抑郁症等。

精神疾病产生的主要原因包括：

1. 遗传因素

通过系统的家谱调查，精神疾病的发生与遗传有很大的关系，患者亲属中的患病率比一般家庭高得多，亲属中已发病的人与对象的血缘关系愈近，其患病的概率愈大。对孪生子的研究也证明，单卵孪生子的发病率比双卵孪生子要高，这就提示遗传因素在精神疾病中具有一定的作用。

2. 环境因素

大多数精神疾病都是在受到强烈刺激的情况下诱发的。如果所处的环境比较温和或者受到挫折时能得到很好的疏导，保持愉快的心态，也不容易诱发精神病。说明环境因素对精神病有促发的作用。因此，这就要求我们要善于处理好生活中的挫折，注意改善个体所处的外在环境，以预防精神病的发生。

3. 人格因素

有研究报告显示，50%～60%的精神疾病患者具有孤僻、内向、敏感、好幻想等性格特征，且亲属中可发现有类似性格特征的人。

(二) 精神疾病的早期预防

近年来，精神病有低龄化的趋势。在高校里，许多人包括老师与同学，由于缺乏精神医学知识，对一些同学异常的言行不以为然，甚至觉得好笑，往往等到病情发展到很严重甚至有碍校园治安或秩序时才被发现而送往医院治疗，这样会大大影响患者的及时治疗和康复，给学校、家庭及学生本人带来不良的后果。所以，对大学生来说，学会识别早期精神病的异常表现，可以使我们争取治疗的有利时机很有必要。因此，对于精神病必须做好早期预防工作包括：

(1) 加强心理健康教育，注意职业院校大学生生活环境、学习环境及家庭教育环境，防止他们的心理和性格发展发生偏差。

(2) 早期发现患者，早诊断、早治疗。医学经验证明，精神病越早治疗，效果就越好。这就要求我们每一个同学、家长和老师都要有精神疾病的基本知识。由于许多患者病了以后自己往往不知道自己有病即没有自知力，因此不肯就医服药，而许多家长也害怕给自己的孩子戴上精神病的帽子，害怕受到学校老师及社会的歧视而不敢正视现实。对此，学校及家长都应该果断地下决心让患者及时就医。

(3) 创造一个温馨和谐的家庭环境与学习气氛，避免各种不良事件的刺激。

(4) 必须促进患者准时服药，巩固治疗，防止复发，多关心他们，在心理上支持他们，帮助他们恢复病前的社会活动、工作和学习水平，不能歧视他们。

二、大学生常见的精神疾病

精神疾病的分类非常复杂，按照精神疾病的临床症状、躯体检查、病程及预防不同，可以将精神疾病划分为许多病种和类型。大学生心理健康教育过程中常见的精神疾病主要包括神经症和精神病两大类。其中，各种轻度的精神障碍也不少见。

(一) 常见精神症状的识别

精神症状是指各种精神障碍在临床上的具体表现，称之为某种精神症状，如幻觉、妄想等。通常精神疾病常常以精神症状的形式出现，因此，认识了解一些常见的精神症状对了解精神疾病是很重要的。在大学生中精神症状主要是感知觉障碍和思维障碍居多。

1. 感知觉障碍

感觉是大脑对直接作用于感觉器官的外界事物的个别属性的反映，如红绿、香甜、脆的、硬的等。

1) 感觉障碍

(1) 感觉过敏。如感觉阳光特别耀眼，风吹的声音特别刺耳，对某种普通气味也感到异常浓郁而刺鼻，皮肤的触觉和痛觉都非常敏感，甚至衣服或被单接触到身体时也感到难以忍受。

(2) 感觉减退。用几句成语可以形象地表达感觉的减退：食无美味、听无美音、视无艳色，甚至感觉消失。当然正常人处在瞌睡状态、抑郁状态、催眠状态时感觉也会减退。感觉消失常见于癔症。感觉减退及消失多见于神经系统器质性疾病。但是，在精神疾病患者中，其区别在于，这类症状可能不存在神经系统器质性损害的特征，如癔症患者所表现的感觉消失就不符合神经系统的生理解剖特点，患者的手或脚呈现手套式或袜套式的感觉缺失，或出现以身体中线为分界的某一侧皮肤感觉的减退或消失，与神经组织的分布是不符合的。而且这类感觉障碍的部位、范围大小、界限可以通过暗示而改变。

(3) 感觉倒错。对外界刺激产生与正常人不同性质或相反的异常感觉，如冷的感觉为热，用棉球轻擦皮肤时，患者产生麻木感或疼痛感等。感觉倒错多见于癔症。

2) 知觉障碍

知觉是大脑对直接作用于感觉器官的外界事物的整体属性的反映，如一本书、一幅画、一首歌、一个苹果等。知觉障碍是精神疾病临床上最常见的，而且是许多精神疾病的主要症状。常见的知觉障碍有错觉、幻觉、感知综合障碍。

(1) 错觉。错觉是歪曲的知觉，也就是把实际存在的事物歪曲地感知为与实际完全不相符的事物。如把挂在衣架上的大衣看成是躲在门后的人，一个装在天花板上的圆形灯罩看成是悬挂着的人头等。

正常人在照明不良、视听觉减弱的状态下，疲乏、醉酒、精神紧张、恐惧时也会有错觉，如杯弓蛇影、草木皆兵等。一般来说，正常人的错觉一旦知道原因是可以纠正和消失的。按不同的感官，错觉可分为错听、错视、错嗅、错触及内感受器的错觉等。临床上以错听和错视多见。

(2) 幻觉。幻觉即虚幻的知觉，是在客观现实中并不存在某种事物的情况下，患者却感知它的存在。如无人在现场时，患者却听到有人在责骂他，或明明窗外没有人却看到某人在窗外。幻觉是很常见的心理障碍。

幻觉按不同的感官可分为幻听、幻视、幻嗅、幻味、幻触和内感受器幻觉。

在临床上幻听最常见。幻听的内容多种多样，声音常常比较清晰，能清楚地辨别男女，熟识的或陌生的以及明确地指出声音的所在地。例如：某学院大一女生，20 岁，患精神分裂症，近几天总是听到同学们谈论她的声音，说她成绩不好，爱与男生玩等。虽然同学们没有一个人听到这些声音，但她坚信不疑。这是比较典型的幻听。幻听可分为命令式幻听、评论式幻听、机能式幻听及思维鸣响。

命令式幻听，表现为患者不服从不行。例如：曾有一大学生自杀未遂，跳楼后下骨折，住进了医院的骨科，一住就是几个月。原来他有幻听的症状，总感到有一个小人在他的耳边叫他跳楼，经治疗后又跳楼，他说有人叫他跳，不跳不行。这是典型的命令式幻听。

评论式幻听是指患者经常听到有人评论自己，如听到有人说“这小子太坏”等。

机能式幻听，如骑单车时，听到有人说“快跑！快跑！”“回家去，回家去”；刮风打雷时，听到“要下雨了，要下雨了”等。

思维鸣响，即想到什么就听到什么声音出现在头脑中。如想喝水就听到“喝水，喝水”，想看书就听到“看书去，看书去”，并且看书时听到声音将书的内容念出来。总之，患者对声音的体会是“自己的思想变成了声音”，具有这种幻听的人多见于精神分裂症。

幻嗅表现为患者能闻到别人闻不到的令患者不愉快的难闻气味，如喝水时闻到腐尸、腐烂食品或烧焦物品、粪便等难闻的气味。患者会为此而大吵大闹，哭泣不已。在精神分裂症患者中，幻嗅往往与其他幻觉和妄想结合在一起。例如：某学院一大二女生，坚信她吃的饭里有火药味，且是其他同学故意放的，目的就是要暗害她，从而加强了患者的被害妄想，因此每一次吃饭时都要把饭菜翻个遍才吃，担心被害。

幻味患者表现为吃饭、喝水等感觉是苦的或酸的等一些不愉快的味道。

幻视比较常见，患者常常能看到凶恶的鬼怪、猛兽等。

幻触患者感觉有虫子爬在手上或身体上等。

内脏性幻觉患者感觉到某一内脏在扭转、断裂、穿孔等，或有昆虫在胃内游走。例如：某患者腹痛来诊，说是吃了一只青蛙，从此一直认为青蛙在体内游走，医生如何跟他解释都没有用，后来医生想出一个办法，决定给他做手术，手术完后拿了一只青蛙给他看，他才肯罢休。

反射性幻觉患者某一器官受到刺激，另一器官出现幻觉。如听到关门的声音，便看到一个人；听到别人打喷嚏，感到自己头部疼痛。

3) 感知综合障碍

感知综合障碍主要有视物变形症，视物显大症或显小症及窥镜症。

视物变形症的患者感到某个外界事物的形象、大小、颜色及体积等出现变化。如患者看到其父亲的脸变得很长，眼睛像两粒瓜子那样小，鼻子很大，脸色像死人的颜色那样难看，整个形象变得非常恐怖。

视物显大症或显小症的患者看到家里养的小猫像动物园里的老虎那样大，而他的父亲在他的眼里却比他七八岁的弟弟的身材还要矮小。

窥镜症的患者认为自己太丑了，两手不断扶住下巴，不放下，因为觉得太丑了，认为鼻子太大，变长、变宽了，患者说是照镜子发现的，想整容，并用头发盖住眼睛，遮丑，不敢去读书，不愿与人交往。这也是精神分裂症的一个症状。

2. 思维障碍

思维障碍分为思维联想障碍和思维内容障碍。

1) 思维联想障碍

(1) 思维迟缓。思维迟缓是抑郁性精神病的特征性思维，一问三不知，言语简短，语量减少，速度缓慢，语音低沉。患者有强烈的“脑子变得迟钝了”的感觉。

(2) 思维贫乏。思维贫乏症患者回答问题相当简单、空洞、一问一答、“是”　“不是”“不知道”“没有什么”，平时也不主动讲活。患者叙述“脑子空虚，又没有什么可想的、也没有什么可说的”。但患者对此漠然处之。思维贫乏与情感淡漠、意志缺乏相伴出现，成为神分裂症的三个基本症状。

(3) 病理性赘述。病理性赘述患者主次不分、抓不住中心环节。例如：某学院一男生患癫痫伴有精神障碍、当医生询问他“腿为什么行动不便”时、他回答“我家住在襄阳、樊阳的襄樊，在湖北省山区，我父母亲都死了，还有一个哥哥在襄樊，山区交通不便，可是我对住的那个地方生活已经习惯了，也不觉得不方便，后来我又去成都了，就是四川省的那个成都，坐船得好几天才能到，我是走着去的。刚去的时候生活很不习惯，可是也没有办法，我去那里要经过好多出名的地方，有二郎山，你知道吗？这个歌可好听了，头几年谁不会唱呢，我给你唱段。”(唱……)“四川这个地方和湖北差不多，都是山区、那年我在路上被人打了一顿，然后慢慢就变成这个样子了……”。患者在回答医生的问题“腿为什么行动不便”时，不必要地、详细地叙述如何从故乡到四川的经过，还一边叙述一边补充沿途的插曲，节外生枝的辅以歌曲。

(4) 破裂性思维。破裂性思维患者有时会说“我是机器人”“地球被消灭了”“没有星星没有月亮了”。常见于精神分裂症的患者，对诊断很有意义。

(5) 思维松弛。思维松弛患者对问题叙述缺乏逻辑关系，使人感到交流困难，严重者发展为破裂性思维。如“现在是 99 百年”“2020 年上午 3 点上街”

(6) 思维中断。指无任何原因的情况下思维突然中断，或言语突然停止，过一会儿又继续思索或说话，内容可能有连续性，也可能没有连续性。多见于精神分裂症，

(7) 思维云集。又叫强制性思维，不需要想的东西全到脑子里来了，内容杂乱多变，突然出现，又突然消失，多见于精神分裂症的患者。例如：某高校大二男生，22 岁，精神分裂症偏执型，诉说：“脑子很乱，自己怎么也控制不了自己，思想太乱了，想的事毫无意义、毫无系统，由东到西，由西到东，一件事刚想一点，又出现另外的事。

(8) 象征性思维。只有自己能解释。例如：某高校一位大三女生，精神分裂症患者，有一次看到道路上的汽车疾驶而过，她往车下钻，后来问她为什么这样做时，她说她投错了胎，要重新投胎。

(9) 语词新作。患者自创一些文字、语言、图形、符号，并赋特殊意义，或对常用普通词语赋予新概念。有时把几个无关的概念或几个不完全的词拼凑起来创成新词，以代表某种新的意义。除患者能理解外，不经解释别人极难弄清其含义。例如：一位老太太，一生执着书写着别人看不懂的“天书”。“天书”中有许多自己制作的符号。比如：离婚用 010 来表示，男女两个字贴在一起就是结婚的意思等等，都是一些自己看得懂别人会一头雾水的符号。

(10) 逻辑倒错性思维。患者推理十分荒谬，离奇古怪，不可理解。例如：某高校一男生，22 岁，精神分裂症。来诊问医生“我不能站在地上怎么办？”他记录自己的思想情况如下：自己想到进化时，觉得人是由动物进化来的，所以又觉得人不应当吃肉；又想动物

是植物进化的，因此又觉得吃蔬菜也不应该；以后又想植物是从土里长出来的，所以又觉得不应该站在地上。然后问医生："我不能站在地上怎么办？"以此纠缠医生。

(11) 持续言语。患者总是用第一次回答的话来回答。如医生问："你今天来做什么？"患者回答："看病。""你哪里不舒服？"回答："看病。""你吃早餐了没有？"回答："看病。"以后对医生提出的问题，他都说"看病"。

(12) 刻板言语。指机械而刻板地重复无意义的词或句子。如患者总是重复"我要补考，我要补考，我要补考……"

(13) 模仿言语。别人说什么，患者就重复说什么。例如：别人问"你叫什么名字？"他说"你叫什么名字？"；又问"你年龄多大？"，他也模仿说"你年龄多大？"；别人咳嗽，他也咳嗽。在本章开头案例的那位女同学就是模仿言语，是精神分裂症的症状。

2) 思维内容障碍

(1) 关系妄想。患者认为周围的事物、电视与他有关。电视上说"犯法"就是说他犯法。

(2) 被害妄想。是最常见的妄想之一。认为周围同学、朋友和老师有意陷害、谋害、打击他。例如：某学院一女生，患精神分裂症，几周来一直认为本班的几位男生恐吓她，要打她，因此她不敢去上课。在回家的路上要转几次车，因为她说她看到她们班的几个男生一直跟踪她，她想多转几次车就可以甩掉他们。

(3) 特殊意义妄想。例如：动听的歌曲是对他的诱惑，看《悲惨世界》认为面临死亡。

(4) 夸大妄想。漫无边际地夸大自己的才能、地位，有的患者说上帝派他来做地球的总统，他是上帝的儿子等。

(5) 疑病妄想。患者坚信自己有病，如曾经有一位同学说自己有艾滋病，要求检查，他去了很多的医院，都查不出有艾滋病毒，但是他坚信自己患了艾滋病，他认为医院的检测设备不够先进，要到上海、北京等大城市看病。也有的患者坚信自己有心脏病，走遍全国治疗心脏病很出名的大医院，结果仍是没有。

(6) 罪恶妄想。患者会出现自杀、自伤、严重拒食、吃树叶、努力干活改造自己以赎罪等自虐倾向。

(7) 嫉妒妄想。患者坚信恋人对自己不忠诚另有外遇，因此对恋人的行为加以检查、跟踪。例如：某高校一大三女生，23 岁，总是怀疑自己所爱的人对自己不忠诚，与其他女生恋爱，以此纠缠不休，经常尾随其后，恋人上课时就在教室外面等候，一见他和女同学说话就大怒，说他们在谈情说爱。

(8) 钟情妄想。患者坚信某异性对自己产生了爱情，即使遭到严词拒绝，仍毫不置疑，反而认为对方是在考验自己对爱情的忠诚，仍然纠缠不已。钟情妄想多见于女生。例如：某高校有一位女生，钟情一位高年级的男生，一直认为对方对自己有感情，总是去找他，上课也跟着他上课，别人不理睬她，她就认为是对方考验她对爱情是否忠诚。这是精神分裂症的一种症状。

(9) 内心被揭露感。患者认为自己心里想的事都掌握在他人手里，而且已经弄得满城风雨了。为此很痛苦，经常跑到系部去诉苦。

除了以上常出现的精神症状以外，还有注意障碍，如注意增强、注意减弱；记忆障碍，如记忆增强、记忆减退、遗忘症、错构、虚构；情绪障碍，意志行为障碍，意识障碍等。

(二) 神经症

神经症是指由于各种精神因素引起高级神经活动的过度紧张，致使大脑机能活动暂时失调而造成的一种疾病的总称。神经症属于轻度精神疾病，神经系统检查无异常，也没有任何器质性损伤。

神经症与精神病的区别在于：

第一，神经症患者对自己的病态有充分的自知力，并能主动求医。

第二，神经症患者一般不会像重症精神患者那样把自己的病态主观体验与幻想跟外在现实混同起来。

第三，神经症患者生活自理能力、社会适应能力和工作能力基本没有缺损。

神经症包括焦虑症、强迫症、恐惧症、抑郁症、社交恐惧症、疑病症、神经衰弱等。其中，前四种类型在高校大学生中最常见。

1. 焦虑症

焦虑症即焦虑性神经症，患者呈持续性精神紧张或发作性惊恐状态，同时伴有明显的植物性神经功能乱，出现口干、心悸、胸闷、头晕、呼吸困难、尿频、尿急、出汗等症状。正常人也会发生焦虑，这是由于人们对可能造成的心理冲突或挫折的某件事物或者情境的一种应激反应。适度的焦虑能使人奋发，是有益的，然而过分焦虑或焦虑反应持续的时间很长或过度就成了焦虑性神经症。

大学生是焦虑症的易发人群，这时，他们不仅面对学习的压力、环境的适应、人际关系的复杂，同时，他们对自己的体态、体能和体貌也十分关注。例如：女生感到自己乳房发育不够丰满，体态不够修美；男生由于出现性冲动、遗精、自慰的行为后紧张不安，整天处在惶恐之中，从而出现恐惧、羞涩、孤独、自卑和烦恼，同时会伴随有情绪不稳、失眠多梦、眩晕乏力、头痛、厌食等症状。

焦虑症会严重危害大学生的身心健康，长期处于焦虑状态，甚至会出现许多身心疾病，因此必须及时给予治疗。焦虑症以心理治疗为主，配以适当的药物治疗。

1) *放松疗法*

放松治疗可以与脱敏疗法同时使用，效果很好。对于焦虑的患者，要教会他们进行自我松弛、自我放松。在进行放松治疗前，先让患者将产生焦虑的情境从弱到强排列，然后在心理医生的帮助下，也可以听放松的磁带，从弱到强进行放松治疗。放松的过程要反复进行，直到患者想到任何可以使他产生焦虑的情境都不再感到焦虑为止。

2) *支持疗法*

自信心不足是焦虑症的根本，因此，建立自信心是治疗焦虑症的必要前提。应该让患者树立信心，正确认识自己，相信自己有处理各种问题和完成好工作的能力，而且一定要坚信通过治疗可以消除焦虑的情绪。自信心的树立和培养可以通过心理医生，同时也要患者自己多给自己一点自信，每增加一点自信就会降低焦虑的情绪，从而慢慢摆脱焦虑带来的烦恼。

3) *分析疗法*

有些焦虑是由于患者将经历过的情绪体验和欲望压抑到潜意识中去的结果。因为这些被压抑的情绪体验并未在头脑中消失，仍然潜伏在潜意识中而导致病症。患者可以自己或者通过心理医生分析焦虑产生的深层次的原因，把导致焦虑的真正原因找出来，从而达到治疗的目的。治疗焦虑症还可以通过转移注意力、体育运动及催眠的方法进行综合治疗。

2. 社交恐惧症

社交恐惧症是恐惧性神经症的一个类型。恐惧症是指患者表现出在正常情况下对某一特定的物体、人际交往或情境，产生异乎寻常的让人难以理解的强烈恐惧或紧张不安的内心体验，从而出现回避，难以自控。当患者面临所恐惧的事物或情境时，出现显著的焦虑。

根据恐惧的对象不同，可分为社交恐惧症、动物恐惧症、赤面恐惧症、疾病恐惧症、广场恐惧症、电梯恐惧症、过桥恐惧症等等。在大学生中出现最多的是社交恐惧症、赤面恐惧症。

在大学里，有一些同学在与人打交道时会出现恐惧的反应，表现为不敢见人，碰到人特别是陌生人就脸红，神经处于一种非常紧张的状态，这就是社交恐惧症。而有些同学只对异性产生恐惧，称为异性恐惧症。本症发病年龄多在 20 岁左右，女性多于男性。

社交恐惧症的特点是强迫性的恐惧情绪。患者表现为在公共场合出现情绪紧张、脸红、不敢正视别人的视线，担心自己的面部表情难看，因此，总是不想与人接触，回避一切与人的交往活动。例如：某学院一女生，性格内向敏感，自尊心特别强，自幼家境贫寒，处事谨小慎微。她总是以为别人时刻在注意她、评价她，总担心自己会出什么差错。有一次发现一新来的青年男老师上课时总是注意她，以为这位男老师对她有意，课后总是想这件事，但又觉得是自作多情、感觉很羞愧。后来一遇到这位老师她的脸就红，心慌气短。之后感到同学们都知道这个隐私，因而与同学们在一起也感到特别不自在。从那之后，见人就避，只要有人与她聊天，她就面红耳赤、心慌意乱、语无伦次，所以一见到人就害怕。这就是社交恐惧症的典型例子。

社交恐惧症的成因主要是通过后来无意识的学习过程建立起来的。有的人在人际交往过程中经常遭受失败、挫折，就会在心理上形成一种打击或者自觉地形成一种紧张不安、焦虑、忧虑、恐惧等负面情绪，非常痛苦，这种状态成为一种心理结构，以后一出现类似的情形，就会心生恐惧。可见，社交恐惧症是一种因心理紧张而造成的心因性疾病，只要下决心治疗，是可以治愈的。

1) 消除自卑心理，树立自信心

患有社交恐惧症的人往往很在意别人对自己的观察与看法，总是认为有同学盯着自己，经常考虑别人怎么样看自己，所以应对自己有一个正确的评价，过于自尊和盲目自卑都是没有必要的，而事事都要求做到最好、求全责备也是不必的。要清楚自己不过是这个大环境中的一分子，每个人都有自己的事情要做，谁也不会过度地去注意你，应尽力摆脱那种过多考虑别人评价自己的思维方式。

2) 改善自己的性格

内向、胆怯是社交恐惧症患者的特点，应该鼓励自己多与别人(特别是陌生人)交往，多参加集体活动，在活动中多接触他人，在与他人的交往中慢慢消除羞怯、恐惧感。

3) 系统脱敏疗法

这是治疗恐惧症很有效的方法，与放松疗法结合使用疗效更好。即先让患者将自己恐惧的人或者情境按照强弱大小排列，然后在医生的指导下进行松弛训练，一直到患者在感到最恐惧的人面前也不会有脸红、焦虑不安、紧张的情绪。比如：对一个患者，可以先让他与自己的家人接触，然后与亲戚朋友接触，再与一般的熟人接触，最后带着他与陌生人接触，这样进行一步步地脱敏，同时不断地对他进行鼓励和表扬。

4) 学习人际交往的艺术

任何一门学科都是要学习的，人际交往更是一门艺术，学习好了，会终身受益。因此，治疗的根本还是要教会患者本人如何去与人交往，让他学习一些人际交往的知识、技巧和艺术，并学习一些心理学、社会学的知识，这对处理好人际关系很重要。

5) 药物治疗

对于顽固性的恐惧症患者可以辅以药物治疗，效果更好。但必须在医生的指导下服药。

3. 抑郁症

抑郁症又叫抑郁性神经症，是以持久的心境低落为特征的一种神经症，也是一种常见的消极情绪反应。它的突出特点就是心境悲观、自身感觉不良，常常有自责的现象，态度冷淡。有些患者伴有失眠、不思饮食、体重减轻、性欲下降等特点。抑郁症患者 80%以上的人有过自杀的想法或行为，因此必须引起人们的高度重视。抑郁症占神经症的 14.0%，女性多于男性。

抑郁症的发病原因一是与易感素质有关，另一方面与某些诱因有关。如生活中发生不幸的事件：失业、学习困难、家庭不和、人际关系紧张、亲人去世、患有严重的疾病、意外事故等，都会使患者产生担心、焦虑、抑郁的情绪。正常人面对这些情况往往能够自己或者通过与朋友、亲人交流得以缓解或者消失，而抑郁症的患者则维持很久，他们感到生活是很困难的一件事，因而寡言少语、语言缓慢、精力不足、凡事很悲观。回忆过去多谴责自己，展望未来则悲观失望，缺乏信心，面对现实又感觉困难重重。这些人有明显的自卑感，没有自信心。

对抑郁症患者的治疗要有耐心，主要运用心理疗法，配合药物治疗效果更显著。

(1) 支持性心理疗法：要让患者对自己的病情有所了解，世界并不像他看到的那么充满困难险阻，要对自己有信心。

(2) 认知疗法：排除某些错误的、不切实际的观念，树立正确的、理性的观念。

(3) 改善性格：要善于使自己在碰到挫折时将事物往好处想，任何事物都会有它积极的一面也有消极的一面，把自己培养成为一个乐观向上、开朗的人。

(4) 运动疗法：生活懒散、不愿意活动、行为迟缓，甚至话都不想多讲是抑郁症的特征性症状，因此要鼓励患者多运动，特别是有氧运动对抑郁症的患者大有裨益。

(5) 药物疗法：抑郁症配合药物治疗效果很好。要在医生的指导下，适当使用抗抑郁药，常用的有三环类抗抑郁药，或苯二氮革类药物，也可以使用疏肝解郁的中药等。

4. 强迫症

强迫症也称为强迫性神经症，是一种以强迫观念和强迫动作为特征的神经症。强迫症的发病以脑力劳动者多见，在大学生中亦较为常见。

强迫症产生的根源在于人格障碍与精神因素，它的发生有其生物学基础。具有强迫型人格障碍的人容易出现强迫症。据上海 1988 年对上海市青少年心理卫生调查显示，这类人格的人数占心理障碍总人数的 5%。强迫症的人往往具有强迫型人格，强迫型人格障碍是一种较常见的人格障碍。它的形成往往在幼年时期，由于家庭教育过于严厉，父母对子女的要求非常严格，必须遵守规范，绝对不准自行其是，造成小孩从小做事过分拘谨，小心翼翼，生怕做错事遭到父母的惩罚，形成做任何事情都要考虑再三，优柔寡断，从而形成做事情时紧张、焦虑的情绪反应。另外，小孩在幼年时遭受过重大的挫折和刺激也可能导致强迫型人格障碍的原因。具有强迫型人格的人，其行为有几大特点：

(1) 做任何事要求完美无缺，按部就班，有条不紊，因而有时反而会影响工作的效率。

(2) 不合理地坚持别人也要严格按照他的方式做事，否则心里很不痛快。对别人做事不放心。

(3) 犹豫不决，常常推迟或避免做出决定。

(4) 常常有不安全感，反复考虑计划是否得当，反复核对检查，唯恐疏忽和差错。

(5) 拘泥于细节，甚至生活小节也要程序化，不遵照一定的规矩办事就感到不安或要重新做。

(6) 完成一项工作之后常常缺乏愉快和满足的体验，相反容易悔恨和内疚。

(7) 对自己要求严格，过分沉溺于职责义务与道德规范，无业余爱好，拘谨吝啬，缺少友谊往来。

对一个具体的患者来说，强迫症的症状可以是一种或者兼有几种，从广泛的意义区分，主要可分为强迫观念、强迫意向、强迫情绪及强迫行为或动作。目前还有另一种分类法，把临床中最常见的强迫症的表现分为三类。第一类是“洗涤者”。这类患者特别怕脏，过分爱清洁，具有“洁癖”，要反复洗手、洗衣服以及洗家里任何一件东西，用“窗明几净”来形容他的家非常恰当。这类患者常常会因为洗涤过多而导致双手糜烂，但仍然不肯罢休。第二类是“反复检查者”。这类患者经常会反复检查门窗、灯、煤气、电插头、自来水龙头等地方，总是担心门没关好、电灯会漏电、水龙头会滴水、煤气瓶会漏煤气等；一些学生会经常检查自己的作业做好了没有，唯恐有错漏。第三类为“强迫性观念者”。这些人的脑子里经常想一些荒谬的问题，诸如“人为什么会有两条腿”“是先有鸡还是先有蛋” “人为什么要死”等毫无意义的想法。这种患者对很小的事情都要反复思考，他在一边极力控制的同时，一边仍在不断地想，心里明明知道毫无必要，但是却无法控制，患者深感痛苦。

案例：

学院有一大学生，每天晚上要在学校的教学楼前鞠一个躬，然后才心安理得地回宿舍睡觉，否则就睡不着，而且心里会一直想着此事，看不进书，吃不下饭，睡不好觉。他为这件事感到非常痛苦，总想控制住自己不要这样去做，但是每次都会非常焦虑、情绪不稳，最后总是抑制不住这种毫无意义的行为。有一次，学校在教学楼搞活动，很晚了还有人，他几次走到那里都没法鞠躬，回到宿舍后准备睡觉，但是无论如何都睡不着。一直等到半夜两点多，教学楼没有一个人以后偷偷地冲到教学楼鞠了一个躬，再跑回宿舍才睡好觉。

强迫症的治疗以心理治疗为主，配合药物治疗。药物以氯丙咪嗪(氯米帕明)疗效最好，一般四周后可见效。

行为疗法疗效也较好，如厌恶疗法、操作性行为改造疗法等。但是不管怎么样，关键是要患者坚持治疗。强迫观念目前国内公认森田疗法疗效最好。

5. 疑病症

疑病症也称为疑病性神经症。是指人怀疑自己患了某种疾病，而实际上此病并不存在，而医生的解释和医疗仪器检查的阴性结果，常常不足以消除他的看法。这类人患病率为0.015%，占全部神经症的0.7%。

疑病症患者大体上可以分为三类：第一类是对健康过分忧虑；第二类是对身体的过分注意和感觉过敏；第三类是疑病观念。

患者常常怀疑患病部位遍及全身，但主要在腹、胸、头、颈部，他们似乎有特殊功能，一般人不易发现的体内活动，他们却能及时发现，如胃肠蠕动、心跳等，对身体的不适也觉得是某种疾病的先兆。为此他们四处求医，每次都不厌其烦地向医生介绍病情，非常害怕漏诊。然而每次即使使用最先进的仪器检查均正常时，他们还是不相信，甚至责怪医生无能，怀疑仪器性能不好。

6. 神经衰弱

神经衰弱是由于大脑长期过度紧张而造成大脑兴奋与抑制机能失调。一些负性情绪，比如：恐惧、悲伤、焦虑、抑郁等情绪是产生神经衰弱的常见原因。许多大学生在上大学以前，由于长期的封闭式或半封闭式的学习负担过重，或者由于亲人死亡、生活遭受到挫折、人际关系长期不协调，或上了大学以后，学习压力过大，挫折、失恋等导致长期的精神紧张、心理冲突、压抑，得不到及时疏导，从而导致神经系统功能失调，引起神经衰弱。

神经衰弱病程常常迁延，症状时轻时重，病情的反复常常与心理和社会的因素有关。本病若及时治疗、注意休息、保持心情舒畅往往可以缓解或治愈，预后一般良好。本病以脑力劳动居多，患病率为1.303%，占全部神经症病例的58.7%，居各种神经症的首位。其症状表现为：不稳定、失眠、乏力、抑郁寡欢；对声音极度敏感，有时即使是很轻微的声音也会使其惊恐得心跳、出汗等。这类患者往往忧虑过多、对于自己的学业、专业、今后的就业、前途、命运、名誉地位、婚姻等考虑过多，特别喜欢向他人述说自己的痛苦，当别人劝他不要想得太多时，他就会觉得别人不了解他、不理解他、不同情他，内心感到很委屈。同时，患者很容易出现疲劳无力，觉得一天到晚都很累，实际上什么事情也没做，学习的效率很低，记忆力减退，注意力无法集中，经常头昏脑涨，很容易被激惹，常常为一些小事情发脾气。

神经衰弱应该以心理治疗为主，辅以药物治疗。首先，要努力克服焦虑的情绪，正确认识到此病的原因所在，树立与疾病做斗争的信心，把消极因素变为积极因素；其次，对于睡眠不好的患者，要与父母、老师配合进行纠正。总之，要学会自我调节，以预防为主，改变不良的生活习惯，同时要加强锻炼，生活要有规律。

(三) 精神分裂症

精神分裂症是以个体思维、情感、意志发生分裂，精神活动与环境不相协调为主要特征的一类精神病。它是精神病中患病率最高的一种。我国的患病率在1.56%～4.6%，城市明显高于农村。多在青壮年发病，以16～35岁为最多。本病在高等院校大学生因病退学、休学的原因中占第一位，因此加强精神分裂症的早期预防十分重要。

精神分裂症的症状复杂多样，一般与起病的类型有关。临床上以慢性起病最常见，很难估计起病的具体时间，也有因某些刺激事件诱发的亚急性与急性起病有关。临床上常见的类型有：偏执型精神分裂症、青春型精神分裂症、单纯型精神分裂症。精神分裂症在病程上的表现主要有持续进行和间歇发作两种形式。据资料报道，精神分裂症的预后情况大体上是：临床痊愈的约占 25%，显著好转的约占 33%，精神症状仍然存在，无自知力，但有部分工作能力的占 25%，衰退者约占 16%。一般来说，缓慢起病和病程持续进行者，其衰退率高，预后较差。

1. 偏执型精神分裂症

偏执型精神分裂症，又称妄想症。本型最为多见，发病年龄多在 25～35 岁，起病缓慢，症状以妄想为主，以被害妄想多见。其次为夸大、自罪、影响、钟情和嫉妒妄想等。妄想可单独存在，也可伴有以幻听为主的幻觉。情感障碍表面上不明显，智力通常不受影响。

偏执型精神分裂症患者的注意力和意志往往增强，尤其有被害妄想者为甚，患者警惕性高，多疑且敏感。在幻觉与妄想影响下，患者开始时保持沉默，以冷静的眼光观察周围动静，之后疑惑心情逐渐加重，可能发生积极的反抗。如反复向有关单位控诉或请求保护，严重时甚至发生伤人或杀人。患者可能感觉到已成为“众矢之的”，在自己已无力反抗的情况下，不得已采取消极的自伤或自杀行为。因而此型患者容易引起社会治安问题。

案例：

某学院一大二男生，自小寡言少语，很少有知心朋友，脾气暴躁，一年前父亲因公伤去世，女朋友也跟他分手，他开始出现失眠、呆滞、郁郁寡欢，经常说“我活不了几天了，我有罪。”听到汽车的声音就害怕，听到别人大声讲话也恐慌，见到学校穿制服的保安就说“我有罪”，回到家就问家人：“公安局的人和你们谈过话吗？怎么我想的事情他们都知道？”而且还时时侧耳倾听“地球的隆隆响声”，看见小汽车就恐惧地问别人：“是不是来逮捕我的？”患者记忆力无障碍，只是孤独离群，生活懒散，时而恐惧，时而自言自语的笑，凝神倾听。一次突然对着电风扇下跪，说电风扇里有一个男子责骂他是“叛徒和内奸”，认为自己脑子里想的事情都被别人知道了。“监视器就是邻居家的电视机”。问患者为什么时哭时笑？患者回答：“我脑子被一死者控制，我哭笑不受自己支配。”这个案例就是典型的偏执型精神分裂症。

偏执是一种在病理基础上产生的歪曲的观念、错误的推理和判断，并且坚信不疑。这是种病态的偏执观念，是一种毫无现实根据的、凭空出现的推理与判断，与其文化教养和社会阅历不相吻合。因为患者固执地坚持自己的错误判断，表现出严重的思维障碍，已成为一个极端的“观念固执”的人，属于一种病态。因此，也不能用说理和教育方法来矫正其错误观念。患者患病初期表现为多疑、敏感，怀疑有人在背后议论自己或不信任自己。这种多疑逐渐演化为关系妄想。患者总觉得周围发生的一切都与自己有关，如别人咳嗽是向他传递信号或侮辱他；别人聊天是在议论他；甚至广播、电视、报纸上的消息也是针对他的。此后，关系妄想涉及的内容越来越广，进而形成被害妄想、嫉妒妄想等。

偏执型精神分裂症患者会出现意志增强的行为障碍，千方百计、固执地为达到在正常人看来毫无意义和无价值的目的而努力。例如：有被害妄想的人处处设防，四处控告，认为有人想害他，为此千辛万苦也在所不辞；有疑病妄想的人则四处求医，四处诊查，不查出病来不罢休；有发明妄想的人，则夜以继日、废寝忘食地进行毫无意义的所谓“发明”活动；有些患者会出现影响妄想，认为自己的思想或行为是被“计算机”“无线电”“雷达”“催眠术”控制着。有的患者则出现夸大妄想，坚信自己有很高的职位，有至高无上的权力，是“玉皇大帝”“真龙天子”“高级干部”或“名人后代”等；或者认为自己有惊人的才能，是高级研究人员，获得过国家级科学大奖，甚至发明了某种新的仪器，创立了新理论；或者认为自己是大富翁，拥有大量的财富。夸大的内容多种多样，不明真相的人或不知道这方面知识的人还会以为他是在“吹牛”，实质却是一种病态的思维，是精神分裂症的表现。

对妄想型精神分裂症患者，必须就医治疗，并辅以心理调适，如采用文娱疗法，让其参加文娱活动；音乐疗法，让其听合适的音乐；体育疗法，让其参加适当的体育运动；作业疗法，让其做一些力所能及的手工作业。通过这些活动，把患者的兴趣和注意力转向其他方面，对改善患者的病态症状、提高社会适应能力有很好的效果。

2. 青春型精神分裂症

青春型精神分裂症又称紊乱型或解体型精神分裂症，以言语行为和情感的紊乱为主。表现为幻觉丰富、内容生动、妄想荒谬离奇、人格解体、象征性思维、情感多变、行为幼稚、怪异或冲动。病情发展较快，症状显著，内容荒谬，虽可缓解，预后较差，容易复发。其临床表现是：

(1) 多发于 15～25 岁，男女性无明显差别。

(2) 起病较急，病情发展较快，症状丰富多变。

(3) 典型患者病前性格为腼腆，过分害羞、孤独、内向，但也有例外。

(4) 表现为思维破裂不连贯，言语零乱无序，联想结构松散，可能伴有重复、模仿言语。

(5) 情感明显不适当和肤浅，常常伴有傻笑或自我陶醉式的微笑，或冲动激越，或喜欢独处，常常有食欲或性欲的亢奋，或意向倒错。

(6) 行为缺乏目的性，不可预测，常常表现为幼稚、愚蠢、戏谑及恶作剧。

(7) 会出现片段性转瞬即逝的妄想和幻觉，部分病例对宗教、哲学和其他抽象主题一知半解或表述零乱，常常不能与之进行有效的交流。

(8) 可能出现语词新作等令人难以理解的文字表达。

(9) 急性期常常严重影响患者的日常生活，如不能自我料理洗漱、更衣或进食。各种社会功能均明显受损。

(10) 各种神经心理及认知测试不能配合执行。

(11) 常常为持续病程，无缓解完全的间歇期。

(12) 预后一般不佳，常常迅速发展至以情感淡漠或意志缺乏、行为驱动力丧失等症状为主的慢性期。

青春期精神分裂症属于重性精神疾病，其病情的发展有一个由轻至重的过程，其中会有许多异常行为出现，所以重要的是必须及时给予治疗，以免病情加重。在治疗上以药物为主，辅以心理治疗。药物可有效地控制言语和行为混乱，配以心理治疗促进患者的抗病能力，帮助恢复自知力，使异常心理状态向正常状态转化，恢复正常的学习和工作能力。

3. 单纯型精神分裂症

单纯型精神分裂症又称为隐潜性精神分裂症，以缓慢呈现的思维贫乏、情感淡漠、意志缺乏及社会性退缩等症状为主。其主要临床表现为：

(1) 发病年龄较早，多为少年期起病。

(2) 难以发现确切的起病时间，发展缓慢，病情自动缓解者少。

(3) 病前性格多为内向，不合群，孤僻少语，行为被动，较懒散。

(4) 早期可能出现类似神经衰弱的病状，如：倦怠、乏力、失眠、注意力难以集中、学习效率下降等。

(5) 有的表现为怯懦，回避社会交往，学业每况愈下，生活料理需要人督促，和家人也缺乏交流。

(6) 从未出现过明显的妄想、幻觉及阳性形式的思维障碍，很少有冲动、激越等表现。

(7) 有的会出现收藏行为，拾破烂，食不洁物品，与家境及身世极不相称。

(8) 常出现犹豫不决，不知所措的矛盾意向；也可能离家出走，毫无目的地游荡。

(9) 常常表现为显著的丧失兴趣，懒散、情感迟钝、意志丧失、言语思维贫乏和社会性退缩。

单纯型精神分裂症大多发病于少年时期，起病较缓慢，发病诱因不明显，最初不易被人发现。但是一旦被发现有病，病情往往已发展到比较严重的阶段。这类患者很少出现幻觉、妄想和紧张症状，自知力没有丧失，因此属于轻型的精神分裂症。

本病除了药物治疗以外，心理治疗也很必要。此外，给患者创造良好的家庭生活环境、学习环境，减少或者避免精神刺激十分重要。最容易治疗好的患者是得到很好的照顾、有良好的生活环境和人际关系的患者。其次，还必须帮助患者克服性格上的弱点，锻炼他们的意志力和自我控制能力。

(四) 反应性精神病

反应性精神病在大学生中时有发生。它不属于精神分裂症，但是由于在大学生中比较常见，因而，在此也给大家简单介绍。

反应性精神病又称心因性精神病，是由于急剧的或持久的精神刺激所致的精神异常。如亲人意外死亡；遭受意想不到的屈辱而导致情感倒错；当哭而笑或突然昏倒、休克，醒后胡言乱语；哭笑无常等即属于反应性精神病。其症状常常反映精神刺激的内容，消除精神刺激后病情很快好转。

反应性精神病主要有以下表现：

(1) 起病的时间与精神刺激密切相关。

(2) 精神症状在内容上围绕创伤性体验，往往主动倾诉自己的不幸遭遇或委屈、怨恨，以求得周围人的支持。

(3) 根据精神创伤作用方式和个体不同的人格特点，临床上常有不同的表现：

反应性兴奋状态：常在急剧的精神刺激下突然发病，哭笑无常、言语错乱、打人毁物；亦可出现意识模糊、紧张恐惧，并可有幻觉、错觉等体验。

反应性抑郁症：情绪低落、唉声叹气、焦虑烦闷、自责自卑，甚至产生自杀意念或行为；对精神创伤的内容不因时过境迁而冲淡，常常触景生情、伤心落泪；入睡困难，常常做噩梦并惊醒，自感疲乏无力。

反应性木僵：表情呆滞，僵住不动，毫无情感反应，常常在受到巨大打击后发病，一般时间较短暂，继而恢复正常或转入意识模糊状态。

心因性妄想症：产生与精神因素有关的猜疑，如感到被人议论、跟踪、监视、迫害等。可出现心因性幻觉和错觉。患者的环境适应还好，具有生动的情感体验，怀疑的内容和对象围绕精神创伤体验，但无泛化的倾向。

(4) 精神因素消除后，或者脱离精神创伤的境遇后，症状可以迅速缓解。

(5) 心理治疗一般可收到良好的效果。

此种疾病容易引起意外伤害，因而要注意防范。一般预后良好。

第三节　善于求助——心理咨询

目前，已有相当一部分高校设有心理咨询中心或类似机构，大学生对心理咨询师也不再陌生。但是，什么是心理咨询？和我们的心理健康是什么关系？心理咨询师是怎样维护我们心理健康的？这些问题，并不是每个大学生都很清楚。本节将对心理咨询的相关问题进行介绍，以帮助我们澄清对心理咨询的模糊认识，及时求得心理咨询师的帮助，使我们的心理健康水平不断提高。

一、对心理咨询的认识

(一) 什么是心理咨询

心理咨询的发展虽有近百年的历史，但至今有关心理咨询的定义仍众说纷纭。对心理咨询的各种解释往往随着咨询理论流派和专业特长等的不同而存在很大差异，但其内涵具有某些共同的特征。对各位专家的观点进行综合，我们认为，以下定义概括了心理咨询的本质特征。

心理咨询是心理咨询师运用心理学的原理和方法，帮助求助者解决各类心理问题的过程。

上述定义包含了以下要点：

第一，心理咨询的参与者有两类人：心理咨询师和求助者。心理咨询师是受过专门训练，并取得国家心理咨询师职业资格的专业人员。不具备心理咨询师职业资格的人员不能从事心理咨询。求助者则是存在各种各样的心理问题，并自愿得到心理咨询师的帮助的人。有些人即使有心理问题，但本人没有求助愿望，他们也不是求助者，不能成为心理咨询的对象。

第二，心理咨询要解决的问题：求助者的心理问题。尽管这些心理问题的解决会带来求助者行为的变化，为现实问题的解决提供帮助，但是心理咨询并不直接解决求助者现实生活中的实际问题。

第三，咨询关系是“求”和“帮”的关系，心理咨询师是心理问题解决的帮助者，对求助者只起一种协助、指导的作用，整个咨询过程都是求助者在咨询师的帮助下，积极主动地自我解决心理问题的过程。

第四，心理咨询师解决心理问题，使用的是心理学理论和方法，而不是药物或其他方法。

(二) 什么是心理治疗

心理治疗是不同于心理咨询的心理帮助活动，有着浓厚的临床色彩。心理治疗是指在良好的治疗关系基础上，由经过专业训练的治疗者运用心理治疗的有关理论和技术，对求助者进行帮助的过程，以消除或缓解求助者的问题或障碍，促进其人格向健康、协调的方向发展。心理治疗是对存在心理障碍者的心理帮助，包括心理疾病、心身疾病及其他各类心理障碍，重点是去除障碍和不适。心理治疗的对象属于患有某种心理疾病、为此痛苦不堪并影响了正常生活与学习的大学生。其目的是通过系统的心理治疗，克服障碍，缓解症状，恢复心理平衡。

(三) 心理咨询与心理治疗的区别

心理咨询与心理治疗的区别主要有以下三个方面。

(1) 工作对象不同：心理咨询主要是面对在社会生活中产生心理问题的正常人，而心理治疗主要以有人格障碍、神经症精神疾病等心理障碍的患者为主要对象。

(2) 工作内容不同：心理咨询着重处理的是常人在现实生活中遇到的适应和发展问题，如人际、情感、家庭环境适应、职业选择、职业生涯等问题，而心理治疗的适应范围主要是某些神经症、人格及行为障碍、精神疾病等问题。

(3) 从业人员不同：从事心理咨询的主要是心理学专业工作者和社会工作者等。从事心理治疗的多是有医学特别是有精神医学方面知识的临床心理学家和精神科大夫。2013 年 5 月 1 日，《中华人民共和国精神卫生法》正式颁布实施，对心理障碍和精神障碍的诊断与治疗资格做出了规定，规定各类精神障碍的诊断与治疗应由精神科执业医生做出，心理咨询人员不得从事心理治疗或者精神障碍的诊断与治疗。

(四) 心理咨询的对象和作用

1. 心理咨询的对象

心理咨询的主要对象可分为三大类：

一是精神正常，但遇到了与心理有关的现实问题并请求帮助的人群。

二是精神正常，但心理健康出现问题并请求帮助的人群。

三是特殊对象，即临床治愈的精神疾病患者。

其中，心理咨询最一般、最主要的对象是健康人群，或者是存在心理问题的亚健康人群，而不是人们通常误解的“病态人群”。病态人群例如：精神分裂症、躁狂等患者是精神科医生的工作对象。健康人群会面对许多婚姻家庭、择业、亲子关系、子女教育、人际关系、学习、恋爱、性心理、自我发展、焦虑、抑郁、压力应对等问题，他们会期待做出理想的选择，顺利地度过人生的各个阶段，求得内心平衡，以及自身能力的最大限度发挥和寻求良好的生活质量。这时他们就可以寻求心理咨询的帮助。

2. 心理咨询的作用

心理咨询的终极目的是助人自助。它是一门使人愉快和成长的科学。这里的成长，是心理学意义上的人格成长，它含有心理成熟、增强自主性和自我完善的意思。心理咨询的作用主要有以下几个方面：

(1) 建立新的人际关系。在咨询过程中，求助者可以直抒胸臆，不必过虑。因为他们的冒失举止不会遭到非议。在咨询中，他们的过激言行和冷淡的情绪反应，心理咨询师常常会用积极的态度去回应，促进求助者做出新的建设性的积极反应，并成功地运用于其他人际交往中。

(2) 认识内部冲突。心理咨询师帮助求助者认识到，大部分心理困扰是源自自己尚未解决的内部冲突，而不是源自外界，外部环境不过是一个舞台，内部冲突是舞台上的主角。

(3) 纠正错误观念。求助者通常确信他们十分清楚自己需要什么和在干什么，而实际上并非如此，他们以种种非理性观念自我欺骗。心理咨询促进他们对自己的错误观念进行认真思考，代之以更合理的理性观念。

(4) 深化求助者的自我意识。心理咨询师引导求助者进行自我探索。当人们真正认识了自己时，他们也就认识了自己的需要、价值观、态度、动机、长处和短处。他们一旦认识自己，就可以比较客观地规划自己的人生。

(5) 学会面对现实。求助者一般比较过多地回味过去，计划未来，而常常逃避现实，以此来减缓自己的焦虑，同时总是按照自己的愿望摆布现实，希望能得到周围人的支持和肯定。咨询师引导求助者回到现实中来，树立敢于面对现实的勇气和信心。

(6) 增加心理自由度。大多数求助者至少在一个相当重要的方面缺乏心理自由度，心理咨询师协助他们给自己的心理更大自由的机会，接受矛盾和不完美。

(7) 帮助求助者做出新的有效行动。只有使求助者的欲望合理化，行动理智化，才能减少他们内心的烦恼。求助者心理障碍的症结往往不是控制不住自己的欲望，而是不能通过有效的行动去改变或满足自己的欲望。所有咨询师的工作就是让求助者用合理的行动去缓解或解除烦恼。

二、高职院校的心理咨询

(一) 高职院校心理咨询的主要内容

高职大学生心理咨询主要内容涉及学业问题、人际关系问题、恋爱与性问题、个性问题、情绪问题、个人发展前途问题、就业问题等，概括起来有四大方面。

1. 以心理发展为中心的咨询内容

在人生的发展历程中，人人都会因为成长而不断遭遇各种冲突和困扰。对于成长迅速的大学生来讲更是如此。寻求发展咨询的目的是为了更好地认识自己，扬长避短，开发潜能，提高学习、工作和生活的质量，追求更完善的发展。这方面的内容包括：大学生的心理特点、大学生的学习目标、大学生的能力训练、大学生的情绪指导、大学生的个性塑造等。

学校心理咨询中心所做的工作几乎都是与心理发展咨询相关的。

2. 以校园适应为中心的咨询内容

这方面的内容包括：大学新生入学适应的心理问题、大学生学习的心理机制与帮助策略、大学生不良学习方法的纠正、考试焦虑的分析与排解、引导大学生正确与异性交往、大学生人际冲突的妥善处理、大学生人际交往的技巧等。这些问题都是大学生活适应中遇到的问题，产生这些问题的大学生心理基本上是健康的，决不能给其贴上“精神病”的标签。这些问题，不去寻求咨询也同样可以自行解决，但是解决的速度往往比较慢，甚至在自己的心理成长上积累下一些负面的因素。如果遇到这类问题的大学生能够主动地寻求咨询，在心理咨询师的引导下认清问题的性质，发现导致问题出现的症结，尝试新的行为方式，体验新方式带给自己的变化，促进新的适应行为的产生，往往能给来访者带来更快更大的变化。

3. 以升学就业指导为中心的咨询内容

这方面的内容包括：升学就业前的综合心理调整、学生能力性格与职业兴趣的评估、毕业求职的技能技巧等。就业咨询已经逐渐发展成为一项专业服务，劳动部设有职业指导师认证和培训，促进了职业规划、就业指导科学化。通过积极参加职业生涯规划、就业咨询，提高在人才市场的竞争力，不仅仅是高年级毕业生的问题，甚至也是大学新生的问题。

4. 以心理问题处理为中心的咨询内容

这方面的内容包括：大学生常见的心理问题、大学生学校适应不良的心理调整、大学生行为问题(不良生活习惯、品行障碍等)的矫正干预、大学生神经症倾向(焦虑症、强迫症、恐惧症、抑郁症、疑病症等)的矫正干预、大学生性心理问题(过度手淫、性认同障碍、恋物倾向等)的矫正干预、大学生人格障碍(反社会型人格、偏执型人格、分裂型人格、强迫型人格等)的矫正干预等。这类咨询的对象中，有些有不同程度的心理障碍或患有某种心理疾病，为此苦不堪言，影响了学习、工作和生活。咨询的目的就是通过系统的心理治疗，帮助来访者克服障碍，缓解症状，恢复心理平静。例如：焦虑性神经症、严重神经衰弱等。对于这部分学生来讲，千万不能讳疾忌医，使问题变得越来越严重，影响学习，影响生活质量。

(二) 高职院校心理咨询的方式

高职院校常用的心理咨询方式有以下几种：

1. 直接咨询

直接咨询是由学校心理咨询人员对具有心理疑难需要帮助、存有心理困扰需要排解或患有轻微心理疾病需要治疗的来访学生直接进行的咨询。直接咨询的特点是通过咨询师与求助者的直接交往和相互作用，使求助者的疑难问题得到解决，心理困扰或轻微心理疾患逐渐得到排解或减轻。

2. 间接咨询

间接咨询是由学校心理咨询人员对来访的教师、学校行政人员、学生家长所反映的当事学生的心理问题进行的咨询。间接咨询的特点是在咨询者与当事学生之间增加了一道中转媒介，当事学生的问题靠中转人向咨询者介绍，咨询者对当事学生的处理意见可以靠中转人权衡后付诸实施。

3. 个别咨询

个别咨询是学校心理咨询最常用的形式。所谓个别咨询，指的是咨询者与求助者一对一的咨询活动。这种咨询活动既可以采用面谈的方式，也可以通过电话、信函等其他途径进行。个别咨询具有保密、易于交流、触及问题深刻、便于个案积累和因人制宜等优点，但这种咨询形式也有费时和社会影响较小等不足。

4. 团体咨询

团体咨询与个别咨询是相对而言的。当具有同类问题的求助者被咨询人员分成若干小组或较大的团体，进行共同商讨、指导或矫治时，这种咨询形式便称为团体咨询。团体咨询较之于个别咨询，在节省咨询的人力和时间、扩大咨询的社会影响、集中解决学生中一些共同的和比较迫切的心理问题方面具有很大的优越性。团体心理咨询对于帮助那些具有害羞、孤独等人际交往障碍的学生具有特殊的功效。

5. 通信咨询

由学校心理咨询机构以通信方式对求助学生提出的心理问题给予解答、指导的咨询形式称为通信咨询。通信咨询的优点是不受居住条件限制，有问题者能随时通过信件诉说自己的苦恼或愿望，对于那些不善口头表达或较为拘谨的求助者来说，通信咨询的优点更是显而易见的。不过，通信咨询也有一些不足之处。一方面，通信咨询的效果受求助者的书面表达能力、理解能力和个性特点的影响。另一方面，通信咨询还具有往返周期长、咨询双方的非语言交流受到限制、咨询帮助浮于表面和不够灵活等缺点。

6. 电话咨询

电话咨询是利用通信的方式对求助者给予忠告、劝慰或对知情人进行危机处置指导的一种咨询形式。这种咨询形式一般用于紧急情况的处理。例如：某个学生由于极度紧张、恐惧或孤独、抑郁而产生轻生的想法，这时可以利用电话咨询首先稳住危机者的情绪，或指导教师家长等知情人做好危机者的监护工作，然后组织有关咨询人员赶赴现场，对危机者的问题进行妥善处理。目前国外的许多国家已设置了电话咨询的专用线路，用于心理危机的紧急干预和自杀的防治。由于电话咨询对具有心理危机或自杀意念的人可以起到缓冲、防范和指导的作用，因而许多人热情地称颂这种专线咨询电话为“温暖线”“希望线”“生命线”。

7. 现场咨询

现场咨询是咨询机构的专职人员深入到基层学校或学生家庭，为广大求助者提供多方面咨询的一种形式。比如：在学生高考复习期间、在升学指导方面，组织专职咨询人员开展巡回咨询现场咨询，以满足基层学校广大师生和家长的现实需求，着力解决学生的适应问题，在咨询中解决学生的心理评估和指导问题，效果是很好的。

8. 门诊咨询

门诊咨询是指由学校开设的心理咨询门诊。门诊咨询的特点是通过咨询医生和求助者的会谈活动，搞清求助者的问题症结或心理疾病本质，做出准确的病情判断，并施以相应的心理治疗。门诊咨询对咨询医生有较高的要求。咨询医生不仅应具备一般的临床知识和经验，而且还要具备比较全面的心理学知识和心理咨询、心理治疗的专门技能。

(三) 高职院校心理咨询的原则

咨询原则是咨询工作中应遵循的基本要求。高职院校心理咨询遵循的基本工作原则有以下几方面。

1. 保密性原则

保密是心理咨询中最重要的一条原则，是咨访双方建立信任的基础。保密原则要求心理咨询者为来访者保守秘密，尊重来访者的个人隐私，不应把来访者的具体信息告知他人。但是保密也不是绝对的，当存在危及来访者的生命或危及他人生命的严重情况时，必须考虑保密例外，即根据具体情况与有关人员沟通，采取必要的干预措施，以防不测。

2. 主体性原则

来访者既是心理咨询的对象，同时又是咨询的主体。心理咨询者主要是协助来访者进行自我探索，自我解决问题。咨询者在咨询过程中充当着“协助者”“推动者”的角色，而不是“救世主”的角色，应尊重每一个来访者的人格和其独特性。

3. 发展性原则

发展性原则是指在咨询过程中，咨询者要以发展的观点来看待来访者的问题，不论是对问题的分析或本质的把握，还是对问题的解决和咨询结果的预测，都应坚持发展的观点。大学生的问题大多处在发展变化过程中，咨访双方都不应把问题“看死了”。发展性咨询的目的不仅在于了解来访者已有的发展历程和发展结果，更重要的还在于提示来访者今后发展的可能性和发展方向。

维护心理健康应广泛进行心理卫生知识的宣传普及工作，使心理求助观念深入人心，以保障绝大多数大学生的心理健康。此外，还应针对大学生常见的心理问题进行分析研究、探索并把握大学生各种常见的心理问题发生、发展的一般规律和治疗方法，促进大学生常见的心理问题的早期发现和早期解决。

心理咨询原则的制定目的就是保障来访者的权益，使大学生能够在心理咨询室这个安全的环境里，敞开心扉，在心理咨询师的帮助下妥善处理自己的心理困扰。

思考与收获

1. 心理咨询的作用和意义是什么？心理咨询的最终目标是什么？
2. 大学生常见的心理问题有哪些？如何正确对待？
3. 当你遇到心理问题的时候，会借助什么方式去缓解和解决？
4. 什么情况下，需要接受心理咨询？

心理训练

一、焦虑自评量表(SAS)

焦虑自评量表适用于有焦虑症状的成年人，具有广泛的应用性。近年来SAS成为咨询门诊中了解焦虑症状的自评工具。

请仔细阅读表10-1所列的20条，然后根据您最近一周的实际感觉，在适当的格内打“√”。(注意带有*号的项目评分顺序是反向的)

表10-1　焦虑自评表(SAS)

项　　目	偶或无	有时	经常	持续
1. 我觉得比平常容易紧张和着急。	1	2	3	4
2. 我无缘无故地感到害怕。	1	2	3	4
3. 我容易心里烦乱或觉得惊恐。	1	2	3	4
4. 我觉得我可能将要发疯。	1	2	3	4
5. 我觉得一切都很好，也不会发生什么不幸。*	4	3	2	1
6. 我手脚发抖打战。	1	2	3	4
7. 我因为头痛，头颈痛和背痛而苦恼。	1	2	3	4
8. 我感觉容易衰弱和疲乏。	1	2	3	4
9. 我觉得心平气和，并且容易安静坐着。*	4	3	2	1
10. 我觉得心跳得很快。	1	2	3	4
11. 我因为一阵阵头晕而苦恼。	1	2	3	4
12. 我有晕倒的经历或觉得要晕倒似的。	1	2	3	4
13. 我呼气吸气都感到很容易。*	4	3	2	1
14. 我手脚麻木和刺痛。	1	2	3	4
15. 我因为胃痛和消化不良而苦恼。	1	2	3	4
16. 我常常有小便的感觉。	1	2	3	4
17. 我的手常常是干燥温暖的。*	4	3	2	1
18. 我脸红发热。	1	2	3	4
19. 我容易入睡并且一夜睡得很好。*	4	3	2	1
20. 我做噩梦。	1	2	3	4
总分：(　　) 标准分 = 总分 × 1.25 = (　　　)				

说明：选完后，请将各项分数相加，得到总粗分，再乘以1.25，取整数部分转换为标准分。按照中国常模结果，SAS标准分的分界值为50分，分数越高越严重。其中50～59

分为轻度焦虑，60～69 分为中度焦虑，70 分以上为重度焦虑。如果您的分数超过了分界值，请将填妥的表交给心理健康老师一同讨论，这对进一步判断您的情况会有帮助。

(以上测试仅供参考)

二、抑郁自评量表(SDS)

抑郁自评量表原型是 Zung 抑郁量表(1965)，含有 20 个项目，分为 4 级评分。其特点是使用简便，并能相当直观地反映抑郁患者的主观感受。主要适用于具有抑郁症状的成年人。

请仔细阅读表 10-2 所列的 20 条，然后根据您最近一星期的实际感觉，在适当的格内打“√”。注意带有*号的项目评分顺序是反向的。

表 10-2　抑郁自评量表(SDS)

项　目	偶或无	有时	经常	持续
1. 我感到情绪沮丧，郁闷。	1	2	3	4
2. 我感到早晨心情最好。*	4	3	2	1
3. 我要哭或想哭。	1	2	3	4
4. 我夜间睡眠不好。	1	2	3	4
5. 我吃饭像平时一样多。*	4	3	2	1
6. 我的性功能正常。*	4	3	2	1
7. 我感到体重减轻。	1	2	3	4
8. 我为便秘而烦恼。	1	2	3	4
9. 我的心跳比平时快。	1	2	3	4
10. 我无故感到疲劳。	1	2	3	4
11. 我的头脑像往常一样清楚。*	4	3	2	1
12. 我做事情像平时一样不感到困难。*	4	3	2	1
13. 我坐卧不安，难以保持平静。	1	2	3	4
14. 我对未来感到有希望。*	4	3	2	1
15. 我比平时更容易激怒。	1	2	3	4
16. 我觉得决定什么事很容易。*	4	3	2	1
17. 我感到自己是有用的和不可缺少的人。*	4	3	2	1
18. 我的生活很有意义。*	4	3	2	1
19. 假若我死了别人会过得更好。	1	2	3	4
20. 我仍旧喜爱自己平时喜爱的东西。*	4	3	2	1
总分：(　　) 标准分 = 总分 × 1.25 = (　　)				

说明：选完后，请将各项分数相加，得到总粗分，再乘以 1.25，取整数部分转换为标准分。按照中国常模结果，SDS 标准分的分界值为 50 分，分数越高越严重。50 分以上者

有抑郁症的可能。如果您的标准分超过了分界值，请您将填妥的表交给心理健康老师一同讨论，这对进一步判断您的情况会有帮助。

(以上测试仅供参考)

第十一章　生命就是希望

——珍爱生命及危机干预

❖ 名人名言 ❖

世界上只有一种英雄主义，那就是了解生命而且热爱生命的人。

——罗曼·罗兰

❖ 心灵测试 ❖

请仔细阅读表 11-1 中的每道题，选择符合你的答案。

表 11-1　对生活态度的测量表

序号	项　　目	选项	
1	我对未来充满希望和热情。	符合	不符合
2	当事情变造糟时，我知道不会一直这样，心情就会好转。	符合	不符合
3	我不能想象今后的十年中，我的生活会是什么样子。	符合	不符合
4	我预料我最关心的事情能够成功。	符合	不符合
5	我运气不佳，也不相信会有好运。	符合	不符合
6	我过去的经历已为我的将来打下良好的基础。	符合	不符合
7	当我展望未来时，我预想会比现在幸福。	符合	不符合
8	我从未得到我想得到的东西。	符合	不符合
9	将来我不可能获得真正满意的生活。	符合	不符合
10	对我来说，前途渺茫，捉摸不定。	符合	不符合
11	我想，将来好的时候会多于坏的时候。	符合	不符合
12	追求自己想要的东西是徒劳的，因为很少有可能得到它。	符合	不符合

测试说明：

3、5、8、9、10、12 选“符合”得 1 分，选“不符合”得 0 分；

1、2、4、6、7、11 选“符合”得 0 分，选“不符合”得 1 分。

得分≤6 分，表明你对生活充满希望和信心；

得分为 7～12 分，表明你对生活有轻度无望感；

得分为 13～20 分，表明你对生活有重度无望感，甚至有自杀意愿，应立即寻求心理援助。

第一节 认识生命

案例：

为了学生，她迎着危险冲了上去！

张丽莉是佳木斯市第十九中学初三三班的语文老师，由于学校校舍装修，初三学年的学生在佳木斯市第四中学借用校舍上课。为了方便学生上下学，学校找来大客车接送学生。5月8日晚8时38分，下晚自习的学生走出校园，在佳木斯市胜利路第四中学门前，一辆大客车正等待着放学的学生。

据大客车司机肖某某交代，在等待时，他在驾驶位和别人有交接东西的行为，导致腿部绊到了制动杆，从而使大客车冲向了刚刚走出校园的学生。

“当时肇事的那辆客车冲出去三四十米，张老师向前一扑，用手将车前一名已经吓傻的学生推到一边，又用屁股将旁边的一名学生顶到了一边，她自己却被猛冲过来的客车撞倒在地。”在事故中受伤的学生小孙讲述了当时的情况，和小孙一样，还有 4 位同学也在事故中受伤，幸运的是他们都没有大碍。

“张丽莉老师当时面对着车，离学生有 1 米多远，如果想躲，闪一下就行了。”十九中初三七班班主任李金茹说。

然而，张老师并没有选择躲避，为了学生，她迎着危险冲了上去。

经多名专家联合会诊和全面检查后，医院初步诊断张丽莉为双下肢碾轧、失血性休克、骶骨骨折、双上肢及双手碾轧伤，生命垂危。5月8日23时30分，当地医护人员历时5个半小时为她实施了“急诊双下肢高位截肢术”。

要多勇敢才能在飞驰的车前冲上前，心里要多有力量，才敢以自己的命和死神做交易换孩子。既是最美的老师，也是心灵最强大的人。

生命是最为奇妙、最富魅力的自然现象，是一切生物得以存在的根本前提，世间一切都围绕着生命而展开，世界正是因为有了生命才精彩。

每个人都拥有生命，但并非每个人都珍惜生命、懂得生命的真谛。近年来，大学生因心理疾病、精神障碍等原因不惜伤害自己的案例时有发生。他们的心理危机是由学业、就业、恋爱等诸多原因引起的个体心理状态的严重失衡。心理危机发生后，常表现为激烈的心理冲突、精神失常等严重的心理障碍和行为异常，甚至是自杀、他杀等。我们希望通过生命教育帮助大学生确立科学、正确、完整的生命意识，帮助他们在遇到人生困境时仍然不失对生命应有的热爱、尊重与珍惜之情。同时，希望让更多的大学生因为了解了有关危机干预和自杀预防的知识及策略而帮助自己与他人走出人生困境，迈向生命的新阶段。

一、正确认识生命

（一）生命诞生之难

生命是古老的，它在 32 亿年前就已经落户在地球上了。生命是神奇的，以至于“我们对自身的了解，甚至不及对自然宇宙了解的多”。生命形式是多种多样的，有能自由移动的动物，有终生固守的植物，有在海洋中遨游的鱼虾，有在天空飞翔的禽鸟，也有像人类一样在陆地生存的大量陆生动物。

关于地球生命的诞生，有各种假说。神创说认为生命是由上帝或神创造的，在中世纪的西方，《圣经》上描绘的上帝，在七天之内造就万物之说非常流行。自然发生说认为生命是由无生命物质自然发生的。这些关于生命起源的假说多出于臆测，已被多数人所否定。当代最被人们接受的假说一是宇宙胚胎说，二是化学进化说。宇宙胚胎说和化学进化说比较，后者更有科学价值。因为，即使宇宙胚胎说是正确的，那么，它也只是回答了地球生命的来源之一，没有回答宇宙中的最初生命是怎么诞生的问题。而化学进化说则从根本上说明了生命诞生的条件和过程。

关于宇宙中生命的诞生问题，人类还在进行着不懈地研究与探索。对此，有人感兴趣，也有人不那么感兴趣。但是，当你因为生活中的困难否定自己、放弃自己的时候，你便需要对自己的诞生，对生命有更清晰深刻的认识。从哲学的角度看待这个问题，地球生命需要“万亿个”巧合才能够在这个世界诞生，而人类才能获得进化和繁衍的机会；从生物角度看，如果你父母没有相遇、如果他们选择的是别人、如果是另一颗精子或另一颗卵子战胜了你，你还会出生吗？所有的一切都为了你在这个世界上诞生，所以我们又有什么理由不珍惜所拥有的一切，而遇到一点点困难挫折就自暴自弃呢？

(二) 生命的美好

伸出自己的双手，要创造出比人类的双手更为灵活、有用的工具真不是件容易的事情。感受自己的心跳，自生命还在母亲身体中孕育，它就一直以每分钟约 70 次的速率在跳动。如果你现在是 18 岁，那它已经跳动了 6.75 亿次。你不必刻意做什么，便可以毫不费力地吸进空气，自己的身体无须任何帮助或指导就能够从中汲取成长所需的养分，使各个部分立刻奇妙地运作起来，然后自主、自在地去发现、体验、创造生命的美好。

(三) 生命的宝贵

生命是人生最宝贵的东西，只有生命存在，才会有人的其他价值的创造和实现。生命的宝贵是由生命的特性决定的。

第一，生命的不可替代性。日本学者池田大作指出：“生命是有尊严的，就是说，它没有任何等价物，任何东西都不能代替它。”

第二，生命的不可逆性。自胚胎起，生命便一直生长、发育，直到衰老死亡。所谓“返老还童” 绝非现实。

第三，生命的不可再生性。生命，对任何人来说都只有一次，失去了就不可复得。人们常说，“人死不得复生”，便道出了这个真理。

第四，生命的不可转换性。生命为个体所私有，相互不得交换，彼此不可替代。

第五，生命的基础性。没有了生命的存在就不会有社会的发展以及人类所有的活动。生命的价值要求我们必须热爱生命、珍惜生命，爱护和尊重自己及他人的生命，与我们周围的自然生态环境和谐相处。

(四) 生命的独特

人类是地球上最高生命形式，每个人都是独一无二的。这种独特性突出表现在，与其他动物、植物、微生物等生命相比，人类的生命最具有智慧。人可以利用自己的智慧来改造自然和利用自然。同时，人类生命的独特性更多地表现在，每个人都有独特的指纹，身体内的每一滴血液都携带着只属于自己的基因密码，以及个性品质、人生道路、实现人生价值的方式和途径的多样性。

(五) 生命的潜能

每一个生命都是经过选择的，都是具备成就生命所有的可能性而来到这个世界上的。我们天生都是有勇气和充满智慧的。真、善、美、正义和欢乐是人类的内在本性。人具有善良和良好发展的天然本性，人的本性是倾向于创造、具有建设性和需要与他人建立亲密的个人关系的。人天生就是充满智慧、勇气、仁慈和正义的，人天生节制而卓越。

然而，在生命的成长过程中，当我们遇到挫折、困境时，为了保护自己，让自己能够更好地生存下来，我们学会了不再那么勇敢、不再那么诚实。甚至在经历挫折后，我们不再相信自己的潜能。

(六) 生命的意义

人的本性是追求生命意义的，虽然人们追求的是快乐和幸福，但在追求快乐时，总是要寻找快乐的理由和原因。这就是为什么有人把获得金钱、权势当作最快乐的事，而有人把枯燥、乏味的科学研究当作最大的幸福。人类实际上所要求的最终不是幸福生活的本身，而是某种构成幸福生活的因素——快乐、幸福背后的意义。一旦幸福生活的理由和根据出现，幸福感就随之到来，快乐则是追求生命意义的副产品。如果遭遇挫折，则会让人感到生活无聊、内心空虚，找不到人生的希望，失去生活的意义。

人具有意志自由，即人能够通过自己的选择，战胜环境的限制，实现自己的理想和愿望。虽然免不了受环境的影响，但人在环境面前总会有一种采取自己立场的自由，选择自己对环境的态度，而不是被动地反映环境的要求。我们不能以命运或环境作为推脱责任的借口。所谓命运是自己的选择，它取决于人的精神态度，即使是面对许多看上去无法抗拒的命运力量，人仍然可以选择自己的立场。因此，命运就是通过你一生的努力，用掌握在你自己手中的一半，去获取上帝手中的另一半。

生命的意义因人而异，因时而异。我们所追求的不是抽象的生命意义，而是特定的人生使命或天职，即生命赋予我们的具体任务。每个人必须对自己的生命负责，然后在我们的信念中，在我们的学习、工作中，在我们所爱的人和事中，在我们体验到的世界上的真、善、美中，我们都可以发现生命的意义。即使在痛苦与绝望中，我们仍有机会发现生命最深刻的意义，即苦难的意义。

正是因为人具有意志自由，才能对生活进行态度上的选择，而不是被动地接受环境的支配。人有对意义的追求和意志的自由，因此，人们才可以赋予自己生命的不同意义。

二、自信承担生命

(一) 学习“敬畏生命”

德国哲学家海德格尔指出，物性的过分扩张就会导致人性的匮乏与生存危机。人们看到生存环境的巨大变化、物质生活的改善，带来的却是心灵的空虚、对生命诉求的漠视。人类的物质生命不断地改善、延长，而以生命内涵为核心的精神家园却被现代人抛弃了。在这样的背景下，大学生的情感、心灵和个性受到忽视，甚至被压抑，大学生知识的增长以情感的麻木和冷漠为代价，最终导致大学生对生命价值与意义的怀疑、虚幻与破灭。然而，生命具有尊严，生命值得敬畏。

德国人史怀哲一生在非洲丛林里行医 60 年，以博爱、悲悯之心救助了千千万万的患者。同时，他还以心灵、行为的崇高与纯粹创立了“敬畏生命”的伦理学。为了表彰他对人道事业与道德的献身。1953 年，诺贝尔奖评选委员会授予他“诺贝尔和平奖”。对他来说，善是保存生命、促进生命，使可发展的生命实现其最高的价值；恶则是毁灭生命，伤害生命，压制生命的发展。这是必然的、普遍的、绝对的伦理原理。

1915 年 9 月的一天，史怀哲乘船沿着奥戈维河逆流而上，去救助一位急症患者，正当他十分疲倦且沮丧时，一个新的词汇蓦然从脑海中闪现，那就是“敬畏生命”。事后，他这样写道：“这是我从未听过或读过的新词，我立刻意识到，它带来一个能解决一直折磨我的问题的解答。过去那套只关心我们与他人关系的价值系统是不完全的，所以会缺乏向善的原动力，只有立足于‘敬畏生命’这个观点，我们才能倾其所爱，与这个世界上的其他生命建立一种灵性的、人性的关系。”毫无疑问，史怀哲最激荡人类思想史的光环便是提出了“敬畏生命”的伦理学观点，“敬畏生命”的理念鼓荡起人内心所蕴含的承担命运的勇气、战胜磨难的力量和关爱他人的温情。

(二) 学会“感恩生命”

从遗传学的认识上来分析，所有高等生命的产生和延续都是以遗传物质——基因为链条，即以一种被称之为 DNA 的脱氧核糖核酸的蛋白质分子为基础，经过几十亿年的漫长进化历程，作为 DNA 这种至关重要的生命物质，从最为难以捕捉和确定的无限变化序列中，浓缩成为集中表现为智能生命活动特征的由父本和母本的遗传物质共同组成的“先天根据”。所以，作为人类，在他的感性和理性成熟的那一天起，就本能地认定他的生身父母(生命物质源)，是他心存“回报之情”的直接原因和内在根据。从生命存在的内在需求——营养、吸收的意义上看，阳光、空气、水和食物等一切可使生命持续存在和感觉良好的客观条件，也都成为人类生命在形成完善机能和发展能力过程中由 DNA 印记而认定的“第二父母”。因此，我们赖以生存的大自然，也是人类感恩的根源。

在识恩、知恩、感恩、报恩以至于施恩的过程中，呼吸系统、血液循环系统、消化系统和腺体活动都会处在最佳的状态：呼吸保持在 17～20 次/分；心跳正常，血管舒张；胃肠的蠕动和消化腺的分泌增加，消化与吸收旺盛。懂得感恩的人必将反应敏捷、动作灵活、身体健康、精力充沛，这充分体现了感恩的生理学基础。

同时，感恩与心理活动关系密切。人的心理健康形成系统，是一个能量运动系统。在这一系统中，个体与外部社会环境之间及其各自子系统内部，都在进行着精神能量的产生、交换和转移，并产生心理熵或心理负熵。诺贝尔奖获得者薛定锷曾认为：生物“要摆脱死亡，就是说要活着，唯一的办法就是从环境中不断地吸取负熵。有机体就是赖负熵为生的。或者更确切地说，新陈代谢中本质的东西，乃是使有机体成功地消除了当它自身活着的时候不得不产生的全部的熵。”心理熵，指与人类真善美目的相悖的精神污染，如负性的思想观念、知识信息、方式方法、情绪情感和言行举止等。心理负熵，指可用的积极的活性精神能量，即有利于人心理健康形成的所有知识信息、情绪情感、言行举止和方式方法等。个体或群体间互动过程能产生心理负熵，心存感恩，知足惜福，人与人、人与自然、人与社会才会变得和谐和亲切，我们自身也会因此变得愉快、充实而又充满幸福，这充分体现了感恩的心理学基础。

生命是相互依存的。作为单个的社会成员，我们生活在一个多层次的社会大环境中，处处享受着来自各方面的“恩赐”。人的一生，无论成败，都得到多方面的帮助，例如：父母的养育、老师的教诲、配偶的关爱、朋友的帮助、大自然的恩赐和时代的赋予等。因此，感恩不仅是一种良好的生存状态，一种美好的情感体验，更是生命中一种崇高的境界。

第二节　心理危机及干预策略

随着经济社会的快速发展和各方面竞争的日益加剧，由于学习、交往、就业、经济、疾病等多方面原因导致的大学生休学、退学、甚至自杀等极端心理危机事件不断增多，对他们的学习、生活和发展造成了严重影响。因此学会科学认识并正确处理危机已经成为大学生的必修课和生存的基本技能。

一、危机与危机干预

美国心理学家卡普兰从 1954 年开始对危机进行系统研究，1964 年提出了危机心理干预理论。他认为，心理危机是当个体面临突然或重大生活逆遇，如亲人死亡、婚姻破裂或天灾人祸等时所出现的心理失衡状态。他认为，每个人都在不断努力保持一种内心的稳定状态，使自身与环境相平衡、协调，当重大问题或变化发生使个体感到难以解决、难以把握时，平衡就会被打破，正常的生活受到干扰，内心的紧张不断积蓄，继而出现无所适从甚至思维和行为的紊乱，进入一种失衡状态，这就是危机状态。当个体面对危机时会产生一系列身心反应，一般反应会维持一周。

(一) 危机

危机可以是一种状态，也可以是一个或多个时间。是指人类个体或群体无法利用现有资源和惯常应对机制加以处理的事件和遭遇，是突如其来的，具有不确定性和严重后果的，必须在极短时间内做出关键决策来减少个人和组织损失的事件。如果不能得到很快控制和及时缓解，危机就会导致人们在认知、情感和行为上出现功能失调，进入一种心理失衡状态。

1. 大学生心理危机的类别

大学生心理危机大体可以分为四类。

一是发展性危机，指学生在个人生命发展阶段可能出现的危机，如求学与求业的问题、理想自我与现实自我的问题、环境与人际关系适应问题以及对生命价值和生活意义的感悟问题等。

二是情境性危机，是指生活中突然遭遇亲人离去、失恋、考试或干部竞选失败、暴力伤害或其他突发性意外事件等。

三是存在性危机，是指一些人生重要而根本问题(人生目的、意义、价值、责任等)的出现导致的个人内心的冲突和焦虑。

四是内心危机，是指潜意识中某种心理问题的爆发。

2. 大学生心理危机的特征

大学生心理危机日益普遍化、复杂化，其成因多元化和深层次化。具体说来，表现为如下三个特征。

一是个性与共性统一性。从一定意义上讲，心理危机是每个人成长过程中都会遇到的事件，它表明个体正在努力抗争，力求保持自身与环境间的平衡。成长性心理危机是不可避免的。然而，从来源上看，其来源可以是内部的，即个体生理和心理的变化和要求，这就具有个性特征。同时，心理危机的程度与生活事件的强度并不一定成正比，而更重要的取决于个体对生活事件的认识，以及个体的应对能力、既往经历和个性等。因此，它体现了个性与共性相统一的特征。

二是结果的不确定性。心理危机的结局由危机事件对大学生引起的心理危机所产生的情绪失衡状态并不是持续终生的。绝大多数学者认为，人的心理危机状态大约要持续4～6周，在这段时期里，由于处理危机的手段不同，个体先前经历危机的体验不同，个体人格特质的不同，当事人的结局也不相同，危机事件对大学生可能是一个危险，也可能是一个机会。

三是突发性与持久性并存。从大学生心理危机的类型来看，成长性心理危机是大学生生命中重大的转折点，如升学心理危机、就业心理危机等。这些转折点伴随着人的一生，具有持久性。同样，存在性心理危机是大学生因为人生的存在问题而产生的心理危机，如关于“我是谁？”的疑问，对生命、自由、死亡等的理解，这也是需要在人的一生中不断探索的问题，具有持久性。而境遇性危机则是指突如其来的、无法预料和难以控制的心理危机。如突发的环境事件(亲友突然亡故、父母失业、天灾人祸等)或受到突然的侵犯等恐怖事件，这种心理危机具有突发性。

3. 危机反应

由于受危机事件刺激，当事人会产生一系列身心反应，主要表现在生理上、情绪上、认知上和行为上。一般危机反应会维持6～8周。

生理方面有胃部不适、腹泻、食欲下降、头痛、失眠、做噩梦、易惊吓、感觉呼吸困难或有窒息感、肌肉紧张等。

情绪方面的表现有害怕、焦虑、恐惧、怀疑、不信任、沮丧、忧郁、悲伤、易怒、绝望、无助、麻木、否认、孤独、紧张、不安、愤怒、烦躁、自责、过分敏感或警觉、无法放松、持续担忧、担心家人安全、害怕死去等。

认知方面的表现有不能把思想从危机事件上转移，导致记忆和知觉改变；难以区分事物的异同，体验到的事物间关系含混不清，常出现注意力不集中、缺乏自信，做决定和解决问题能力受影响；有时害怕自己发狂，一旦危机解决可迅速恢复知觉。

行为方面的表现有不能专心学习、工作或劳动；回避他人或以特殊方式使自己不孤单；令人生厌或黏着性；与社会联系破坏，可能发生对自己或周围的破坏性行为；拒绝接受帮助，认为接受帮助是软弱无力的表现；行为和思维情感不一致；出现过去没有的非典型行为。

人际关系方面的表现有不愿意与人交谈或见面，人际关系恶劣，经常责怪他人或孤立自己，与人沟通时无法集中注意力。

4. 危机反应阶段

人们对危机事件的心理反应不会马上消失，通常会经历四个不同的阶段。

第一阶段为冲击期，一般发生在危机事件出现后不久或当时。如果刺激过大，就会使人感到震惊、眩晕、不知所措，甚至出现意识模糊，也可称为休克状态。

第二阶段为防御期，由于灾害事件和情景超过了自己的应付能力，表现为想恢复心理上的平衡，控制焦虑和情绪紊乱，恢复受到损害的认识功能，但不知如何做，会使用否认、退缩和回避手段进行合理化或不适当投射，对解决问题的应对效果造成负面影响。

第三阶段为解决期，此时能够积极采取各种方法接受现实，并寻求各种资源努力设法解决问题，焦虑减轻，自信心增加，社会功能恢复并争取亲人、朋友的支持。

第四阶段为成长期，多数人经历了灾害危机变得更成熟，在心理和行为上变得较为成熟，获得一定的积极应付技巧，但也有少数人消极应对而出现冲动行为、焦虑、抑郁、分离障碍、进食障碍、酒依赖或药物依赖，甚至自伤、自杀等。

(二) 危机干预

危机干预是指采取某些措施来干预或改善危机情景，以防止伤害处于危机情景中的个人及其周围的人们。

危机干预的主要目的：避免自伤或伤及他人，恢复心理平衡。

危机干预的时间：一般在危机发生后的数个小时、数天或是数星期。

高校危机干预的重点对象主要包括以下十类。

(1) 遭遇突发事件而出现心理或行为异常的大学生，如家庭发生重大变故、遭遇性危机、受到自然或社会意外刺激的大学生。

(2) 因为学习压力过大，学习困难而出现心理异常的大学生。

(3) 个人感情受挫后出现心理或行为异常的大学生。

(4) 人际关系失调后出现心理或行为异常的大学生。

(5) 性格过于内向、孤僻、缺乏支持的大学生。

(6) 严重环境适应不良导致心理或行为异常的大学生。

(7) 家境贫困、经济负担重深感自卑的大学生。

(8) 身体出现严重疾病，个人很痛苦，治疗周期长的大学生。

(9) 患有严重心理疾病，如：患有抑郁症、恐惧症、强迫症、癔症、焦虑症、精神分裂症、情感性精神病等疾病的大学生。

(10) 由于身边的同学出现个体危机状况而受到影响，产生恐慌、担心、焦虑、困扰的大学生。

也有人根据受害程度将校园危机干预的对象分为三类，即初级受害者：亲历了危机事件的人(如校园遭受暴力者、自杀未遂者)；次级受害者：目击危机事件或危机事件中的救助者(如置身现场的师生或警察等)；三级受害者：遭受危机事件非直接影响的人(如受害者家属、同学)。

二、危机原因分析

大学生心理危机产生的根源是非常复杂的，既有大学生个体主观心理因素的影响，也有社会、学校教育、家庭等方面因素的影响。认识大学生心理危机产生的根源有助于我们分析、评估与处理相关的危机事件或危机状态。

(一) 青春期的心理矛盾与冲突发展

随着青春期的到来，青少年生理上出现了急剧变化，同时也会带来心理上的巨大影响。他们的心理活动往往处于矛盾状态，其心理水平呈现半成熟、半幼稚。这种成人感与幼稚性的并存，使他们身上同时体现着反抗性与依赖性、闭锁性与开放性、勇敢与怯懦、高傲和自卑。处于青春期的青少年身心发展失去了平衡，感受着许多心理冲突和压力，处于各种心理矛盾的包围中，如果这些矛盾不能得以顺利解决，就可能在情绪情感、性格特征及日常行为等方面出现种种问题，导致心理崩溃，甚至出现较严重的心理及行为偏差。

与心理发展的矛盾性特点相呼应，他们的思维品质中也显示出了明显的矛盾性：再度出现了自我中心。“自我中心”是指主体在思考问题或进行判断时受自己需要和情感强烈影响的倾向。自我中心式思维的结果之一就是：在心理上，他们制造出了假想的观众，因而感觉每天就像生活在舞台上一样受到别人的欣赏与批评。他们非常重视别人对自己的评价，需要花很多的时间和心力来应付这些假想的观众。所以，常会有加倍的“负罪感”。这也是青少年自我伤害的重要因素之一。许多自杀者会把他们的行动视为对那些他觉得在排斥他的人的一种惩罚，他们会沉溺于想象那些自己死后留给后人的哀伤和后悔之中。

(二) 自我价值取向的单一化

人格的核心是价值观，基础教育阶段是青少年价值观念形成的关键时期。但在高考指挥棒的影响下，我国基础教育存在着某些偏差和缺失。在中小学教育中，教师、家长有意无意给予学生的价值取向都是比较单一的：只有考上大学甚至考上名牌大学才是优秀的学生，才能体现自己的价值。致使许多学生都把学习成绩看作评判自己价值的唯一标准，而忽略了自己在素质、特长和能力等方面优势的培养及发挥。考上大学后，一旦发现自己在学习上不如别人、一向引以为荣的“资本”不复存在，就很容易产生焦虑和挫折感，进而导致自我认知的偏差，引发心理危机，大学都无法完成。大学生多是独生子女，从小被娇生惯养，容易形成冷漠、依赖、以自我为中心、不善交际、缺乏合作精神、心理承受能力差等不良的性格特征，这往往导致他们在面对困难和挫折时不能很好地进行自我调节和排遣。

(三) 心理求助方式的片面化

心理求助是指当个体遇到心理和情绪等方面的困难时，向他人寻求帮助以解决困扰和痛苦的过程。有关研究发现，大学生对于心理求助存在着一些不利于解决心理问题的理念，如认为“只有严重的问题才需要寻求专业的帮助”“非专业的帮助是第一选择、专业的帮助是最后的选择”等。我们在心理咨询实践中也发现，虽然大学生对于心理咨询在理念上持肯定态度，但当自己面临心理困惑时，出于不愿意暴露隐私或害怕被贴上“精神病人”标签等方面的顾虑，往往对心理咨询持否定态度，不愿寻求心理咨询、不愿寻求专业人士的帮助，更崇尚“自己的问题自己解决”。正是由于心理求助方式的片面化，致使长期的心理矛盾和冲突很可能导致产生心理危机。

(四) 家庭教育的失当

父母的处事态度及家庭氛围对大学生心理健康的影响是非常大的，一般来说，良好的家庭氛围容易使个体形成谦虚、诚实乐观、大方等良好的人格特征；不良的家庭氛围容易使个体形成粗暴、孤僻、冷漠等不良的人格特征。有关调查显示，当前我国家长对子女的成长缺乏科学的态度，对孩子的发展存在过高的期望和要求，因此往往产生过度溺爱或过度干涉的教养方式，影响了孩子的心理健康和人格发展。同时，现代家庭不稳定因素增多，一些家庭存在父母关系严重不和或离异的问题，对子女的心理健康产生了严重的影响。

(五) 心理支持系统的缺乏

研究表明，大学生在寻求心理求助时多数人倾向于先从家人和朋友那里获得帮助，最后才是专业心理咨询人员。可见，大学生要维持自己的心理健康，则需要有一个来自亲人、同学、朋友等多方面的心理支持系统。有很多大学生的心理比较闭锁、不善于和别人交流，他们从来不说自己不好的地方，从来有什么事都自己承担。有的大学生跟同学一般没什么话可说；有的虽有一些好朋友，但遇到大的事情，就连其好朋友也不得而知；有的则特别爱面子，善于掩饰，再大的波折从表面上也看不出来。但是，一个人的心理承受能力是有限的，如果缺乏一个有力的心理支持系统，又不愿意寻求专业帮助，当其面临心理问题时则有可能长时间走不出心理困境，产生心理危机。

三、危机干预策略

危机干预与心理咨询和治疗不同，侧重于当前的应激创伤内容，在有限的时间内用简单的技术达到个体表现上的恢复。干预的最低目标应是保护当事人，预防各种意外(比如自杀)，所以危机干预经常要动用各种社会资源，寻求社会支持，建立干预网络。危机干预的最高目标是通过转危为安帮助个体成长和自我实现。

(一) 危机干预者的素质要求

危机干预是一个专业性强、要求高的工作，从事危机干预的心理咨询师除应具备良好的道德素质、自我反省能力、诚实品质等基本素质以外，还应具备以下专业素质和技能。

(1) 丰富的生活经验。

(2) 镇静的心态。

(3) 在危机面前敢于挑战，能充分发挥创造性和灵活性。

(4) 精力充沛，要真诚、热情地帮助受害者，并坚持始终。

(5) 快速的心理反应能力。

(6) 换位思考能力。

(二) 危机干预方法

当前，国内外使用最广泛的危机干预方法是“危机干预六步法”，它遵循下述六个步骤进行。

(1) 明确问题，从受害者角度确定心理危机问题，这一步特别需要使用倾听技术。

(2) 保证受害者安全。把受害者对自己和他人的生理和心理伤害降低到最小的可能性。

(3) 与受害者进行沟通和交流，积极、无条件地接纳受害者。

(4) 提出并验证应对危机的变通方式。大多数受害者会认为已经无路可走，咨询师要帮助受害者了解更多解决问题的方式和途径，充分利用环境资源，采用各种积极应对方式，使用建设性的思维方式，最终确定能现实处理其境遇的适当选择。

(5) 制订计划。在制订计划时，要充分考虑到受害者的自控能力和自主性，与受害者共同制订行动计划以克服其情绪失衡状态。

(6) 获得承诺，回顾有关计划和行动方案，并从受害者那里得到诚实、直接的承诺，以便受害者能够坚持实施为其制订的危机干预方案。

(三) 危机干预的具体策略

危机干预的具体策略主要包括以下 7 个方面。

(1) 及时给予精神支持，在了解危机真相的基础上，及时判断及赞同他们合理的决定，承认和肯定他们有能力来应付危机。

(2) 要及时、有效地给危机面临者提供情绪宣泄的机会，协助他们宣泄负面情感，如愤怒、恐惧、仇恨、沮丧等。

(3) 给予希望和传递乐观精神。

(4) 在干预过程中必须始终采取接受、理解、关心和宽容的态度，自始至终倾听危机面临者的倾诉，保持高度关注和积极参与。

(5) 危机干预者在全面了解危机发生经过的基础上，对危机面临者所诉说的有意义的情况，要及时做出反应，对无关情况则应淡然处之。

(6) 要尊重和理解危机面临者的情感，以客观的态度讨论任何问题，不要轻易加以指责，或表现出“不应该”“不行”的态度。

(7) 不要直接提出建议，应随机应变，泛泛的建议不能奏效，还可能会导致危机面临者产生消极的情绪。

第三节　自杀危机的识别与预防

中国心理卫生协会提供的研究数据显示：自杀已经成为 15~34 岁人群的首位死亡原因。有资料显示，大学生自杀率是同龄人的 2~4 倍，并有愈演愈烈的趋势，已成为自杀的高危人群。大学生作为社会的宝贵财富，是极其宝贵的未来社会人力资源；作为学生所在家庭的重要成员，是家庭的未来希望。大学生自杀是社会的极大损失，并将给其家庭带来极大的痛苦。因此学习和了解自杀危机的识别与预防对于维护生命安全就显得很有必要。

一、认识自杀危机

(一) 自杀

自杀是指自愿的、自己动手让自己死亡的行为。自杀是一种医学现象，同时又是一种社会现象，区别于被他人结束生命的他杀和顺随生态平衡制约而日渐消逝生命的自然死亡。

(二) 自杀心理发展过程

自杀心理，特别是理智型自杀，不是突然发生的，多有比较明显的自杀心理形成过程和心理表现。其发展过程一般包括三个阶段：

(1) 自杀意念的形成阶段。在这一阶段，自杀者产生自杀的想法。造成一个人产生自杀念头的原因可能有很多种。比如：有的人觉得生活没有意义；有的人以自杀来报复别人，让别人后悔；有的人遇到自认为不能克服的困难而以死逃避等。有些自杀意念是闪念之间，而有些自杀意念则一经产生就很难消除。另外，自杀意念的产生也和疾病特别是抑郁症有关。自杀意念及行为是抑郁症的临床症状之一，抑郁症患者在整个病程中约三分之二产生过自杀想法，最终有 10%～15%的患者自杀成功。

(2) 矛盾冲突阶段。在这一阶段，自杀者虽然已有自杀的意念，但求生的本能和对做出最终的自杀决定前陷入生与死的矛盾冲突状态中。此时自杀者会经常与人谈论与自杀有关的话题，反复预言、暗示自己的自杀可能，或以自杀威胁他人，表现出直接或间接的自杀意图。事实上，这一切可以被看作是自杀者向他人发出的寻求帮助或引起注意的信号。这种信号如果能及时被周围的人察觉到，使自杀者得到适当的关注，或通过外界的帮助找到解决问题的办法，自杀者的自杀念头就有可能减轻甚至打消。

(3) 自杀的平静阶段。自杀者在这一阶段不再谈论或暗示自杀，抑郁情绪有所减轻，表现得平静如常，这使周围的人们以为其心理状态真的好转，从而放松警惕。事实上，这可能是一种彻底的假象，因为自杀者已经做好了坚决自杀的决定，不再为生与死的抉择而烦恼，认为自己终于找到了解决问题的办法。他们所要做的事情是为实施自杀进行最后的准备工作，如搜集安眠药等，并等待一个合适的时机来结束自己的生命。

当然，并非每一个自杀者都经过这三个阶段而实施自杀行为，有的人是因为冲动发生情境性自杀。

(三) 自杀预防

自杀预防是在珍惜生命价值的理念指导下，依据对自杀行为背后规律的研究，针对自杀高危人群和自杀危险因素采取的一切预警策略和防范措施。

(四) 自杀的预警识别

自杀危机事件具有很强的前期隐匿性、突发性、多因一果性和教育指导不可预演性，因此自杀危机的预警识别就显得非常重要。预警识别主要是指有关人员对引起大学生产生自杀危机的相关诱因保持敏感并对大学生自杀危机行为有相当的辨别能力，它是对危机性质给予判断并进行及时干预的前提。要做到这一点，需以相关的自杀危险因素和当事人表现出来的危机反应作为线索，建构预警识别系统。通过对各种常见危机事件和状态的介绍，使大家了解并将其作为一种常识性工具，进而对危机重点人群进行有针对性的排查，将危机干预工作由被动转成主动。

1. 自杀的危险因素

研究表明，自杀形成的主要危险因素有以下八条。

(1) 抑郁程度重。

(2) 有自杀未遂史。

(3) 死亡当时急性应激强度大。

(4) 生命质量低。

(5) 慢性心理压力大。

(6) 死前两天有严重的人际关系冲突。

(7) 有血缘关系的人有过自杀行为。

(8) 朋友或熟人有自杀行为。

2. 青少年自杀的原因与特点

1) 对青少年自杀行为产生影响的长期因素

(1) 家庭环境的影响：家长有自杀倾向，家庭暴力，家庭关系不和。

(2) 所属群体的影响：如集体性的自杀，也叫扩大性自杀。在别人的感染和影响下，才产生了从众的自杀行为。

(3) 各种媒体的影响；各种媒体对自杀的不当态度，也可能误导青少年，在他们的心中留下错误的观点，认为自杀或许是一个解决问题、获得解脱、令冤枉自己或委屈自己的人感到自责和后悔的途径。

正是由于这些因素的潜移默化的作用，使个体形成了不恰当的应激方式，在面对突发性事件时，采用过激的方式来应对。

2) 对青少年自杀行为产生激化影响的事件

(1) 学业及工作的挫折与失败。

(2) 失恋与情感受到伤害。

(3) 与他人发生冲突或自己出现过错而产生报复心理，不惜放弃自己的生命来对抗。还有的是自己做出不当的行为受责罚后，出于逃避或羞愧而选择轻生。

(4) 经济、疾病等生活重大事件，由于这些重大事件给个体造成了巨大的压力，使他们感到无力应对，在绝望无奈中用结束生命来对抗这些痛苦。

这一类事件往往被看作导致自杀行为的激化事件，自杀者往往是在遇到这些事情后，产生挫折感、虚无感、绝望感，最终选择结束自己的生命。

3. 有自杀行为的青少年个人的性格特征

某些个体具有抑郁的、冲突的、极端的性格特点，具有这种性格特点的人由于孤僻、内向、缺乏情感交流，作为一种人格背景影响着其随后处理问题的方式，如拒绝社会交往，丧失社会心理支持。在遇到激化性的事件时，这类个体长期且相对稳定的气质、个性加上特定年龄的心理特点，二者共同影响着个体对激化性事件的态度、看法和解释，若其长期郁积的愤激和屈辱感，由于思维偏激，便容易走极端，产生过激冲动举止，其中一部分个体就更有可能通过自杀来消极地解决问题。

4. 自杀征兆

自杀前危机当事人常常会表现出某些征兆，主要包括以下 6 个方面。

(1) 对自己关系亲近的人，表达想死的念头，或在文字、绘画、信息中流露出来。

(2) 情绪明显不同于往常，焦躁不安，常常哭泣，行为怪异、粗鲁。

(3) 陷入抑郁状态，食欲缺乏，沉默少语，失眠。

(4) 回避与他人接触，不愿意见人。

(5) 性格行为突然改变，像变了一个人似的。

(6) 无缘无故收拾东西，向人道谢、告别，归还所借物品，赠送纪念品。

(五) 如何判断自杀危机的程度

低度危机者出现孤独无助的感受与低度忧郁状态，有模糊的自杀想法或计划，也有重要的他人或支持系统。

中度危机者开始出现无力与无望感，有自杀的想法，开始酝酿或形成初步的自杀计划。

高度危机者有明显心理上的痛苦，呈现高度焦虑，否认有任何支持系统，甚至存在酗酒、吃药等生活失序情形并实际发展出自杀计划。

自杀行为是一种非理性的冲动性行为。对于存在自杀危机者的自杀意念萌芽形成和坚定的过程当中，应该注意两个重要线索：首先是语言线索，要注意其脱口而出，开玩笑和半开玩笑的话语，以及各种埋怨和对现实强烈不满的语言。同时，要注意行为方面的线索，如处理心爱的物品，立遗嘱等，都应视为自杀的先兆。切不可大意，及时给予其积极的关注、回应和帮助。

二、确立自杀预防的基本理念

大学生自杀的预防是一项艰苦而复杂的系统工程，需要个体、家庭、学校和社会多方面确立正确的自杀防御理念，高度重视，共同努力。

(一) 大学生自我预防理念

1. 珍爱生命，认识生命的意义

人的生命价值离不开生命的存在与延续，既包括对自身生命本身的真爱与珍惜，也包括对他人生命的尊敬与敬畏。生命存在于普遍联系之中，所有生命的链条都是环环相扣、互相依存的。因此，人类的存在依赖于生命体的连续，生命神圣性是人类永恒的追求。一切皆有可能重来，唯有生命不能重生，人为地结束生命是对生命的不尊重。大学生应该珍爱自己的生命，同时也要珍爱他人的生命，对自己的生命负责，对家庭与社会负责，也对他人的生命负责。

2. 树立健康的死亡观

部分大学生对生命与死亡态度的草率与随意令人担忧，作为新时代的大学生应该树

立科学、合理、健康的死亡观。孔子主张以生的意义抵消死的侵袭，认为当我们的生命过得充实而有意义时，死亡就并不可怕了。大学生通过对死亡的思考，可以帮助自己正确评价自己的生活，进而激励自己更加珍惜生命、珍爱健康，提高自己的生命和生活质量；可以使大学生自己认识到人生包括优生、优活、优死三大阶段，以便能客观地看待死亡。

3. 树立积极的人生观

很多负性情绪与大学生自身内部的挫败感相关，也与自身的目标期望相结合。古人非常重视个人人生态度的修炼，主张“穷则独善其身，达则兼济天下”“淡泊明志，宁静致远”等。当代大学生更应具有开阔的胸怀、乐观的生活态度和正确的生活目标，遇到困难挫折、失败与逆境能够正确看待并积极应对。

每个大学生都积极关注自我的心理状态，当面临成长危机与境遇性危机时，大学生要积极运用自身资源与社会资源，主动寻求社会支持，想办法将危机化解在萌芽状态。特别是当发现自己萌生自杀意念时，务必及时求助于亲朋好友，求助于学校的心理咨询中心，以积极的方式对待自己的问题，并及时解决。

(二) 学校自杀预防工作理念

1. 首先要确立“自杀预防，人人有责”的理念

预防自杀及其他恶性事件的发生应成为高等院校，尤其是学生思想政治教育和管理部门、学校心理咨询机构的重要工作之一。因为自杀是“一种不必要的死亡”，它给社会、家庭和个人带来的后果和创伤十分惨痛，而且会严重干扰学校的正常教学秩序，因此开展自杀预防工作是必要的。

2. 要确立“自杀，一个都太多”的意识

即使自杀的人数只是全体大学生中的极少数，但大学生自杀不仅给其个人、家庭带来重大损失和心理压力，还会造成严重的社会影响(如自杀群聚现象、模仿性自杀行为等)，以及对其他大学生造成负面作用，给学校带来不良的声誉等，因此要高度预防任何一个可能的自杀事件。

3. 要确立“预防自杀，可以作为"的意识

尽管大学生自杀的原因较复杂，自杀现象似乎难以防范，但一般而言大学生自杀行为背后是有规律可循的，所以预防大学生自杀具有可能性。当然，这种可能性建立在全社会共同参与的基础之上。就学校而言，有效的自杀预防必须使全体教育工作者和同学们都确立“预防自杀，可以作为”的意识并接受有关自杀人群的思维特征和行为的宣传教育与学习有关的预防知识。正如美国学者(B.E.Ililand 和 R. K. James)所提出的：“有效的自杀预防包括能使每个社会面都能接触到，都受到影响，对自杀很敏感，并且都受到广泛的教育与交流。”

三、预防自杀的策略

(一) 预防自杀的可能性

(1) 想要自杀的学生，从面对生活中的危机到实施自杀之间要经过几天或几周的时间。

(2) 自杀的学生中大多数人有想死和期待得到帮助的矛盾心情。

(3) 想自杀的学生在采取行动之前，在考虑到自己的死将给至爱亲朋带来极大痛苦和震惊时，心理压力特别沉重，会有些可观察到的反常表现。这是心理危机预警的重要线索。

(二) 预防自杀的措施

1. 建立危机干预和心理教育“五位一体”工作体系

“五位”即由学校、系、班级、宿舍和大学生个体组成。由学校制定教育内容和策略及时向院、系、班级、宿舍、学生个体贯彻实施，覆盖了各个群体和每个学生个体，又形成了从学生个体、宿舍、班级到学校的危机快速反应通道，有利于心理危机的及时发现、及时报告、及时干预。

2. 进行珍爱生命的教育和预防自杀知识的宣传教育

对学生管理人员、学生干部和学生进行心理健康知识的宣传培训；对新生进行心理健康普查，从中了解学生的心理健康状况，发现有自杀意念的个别情况，有针对性地开展预防工作。

3. 提供电话、微信之类的求助联系方式

随时为处于危机状态的学生提供心理咨询，帮助他们解决心理冲突和矛盾，宣泄攻击自我的情绪。

(三) 克服影响自杀危机干预的阻抗

预防自杀的三个关键环节是发现环节、报告环节和治疗环节。

预防自杀最及时有效的策略是对有自杀危机的当事人早发现、早报告、早治疗。目前在高校自杀预防和危机干预工作中存在发现不及时、发现了报告不及时或不报告、报告了没有及时采取干预治疗措施等情况，其根源在于在这三个环节中往往都存在思想阻抗。

1. 发现环节

早发现是自杀危机预防工作的关键环节。影响早发现的问题主要是同学们缺乏识别心理问题的相关知识，即使有问题也发现不了。这就需要加强心理健康知识、危机干预知识的培训，让更多人了解：哪些人是自杀的高危人群；常见的有关自杀的错误认识是什么；抑郁症的症状与表现、精神分裂症等的症状与识别；如何识别心理危机等，从而提高对心理危机对象的敏感性和觉察力，这样就可能做到早发现。

2. 报告环节

发现者如果及时将有自杀危机的人的情况向有关专业人员或有关监护人报告，往往可能挽救当事人的生命。阻碍发现者及时报告危机情况的原因和对策如下。

(1) 发现者不敢确定。发现者可能觉察当事人的情况异常，可是不能确定是否属于需要报告的危机，也不了解自杀危机的报告流程。另外，发现者不清楚自杀危机情况报告的重要性与相关的后果。这就需要明确为什么需要报告?因为人命关天，将当事人自杀危机的情况及时报告是对当事人生命的关爱与保护，有助于当事人及时获得专业的辅导与治疗，晚了可能当事人就没命了。向谁报告？可以告知其法定监护人、学校心理咨询中心专业人员或受过心理辅导专门培训的辅导员。报告形式：可以电话报告，也可以陪同当事人

直接到学校心理咨询中心与专业人员会谈并做评估。

(2) 当事人自己要求保密。在这里需要克服自杀可耻的观念，自杀危机是一种对个人有威胁的应激状态，是指一旦心理或生理的剧烈刺激超过个体的心理或体质的承受能力，便出现的危机状态。卡普兰(Kaplan)指出："危机并不意味着一个人面对新的处境，往往是由于原来可以忍受的场合，增加了其他新的因素，以致变得个人无法接受。"世界上有许多知名人士都有过自杀行为，有的自杀成功，有的自杀未遂。自杀并不是什么可耻的事情，自杀只是求死的意志占了上风而已。当一个人面临困境，精神上陷入崩溃的边缘时，从社会心理和医学上进行危机干预，可使当事人从困扰和苦恼中解脱出来。重新建立新的适应机制，或者又有了强烈求生存的愿望。

(3) 担心自杀危机当事人的利益会受到影响。发现者担心自杀危机当事人会被送往医院，会被休学甚至退学，以为报告就是泄密，不够朋友。在这里首先要明确的是，当面对的是自杀危机时，为了维护当事人的生命安全，需要按"保密例外"的专业伦理要求行事，如果连命都没了，保密的价值何在？其次，需要了解当事人的自杀危机情况的报告对象是有选择的，必须是其法定监护、学校心理咨询中心专业人员或受过专门培训的辅导员。而且这些人必须具有必要的专业伦理操守，懂得必要的保密和保密例外的要求，不会让当事人的信息随意扩散。报告的意义在于使当事人的生命安全得到保障，病情得到及时治疗和监护，心理困难得到帮助与关心。很多人因为早发现、早治疗而早康复，得以重返学校和其他同学一样完成学业。相反，如果不及时上报，会延迟治疗时机，耽误治疗关键期。同时由于延误，当事人的状况可能会进一步恶化，症状可能会更频繁地表现，可能会造成难以控制的不利后果，甚至影响当事人的康复或康复后重返学校学习与生活时的适应。

3. 治疗环节

有时的情况是发现了、报告了但是就是不能及时获得治疗而造成贻误，错过当事人的被救机会，原因是家长存在思想阻碍。下面讨论阻碍家长让处在自杀危机状态下的孩子及时看病、治疗的原因和对策。

(1) 家长因缺乏相关的科学知识对问题的严重性估计不足，不认同孩子有病，不愿意将孩子送去治疗。有些家长简单地认为就是心情不好，忍一忍、劝一劝就没事了。这就需要请有关专业人员从专业角度，理论联系案例，针对问题的严重性对家长进行耐心说服，让家长明白其中的道理，尊重科学。

(2) 有些家长知道自己的孩子有精神疾病，担心更多的人知道孩子有精神疾病，使孩子及家庭受到歧视，因而讳疾忌医，不带孩子去医院看病。结果病情越拖越差，有些重度抑郁的大学生就是在没有治疗和疏于监护的情况下自杀的，事后父母往往非常痛苦，悔之不及。因此有必要向家长宣传"生命唯重"的思想，让家长明白及时将孩子送去治疗的必要性与重要性，治疗越早，效果越好。延误治疗，后果严重。

(3) 有些自杀危机当事人有一定的自知力，坚决不同意吃药和住院，但是症状严重，自杀念头在头脑里死死纠缠无法消除，情绪也极不稳定。这就需要耐心向当事人解释治疗的必要性和重要性，也可以请家长配合督促当事人治疗。

以上是校园预防自杀策略的一方面，另一方面还有很多其他的干预方法，比如弗雷德里克 Frederick(1973)提出的自杀的干预程序包括十条具体的建议，并得到了广泛的认可。建议包括以下 10 个方面：① 倾听；② 对于处于危机中的人的思想和情感进行评估；③ 接受所有的抱怨和情感；④ 不要担心直接问及自杀；⑤ 要特别注意那些很快“反悔”的人；⑥ 做他们的辩护者；⑦ 充分利用合适的资源；⑧ 采取具体行动；⑨ 决不排斥或试图否认任何自杀念头的“合理性”；10. 不要试图“大喝一声”就让试图自杀者幡然悔悟。

公开与试图自杀者讨论并劝告其停止自杀，相信这样就会使对方认清自己的问题的做法是很危险的。应该向自杀危机当事人指出如果选择去死，则结果是不可逆的。只要生命尚存，就有机会解决存在的问题，而死亡同时也终止了任何出现转机的机会。同时，应该强调情绪是有周期性的，情绪低落的阶段是会过去的。

(四) 寻求专业的心理援助

自杀危机干预的及时准确，关键在于专业人员的有效介入，医生、心理咨询工作者，尤其是心理医生最为重要。尽管无论是谁，都会认为自己的内心世界突然被人侵入和干涉是难以接受的，但对于想自杀者来讲，仍最愿意在医生面前倾诉一切，所以作为自杀危机干预的主体，医生必须头脑清晰，思想冷静。自杀是一种病，相信医生会根据患者自杀意图的强度伴有精神障碍的严重程度和社会支持的可能性大小来判断需要住院治疗还是门诊治疗。如果近期自杀危险性高，就应立即收住院。如有必要，甚至应强迫患者住院。住院后，对自杀危险性高的患者，必须实行特别监护，必要时约束患者。药物治疗以对症治疗为主，根据病情需要使用镇静剂，抗焦虑抗抑郁等药物。心理治疗以支持性心理治疗为主，目的是激发患者的自尊和自信，增强患者的生活自理的能力，恢复心理和社会功能，包括解释、倾听、劝告、指导、保证等。医生应做到由专业支持到朋友的过渡，逐渐取得患者的信任。其他心理学派的治疗还有行为治疗、现实主义治疗、格式塔治疗等。

大学生是社会重要的精英力量，其自杀不仅导致人才资源的浪费和损失，而且给其所在的家庭乃至社会造成相当大的负面影响，还遗留下亲友的悲伤抚慰问题。按照世界卫生组织的估计，平均一个人自杀会使六个家人和朋友的生活深受影响，而自杀未遂则有两个亲人和朋友陷入长期的悲伤阴影之中。这些亲人或同学、朋友中的某些人由于哀伤反应强烈，需要接受专业危机干预人员给予的哀伤辅导。在哀伤辅导的初期，危机干预人员基本不说话，主要是耐心倾听，给予关心、温暖、支持，帮助他们把悲情表达出来、发泄出来。例如：有人想哭，可是哭不出来，特别难受，可建议其看悲情影视，帮助其释放痛苦。可以组织一些缅怀死者的活动，以寄托哀思。让他们宣泄悲情事件引起的抑郁、焦虑等负面情绪，通过在集体活动中充分表达自己的感受，使他们意识到自己的某些痛苦体验别人也曾经或正在遭受，自己并非孤独地面对这些不幸。通过倾诉，达到疏泄；通过交流，获得同感，进而促进彼此理解、相互支持、相互鼓励，一起来直面灾难，搀扶着走过悲伤，逐步摆脱抑郁的心理，重新获得心灵的阳光。

思考与收获

1. 学了本章，你对生命有了哪些新的感悟？

2. 关于珍惜生命，你能做的事情有哪些？
3. 你如何使自己的生命之火燃得更旺？

心 理 训 练

一、测一测自杀意念量表(Bech-H 量表)

面对生活你是什么态度？请仔细阅读表 11-2 中的每道题，选择符合你的答案。

表 11-2　Bech-H 量表

1. 我对未来充满希望和热情。	符合	不符合
2. 因为我不能把事情做好，我只好认输。	符合	不符合
3. 当事情变糟时，我知道不会长久如此，心情就会好转。	符合	不符合
4. 我不能想象在今后的十年中，我的生活会是什么样子。	符合	不符合
5. 我有足够的时间完成我想做的大多数事情。	符合	不符合
6. 我预料我最关心的事情能够成功。	符合	不符合
7. 我感到前途渺茫。	符合	不符合
8. 我有希望在生活中比一般人获得更多的成功。	符合	不符合
9. 我运气不佳，也不相信会交好运。	符合	不符合
10. 我过去的经历已为我的将来打下良好基础。	符合	不符合
11. 展望未来，我能得到的都是些不愉快的事情。	符合	不符合
12. 我不敢奢求我真正想得到的东西。	符合	不符合
13. 当我展望未来时，我预想会比现在幸福。	符合	不符合
14. 很多事情的结果不像我所期望的那样。	符合	不符合
15. 我对未来充满信心。	符合	不符合
16. 我从未得到我想得到的东西。	符合	不符合
17. 将来我不可能获得真正满意的生活。	符合	不符合
18. 对我来说，前途渺茫，捉摸不定。	符合	不符合
19. 我想，将来好的时候会多于坏的时候。	符合	不符合
20. 追求自己想要的东西是徒劳的，因为很少有可能得到它。	符合	不符合

评分与评价：

评分标准	得分												总分
符合 0 分，不符合 1 分	题号	1	3	5	6	8	10	13	15	19			
	得分												
符合 0 分，不符合 1 分	题号	2	4	7	9	11	12	14	16	17	18	20	
	得分												

得分小于等于 6 分时，表明你对生活充满希望和信心。

得分为 7～12 分，表明你对生活有轻度无望感。

得分为 13～20 分，表明你对生活有在重度无望感，甚至有自杀意愿，建议立即寻求心理援助。

二、生命线上的思考

让我们来思考一下自己的生命线，并在纸上画出来。

请在标题的横线上写上你的姓名。

(　　　　　　)的生命线

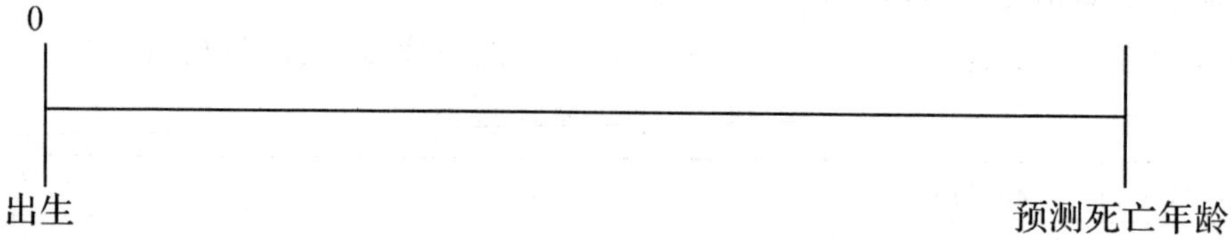

1. 预测你的死亡年龄，填写在横线的右上方。依据：

(1) 本人的健康状况。

(2) 家族的健康状况。

(3) 生活地域的平均年龄。

2. 在横线上找出今天你的位置，并标注出来。

(1) 写上今天的年龄。

(2) 写上今天的日期。

3. 思考过去的我与未来的我。

(1) 列出过去影响你最大或令你最难忘的三件事。

(2) 列出今后你最想做的三件事或最想实现的三个目标。

未来的三件事：

① ____

② ____

③ ____

过去的三件事：

① ____

② ____

③ ____

如果你在写未来的三件事时有困难，请阅读以下提示：

首先，想一想自己这一生最终的目标是什么。(事业成功，家庭幸福等)

其次，思考自己未来十年想要实现的目标是什么。

再次，思考自己未来三年想要实现的目标是什么。

最后，思考自己未来一年想要实现的目标是什么。

认真思考自己的目标，把它们写下来，并在众人面前读出来，你会发现，自己的目标在前方引导着自己努力前进。